A Educação Sentimental em Proust

Estudos Literários 12

Philippe Willemart

A Educação Sentimental em Proust

Leitura de *O Caminho de Guermantes*

Tradução de Claudia Berliner

Copyright © 2002 Philippe Willemart

Direitos reservados e protegidos pela Lei 9.610
de 19 de fevereiro de 1998.

É proibida a reprodução total ou parcial
sem a autorização, por escrito, da editora.

ISBN 85-7480-128-3

Direitos reservados à
ATELIÊ EDITORIAL
Rua Manoel Pereira Leite, 15
06709-280 – Granja Viana – Cotia – SP
Telefax: (11) 4612-9666
www.atelie.com.br
2002

Printed in Brazil
Foi feito depósito legal

Aos membros do Laboratório do Manuscrito Literário e aos estudantes de graduação e de pós-graduação, colaboradores destas páginas pela sua escuta preciosa e seu entusiasmo na leitura de O Caminho de Guermantes,

dedico esse livro.

Sumário

Prefácio - Walnice Nogueira Galvão 11

Introdução 17

1. O Nome e o Pião 35

2. O Fantasma da avó 51

3. "Raquel Quando do Senhor" 65

4. O Salão da Sra. de Villeparisis 77

5. A Derrota do Pensamento
   ou a Doença da Avó 91

6. Albertina 103

7. A Boneca Interior 121

8. A Espera da Sra. de Stermaria 135

9. O Nevoeiro da Amizade e a Vida Espiritual 149

10. A Tradição no Aristocrata e no Artista 165

11. O Capacho, Limiar ou Término do Mundo
    Encantado dos Nomes 179

12. Mitos e Inconscientes 197

Bibliografia 207

Índice dos Autores 217

Índice dos Conceitos 219

Prefácio

✦

EM BUSCA DE UM PROUST PERDIDO

Ninguém diria, mas o Brasil já foi fértil solo para estudos proustianos. Lia-se muito Proust, e seus livros, obrigatoriamente importados, recebiam boa acolhida. O campo era tão propício que no final dos anos 40 a Editora Globo, de Porto Alegre, encomendou – grandiosa tarefa – a tradução de *Em Busca do Tempo Perdido* a alguns dos maiores escritores brasileiros. Para tanto, a casa se valeu da experiência fora do comum de estar publicando *A Comédia Humana* (1945-1955), de Balzac, em dezessete volumes. O empreendimento Balzac foi orquestrado por Paulo Rónai, que coordenou a equipe de tradutores e selecionou pessoalmente as introduções dentre o que de melhor havia na crítica internacional. Já a *Recherche* sairia em sete volumes, divisão assentada na França.

Hoje olhamos para a lista dos tradutores ... e pasmamos. Mário Quintana responsabilizou-se pelos quatro primeiros volumes: *No Caminho de Swann, O Caminho de Guermantes, À Sombra das Raparigas em Flor, Sodoma e Gomorra*. O quinto volume, *A Prisioneira*, caberia a Manuel Bandeira; o sexto, *A Fugitiva*, a Carlos Drummond de Andrade; e o sétimo e último, *O Tempo Redescoberto*, a Lúcia Miguel Pereira. As traduções começaram a vir à luz em 1948. Não se pode dizer, é claro, que Proust chegasse jamais a ser propriamente popular. Mas o fato é que sucessivas tiragens da Globo se esgotaram, estando a obra hoje na 21ª edição.

Meio século depois, em 1993, a Ediouro traria a público uma nova tradução, também em sete volumes, feita por Fernando Py. Revista, uma segunda edição seria lançada em 2002, com o formato modificado para três volumes. Assim, encontramo-nos na posição privilegiada de possuirmos não uma mas *duas* diferentes traduções da *Recherche* em português no Brasil.

No capítulo das traduções incontornáveis que toda literatura deveria possuir dentre as formadoras do século XX como a de Proust, já contamos com as duas mais difíceis de James Joyce: a de *Ulisses*, feita por Antonio Houaiss nos anos sessenta e, em andamento, a de *Finnicius Revém*, transcriação de *Finnegans Wake*, assinada por Donaldo Schüler e editada pela Ateliê Editorial.

Dos anos trinta aos sessenta, todos os nossos maiores críticos escreviam sobre Proust em artigos de jornal, que depois seriam recolhidos em livros. Entre eles, contam-se Antonio Candido, Sérgio Buarque de Holanda,Tristão de Ataíde, Augusto Meyer, Brito Broca, Paulo Rónai, Otto Maria Carpeaux, Álvaro Lins, Lúcia Miguel Pereira, Sérgio Milliet... A exceção é Mário de Andrade, o qual, apesar de leitor e admirador, não chegaria a deixar um artigo diretamente sobre o tema. Durante muito tempo, crítico brasileiro que se prezasse freqüentava Proust: é só folhear as coletâneas de ensaios da autoria deles. O primeiro profissional de calibre a dedicar-se a análises mais abalizadas foi Tristão de Ataíde, e isso antes do período indicado, em artigos ainda nos anos vinte que depois seriam recolhidos nas cinco séries de seus *Estudos* (1927-1933).

Os aficionados podem encontrar parte dos textos desses autores, acrescidos de outros menos votados, na antologia *Proustiana Brasileira*, organizada por Saldanha Coelho para a *Revista Branca*, em 1950.

Um grande proustiano, pouco reconhecido por não ser crítico literário de profissão, foi Ruy Coelho. Participou da célebre revista *Clima*, feita por um grupo de jovens de vinte anos, na qual seriam definidas vocações de críticos como a de Antonio Candido para a literatura, Décio de Almeida Prado para o teatro, Paulo Emílio Salles Gomes para o cinema, Lourival Gomes Machado para as artes plás-

PREFÁCIO

ticas, Gilda de Mello e Souza para a estética. Ruy Coelho foi co-fundador e membro atuante desde o primeiro até o último dos 16 números da revista, em que estrearia com um ensaio sobre Proust. Com o título de "Marcel Proust e a Nossa Época", sairia no primeiro número da revista, em maio de 1941; nas suas quarenta e cinco páginas, revelaria ser bem mais que um artigo. Apareceria mais tarde em volume próprio, somado a mais um artigo, com o título reduzido para *Proust* (Flama, 1944).

E não era nada de mais ver um crítico militante como Álvaro Lins apresentar-se a concurso para provimento de uma cátedra de Literatura no Colégio Pedro II, no Rio de Janeiro, em 1950, com tese intitulada *Da Técnica do Romance em Marcel Proust*. Tampouco era surpreendente que a tese se transformasse em livro, o que ocorreu em 1956, saindo por inciativa da José Olympio com o título ligeiramente modificado pela retirada da preposição (*A Técnica...*). Duas décadas depois, em 1968, a Civilização Brasileira reeditaria o livro, sem mais mexer-lhe no título.

Em 1959 surgiria *Compreensão de Proust,* de Alcântara Silveira, pela José Olympio, que receberia resenha de um proustiano de vida inteira, Antonio Candido, no Suplemento Literário de *O Estado de S. Paulo*. O mesmo crítico faria nesse órgão várias resenhas relacionadas ao assunto, inclusive a de *Mon amitié avec Marcel Proust – Souvenirs et lettres inédits,* de 1958, reminiscências de Ferdinand Gregh, que convivera com o escritor; e a de uma biografia canônica, da autoria do inglês George Painter, de 1959. Leyla Perrone-Moisés, titular da seção de letras francesas no período de fastígio do suplemento, nos dez anos (1956-1967) em que Décio de Almeida Prado o dirigiu conforme o projeto de Antonio Candido, várias vezes teria oportunidade de referir-se ao autor.

Ainda em 1964, Hermenegildo de Sá Cavalcante, fundador da Sociedade Brasileira dos Amigos de Marcel Proust e futuro autor de *Marcel Proust (Roteiro Crítico e Sentimental)*, de 1986, coordenaria a Semana Proustiana, realizada no Rio, com a presença da sobrinha do escritor, Suzy Mante Proust, filha de seu único irmão, Robert.

A EDUCAÇÃO SENTIMENTAL EM PROUST

Pouco lembramos que o Brasil conheceu precocemente a *Recherche*. Devemos ao poeta alagoano Jorge de Lima as alvíssaras, conforme relata o proustiano supracitado. O ano era 1919 e o autor francês acabara de receber o prêmio Goncourt por *À l'ombre des jeunes filles en fleur*, que já não era o primeiro da saga mas despertara menos rejeições ou estranhezas de leitura que os anteriores. Como é que Jorge de Lima, na remota Maceió, tomou conhecimento? Aviadores franceses ao atravessar o Atlântico faziam habitualmente escala na Base Aérea da cidade, onde Jorge de Lima, que era médico, os examinava e tomava de empréstimo as últimas novidades das livrarias de Paris. A notícia é, todavia, contestada por outros que disputam as primícias da revelação, tanto em Belo Horizonte como no Rio.

Com o passar do tempo, aos poucos esse veio, fundamental para a melhor literatura, foi secando e os estudos foram minguando. É possível que o encerramento do francês no secundário e sua transformação em "língua instrumental" na universidade tenha muito a ver com esse processo. Mas também pode-se detectar outro fator no empobrecimento e quase extinção da crítica literária em periódicos, substituída que foi pelo *press realease* e pela resenha de livros novos. É uma pena, pois menos pessoas terão oportunidade de informação e de acesso a um dos mais notáveis feitos da alta literatura que a humanidade já viu, assim privando-se de um prazer incomparável.

Entretanto, nem tudo está perdido: há uma tese de doutoramento defendida em Porto Alegre em 1993, lamentavelmente até hoje inédita, da autoria de Maria Marta Laus Pereira Oliveira, sobre a recepção crítica brasileira de nosso autor. E agora, em boa hora, Philippe Willemart nos brinda com este livro. Antes, em 2000, já escrevera outro, de âmbito mais geral: *Proust, Poeta e Psicanalista*. Agora, perquirindo a mesma linha de exegese psicanalítica e genética, que é sua especialidade, surge este *A Educação Sentimental em Proust*, modestamente subintitulado "Leitura de *O Caminho de Guermantes*". Baseando-se em análise de texto que seleciona onze trechos do livro de Proust, deles vai extrair algumas ilações importantes.

PREFÁCIO

Essas ilações enfeixam-se no tratamento dos mitos individuais, no sentido de harmonização de elementos contraditórios, definição de Lévi-Strauss que Lacan absorveu. Alguns deles são: o nome, o capacho – tanto ou mais que a madalena – com o tato desigual que oferece aos pés, o pião, o eu, o duque e a duquesa de Guermantes, a pereira que é árvore e anjo ao mesmo tempo, etc. Objetos até banais porém mitologizados, através dos quais transparece o trabalho do inconsciente no texto. Constata-se assim o quanto o escritor, dublê de teórico da psicoterapia, opera num campo intermediário entre o imaginado e o realista. Afora a acuidade analítica e o domínio do material assim revelado, o livro presta ainda ao leitor o serviço de passar em revista a bibliografia crítica francesa da atualidade.

Hoje, na França, os estudos proustianos, sempre vivazes, receberam alento revivificador advindo dos trabalhos de Jean-Yves Tadié, que publicou nos anos noventa uma monumental nova edição crítica pela Pléiade e uma biografia de quase mil páginas recheada de revelações, *Marcel Proust* (1996). A produção da crítica genética tem contribuído de modo similar para redourar os brasões desses estudos, com destaque para o labor do Grupo Proust do *Institut des Textes et Manuscrits Modernes* (ITEM). Já entre nós, nem somos capazes de precisar há quanto tempo não se escreve um livro inteiro sobre Proust. Estaríamos agora assistindo aos primeiros sinais de uma ressurreiçao? A introdução nos diz que o livro resulta de um curso de pós-graduação na USP, o que implica em alunos e no possível despertar de novas vocações. Façamos votos de que seja esse o caso. E, se assim for, de qualquer modo nós os fãs temos que agradecer a Philippe Willemart por nos trazer Proust redivivo.

WALNICE NOGUEIRA GALVÃO

Introdução

———◆———

Uma princesa, irmã caçula de duas irmãs, nasce extremamente bela na corte de um rei e de uma rainha de um país longínquo. Ao crescer, sua beleza atrai de tal forma os homens que Vênus, abandonada em seu templo e evidentemente enciumada, chama seu filho Eros, também conhecido como Cupido, e lhe pede para castigar Psiquê – é este o nome da princesa – casando-a com o mais feio de todos os homens. Ao vê-la, porém, Eros apaixona-se perdidamente. No entanto, temendo a ira de sua mãe, ele só recebe Psiquê à noite e proíbe a amada de erguer a luz à altura de seu rosto sob ameaça de punição. Instigada pelas irmãs, curiosas por conhecer a identidade do amante e que despertam nela a suspeita de que sob aquele homem oculta-se um monstro que a devorará, Psiquê desobedece a ordem de Eros, pega uma lamparina e um gládio, pronta para se defender, e descobre o belo Eros. Contempla-o em seu sono, beija-o, brinca com seu arco e suas flechas, sai picada, mas a lamparina, pérfida ou enciumada – diz o texto – deixa cair uma gota de óleo no ombro direito do deus. Despertado pela dor e vendo sua fé traída ou a promessa rompida, desaparece sem dizer palavra. Psiquê o procura, em vão, por muito tempo[1].

---

1. Resumo do conto *Psyché*, Apuleio (pp. 125-180), *Les métamorphoses ou L'âne d'or* (texto estabelecido por D.S. Robertson, trad. Paul Vallette), Paris, Les Belles Lettres, 1946, t. II, p. 32.

A EDUCAÇÃO SENTIMENTAL EM PROUST

Foi assim que surgiu a alma ou o sujeito[2], que sai em busca do desejo impossível do Outro[3]. A alma ou Psiquê sofrendo à procura de seu bem-amado representa o inconsciente, simbolizado pelo longo caminho constituído dos obstáculos e das provas que Psiquê encontrará em seu percurso e que lhe permitirão reencontrar Eros. Traduzindo para termos heideggerianos, poderia dizer que assim como o ente procura o ser, Psiquê procura Eros.

Gostaria que meu ponto de partida fosse essa posição negada pelo cientista e pelo idealista, que acreditam poder trabalhar um determinado objeto sem se envolver, ou seja, gostaria de partir de uma ausência, de um objeto ausente, do que não está no texto embora tenha deixado suas marcas. É uma posição difícil por estar situada entre "a enunciação que procede de uma palavra pendente de um desejo desconhecido e o pensamento pendente de um saber impensado"[4], em outros termos, entre meu desejo desconhecido e que continuará a sê-lo no decorrer da escrita e meu pensamento à procura de um saber contido em O Caminho de Germantes.

Em minha escritura-enunciação, acredito poder aliar ambos e, detectando um saber impensado no narrador proustiano, procurarei Eros à minha maneira.

Nesta introdução e antes de abordar o texto proustiano, do qual analisarei uma dezena de passagens escolhidas de modo mais ou menos arbitrário, tentarei examinar as diferenças entre o inconsciente estético definido por Jacques Rancière[5] e o inconsciente genético conceituado faz alguns anos, mas cuja história seria conveniente retraçar para melhor compreendê-lo.

O crítico literário Jean Bellemin-Noël, o psicanalista André Green e o escritor Bernard Pingaud inventaram a expressão "in-

2. Jacques Lacan, O Seminário. Livro 8. A Transferência, trad. Dulce Duque Estrada, Rio de Janeiro, Zahar, 1992, pp. 261 e ss.
3. Idem, O Seminário. Livro 7. A Ética da Psicanálise, trad. Antônio Quinet, Rio de Janeiro, Zahar, 1988, p. 24.
4. Jean-Louis Blaquier, L'antiphilosophie de J. Lacan (tese inédita).
5. L'inconscient esthétique, Paris, Galilée, 2000.

INTRODUÇÃO

consciente do texto" respectivamente em 1971[6], 1973[7] e 1976[8] sem qualquer referência uns aos outros, o que mais uma vez comprova a estanqueidade entre as zonas de conhecimento. Bellemin-Noël observa o fato em *Psychanalyse et littérature* publicado em 1978[9], lança seu livro *Vers l'inconscient du texte* em 1979 e o reedita em 1996 acrescentando a história do conceito[10]. Em 1988, em *Interlignes*, Bellemin-Noël corrige a expressão "inconsciente do texto" por "trabalho inconsciente do texto"[11], reconhecendo dessa forma tanto o inconsciente do escritor como o do leitor.

Em 1983, levando em conta a contribuição lacaniana e o estudo de um manuscrito de Flaubert, defendi a autonomia da escritura num número especial de *Littérature* organizado por Bellemin-Noël e dedicado ao inconsciente no prototexto: "Em primeiro lugar, o autor não é uma mônada isolada que pudesse reivindicar o que ele produz como sendo algo exclusivamente seu; como qualquer homem, ele é a culminação de uma série de desejos de sucessivas gerações, o fruto de um momento cultural preciso. Em segundo lugar, ele utiliza uma língua carregada de sentidos que o domina e controla mais do que ele pensa. E, por fim, esta mesma língua, uma vez colocada no papel e através da narrativa, força arranjos e desloca elementos tanto no nível do sintagma como do paradigma"[12]. Essas linhas de certa forma prolongavam e reforçavam o conceito de "inconsciente do texto" entendido como trabalho do inconsciente no texto numa dimensão, ademais, lacaniana.

---

6. A expressão foi utilizada por Jean Bellemin-Noël em "Psychanalyser le rêve de Swann", *Poétique* 8, Paris, Seuil, 1971, p. 447 e retomada em *Le Texte et l'avant-texte*, Paris, Larousse, 1972, p. 130.
7. André Green, "Le double et l'absent", *Critique* 312, maio 1973, pp. 391-412.
8. Bernard Pingaud, Ω. *Nouvelle Revue de psychanalyse* 14, 1976, pp. 251-257.
9. Bellemin-Noël, *Psychanalyse et littérature*, Paris, PUF, 1978 (Que sais-je?).
10. Idem, *Vers l'inconscient du texte*,Paris, PUF, 1996, p. 268.
11. Idem, *Interlignes. Essais de textanalyse*, Lille, PUF, 1988, pp. 23-24.
12."Le désir du narrateur et l'apparition de Jean-Baptiste dans le manuscrit d'Hérodias", *Littérature* 52, Paris, Larousse, 1983, p. 113.

Com outras palavras, Pierre Bayard retomou a mesma tese em 1987:

> [...] a texto-análise substitui a relação dual profundamente imaginária que preside a psicobiografia e a psicocrítica (autor-obra/leitor), por uma relação ternária, triangular, em que a linguagem é reconhecida em sua função essencial de simbolização[13].

A crítica já não afirmava portanto, como Freud, que a escritura é uma forma de expressão das pulsões ou do desejo do artista. A escritura ou qualquer outra forma de arte define um contexto ou um Simbólico no qual o artista entra e é moldado. O material escolhido, a pedra, a linguagem, os sons, as cores também cumprem uma função e trabalham o escultor, o escritor, o músico ou o pintor, o que faz com que a escritura não forneça ao leitor apenas as fantasias do escritor, mas muito mais as de seus contemporâneos e o simbólico em que todos estão imersos.

Portanto, a função da arte não é a de nos fazer entrever o inconsciente do artista, mas tampouco se limita a nos divertir ou a cobrir com um véu pudico o trágico da morte como pensava Lacan. Toda obra de qualidade que responde ao nosso imaginário é capaz de trabalhar o Simbólico em que estamos inseridos e modificar nossa relação com o Real.

Em outras palavras, a leitura de uma obra, ao desfazer algum dos nós que impediam o desejo de agir, alivia o leitor, liberta-o de preconceitos muitas vezes desconhecidos e lhe permite gozar melhor a vida. Lyotard defendia a mesma hipótese em 1993, mas em outros termos[14].

Essa valorização do aspecto terapêutico da leitura era decorrente da posição do psicanalista que eu então ocupava; o estudo

---

13. Pierre Bayard, "De l'interprétation à l'incompréhension, Textanalyse et pragma-tique", *Corps écrit*, 23 (La critique aujourd'hui), PUF, set. 1987, pp. 85-86.
14. François Lyotard, *Moralités postmodernes*, Paris, Galilée, 1993.

INTRODUÇÃO

dos manuscritos me deu uma concepção da leitura não contraditória mas complementar à primeira e me forçou a concluir pela existência do inconsciente genético.

No II Congresso da Associação Brasileira de Pesquisadores do Manuscrito Literário (APML), em 1988[15], apresentei sua primeira elaboração. A análise aprofundada do manuscrito de *Hérodias* de Flaubert me forneceu os elementos para essa elaboração e a escrita de *Universo da Criação Literária* (1993) ou sua versão francesa *Dans la chambre noire de l'écriture* (1996) permitiram que eu a desenvolvesse[16].

O inconsciente genético não é (somente) um espaço circunscrito, onde se engolfam as informações afastadas, as palavras rasuradas ou substituídas, mas um conceito, uma virtualidade que autoriza os estudiosos da gênese a sonhar e a situar o real do manuscrito. Parafraseando René Thom, dizia que tal entidade imaginária e virtual dá a possibilidade de nela mergulhar o Real e de enunciar as coações que pesam na propagação do Real no seio do "virtual"[17]. [...] O inconsciente genético pertence e não pertence ao inconsciente lacaniano definido pela dialética do campo das pulsões e do campo do grande Outro. [...] Em outras palavras, a memória documentária não funciona somente no nível da informação intelectual que registraria um disquete, mas, além disso, ela é sensível no nível dos afetos. Um saber fez certamente parte da consciência fenomenológica do escritor Flaubert e foi usado durante a redação do conto *Hérodias*, mas embora atribuamos ao autor uma memória extraordinária, algumas informações transcritas na memória afloram e outras não. Uma escolha se faz sem saber (*insue*) e, onde há escolha, há necessariamente "razões" que resultam do coração, diria Pascal, ou do desejo e de pulsões, dirá o *psicanalista*[18].

15. "Uma Contribuição Teórica à Leitura dos Manuscritos: Para Um Inconsciente Genético", *II Encontro de Edição Crítica e Crítica Genética*, São Paulo, FFLCH-USP, 1990, p. 114. Esse mesmo texto foi apresentado ao corpo docente do Departamento de Literatura Francesa da Universidade de Paris VIII, 1989.
16. *Dans la chambre noire de l'écriture* (*Hérodias* de Flaubert), Toronto, Paratexte, 1996.
17. René Thom, "La science moderne comprend-elle ce qu'elle fait?", *Le Monde* 10 nov. 1989, p. 30.
18. Willemart, *Universo da Criação Literária,* São Paulo, Edusp, pp. 115-117.

Este novo conceito foi ilustrado em 1996 na análise detalhada de alguns folios do manuscrito da Educação Sentimental de Flaubert[19] e hoje vejo o inconsciente genético como um acúmulo de lógicas às vezes contraditórias que articulam-se aos poucos nos manuscritos.

Após esse breve apanhado sobre a história desses dois conceitos, resta ainda compará-los ao conceito elaborado por Jacques Rancière, "o inconsciente estético". Esse filósofo teve provavelmente muito pouco contato com a crítica literária e com André Green, nos anos setenta, mas seu conceito de inconsciente coincide em alguns pontos com os dois conceitos anteriores ao dele. Daqui por diante, não farei mais distinção entre o conceito de inconsciente do texto e o de inconsciente genético, pois ambos se referem ao mesmo trabalho no texto, quer ele esteja publicado ou manuscrito.

O significante "inconsciente" deve ser tomado no sentido freudiano da palavra, ou seja, no sentido de algo lógico que está presente, ao qual não temos normalmente acesso, mas que age à revelia do artista na arte e à revelia do crítico no texto. Por outro lado, os respectivos adjetivos não têm uma relação imediata com o inconsciente pessoal no sentido freudiano do termo, ou seja, com o do escritor, do artista ou do crítico.

Assim como o inconsciente estético revela um saber diferente para os críticos de arte, o inconsciente genético o faz para os geneticistas. Definindo a arte como um pensamento que não pensa por ser confuso ou, ainda, como um pensamento rico, mas destituído de lógica palpável, o inconsciente estético transparece nas obras de arte e portanto no manuscrito, mas por outros meios.

Antes de prosseguir, é preciso explicar um pouco melhor o que Rancière entende por inconsciente estético. Ao evocar a interpretação que Nietzsche[20] faz da tragédia de Édipo, Rancière desta-

19. Id., "De Qual Inconsciente Falamos no Manuscrito?", *Manuscritica* 5, São Paulo, Annablume, 1995, 5. pp. 47-62.
20. Nietzsche, *La Naissance de la Tragédie enfantée par l'esprit de la musique, Oeuvres philosophiques complètes,* trad. Ph. Lacoue-Labarthe. Paris, Gallimard, 1977.

INTRODUÇÃO

ca a íntima relação entre sofrimento e saber. Querendo, a qualquer preço, conhecer a verdade sobre o assassinato de Laio, Édipo entende que foi levado a assassinar e a praticar o incesto por um saber não sabido, um oráculo proferido quando nasceu. Sua busca da verdade e do saber é sem dúvida bem sucedida mas, não querendo mais ver "nem o mal que sofreu nem aquele que causou"[21], arranca os próprios olhos.

A psicanálise nasceu no dia em que Freud compreendeu o vínculo entre esse saber não sabido e o sofrimento do analisando ou entre um pensamento não pensado e um agir. Tomando como exemplo a visita de Rafael ao antiquário em *A Pele de Onagro* de Balzac, Rancière afirma que a arte consiste em fazer emergir um saber que não se sabe, como aquele contido nos inúmeros objetos acumulados nas diversas prateleiras da loja de antiguidades. Mas, "para que o banal (que esses objetos são) revele seu segredo, primeiro ele tem de ser mitologizado[22].

Em outras palavras, o crítico reconhece os elementos de uma mitologia numa fachada, na forma e na usura de uma roupa ou no caos de uma vitrine, elementos que anunciam a verdadeira história de uma sociedade, a vida de uma coletividade e o destino de um indivíduo ou de um povo. Assim como para Freud nenhuma circunstância é insignificante, tampouco existe hierarquia entre os objetos cotidianos nem detalhes negligenciáveis. Nesse sentido, a revolução estética sucede à revolução freudiana.

Isabelle Daunais lembra que, em *L'Esthétique de la disparition*, Paul Virilio (também muito atento aos objetos insignificantes):

[...] propõe a idéia de que um número cada vez maior de objetos da vida cotidiana, tornados obsoletos em nossos usos pelo progresso e pela tecnologia, saiu do mundo do real para passar a pertencer a um mundo "estepe", um mundo de reserva, em que eles vão se tornando cada vez mais estranhos para nós. Alguns dos objetos mais concretos e mais simples, mais "imediatamente" ligados ao real teriam se tornado objetos de um outro mundo. Essa função do real e de seus objetos pode parecer muito

21. Sophocle, *Oedipe Roi. Tragédies*, Paris, Gallimard, 1973, p. 242.
22. Rancière, *L'inconscient esthétique*, p. 38.

A EDUCAÇÃO SENTIMENTAL EM PROUST

distante daquela que o romance realista nos legou, em que a matéria concreta se "opõe" sem cessar aos sonhos e às ilusões, entrava as escapadas das personagens para a ficção. Mas isso seria esquecer que, numa estranha reversibilidade, para os escritores do realismo os objetos comportam também – e já – uma dimensão de sonho, como se no limite do irrelevante e das mais finas texturas se encontrasse o ponto de partida de uma nova ficção, ou de uma ficção sobressalente em relação àquela que esses mesmos objetos exauriram[23].

Mas, se Virilio vê no mundo objetos para sonhar, Rancière descobre neles um saber subjacente. Assim, o escritor é um geólogo ou um arqueólogo que viaja pelos labirintos do mundo social e, posteriormente, pelos do eu:

O inconsciente estético se manifesta na polaridade da cena dupla da palavra muda: por um lado, a palavra escrita sobre os corpos à qual se deve restituir sua significação linguageira por meio de um trabalho de decifração e de reescrita; por outro, a palavra surda, de um poder inominável, que se mantém por trás de toda consciência e de toda significação[24].

Quais as diferenças entre o inconsciente estético e o inconsciente genético?

Vejamos primeiro como os dois inconscientes se constituem.

Ao querer escrever um conto, um romance, uma poesia ou uma peça de teatro, o escritor enche cadernos ou folhas soltas nas quais se perde não como sujeito formado pelos três registros lacanianos, o Real, o Simbólico e o Imaginário, mas como eu imaginário. É assim que o narrador de *Jean Santeuil* o sente: "Mas até morrer um autor continua sendo uma coisa que se pode modificar e é preciso que o pensamento que está nele absorva todo seu ser, de modo tal que tudo o que ele disser seja a própria linguagem do pensamento"[25]. O escritor imerge progressivamente na linguagem e na cultu-

23. 69º Congrès de l'ACFAS (Association francophone pour le savoir). Session: C-305 Définir une pratique: entre l'infime et le dérisoire. Rede Internet.
24. Rancière, *op. cit.*, p. 40.
25. "Mais un auteur jusqu'à ce qu'il soit mort reste une chose qu'on peut modifier et il faut que la pensée qui est en lui, absorbe tout son être, si

INTRODUÇÃO

ra e, escrevendo o que não pensava escrever, descobre outros mundos como primeiro leitor de sua escritura.

Os dois inconscientes se constituem entre a observação positiva e as lendas populares, ocupando assim o mesmo lugar da psicanálise[26]. Tal como o narrador balzaquiano, eles nomeiam, descrevem, integram, decifram e reescrevem os "signos de história escritos sobre as coisas"[27].

A única diferença radical entre ambos os inconscientes situa-se no material utilizado. Rancière não inclui o manuscrito nem os rascunhos na elaboração de seu conceito, embora mencione as anotações preparatórias de Ibsen para confirmar sua tese[28]. O inconsciente genético é como um disco rígido fragmentado onde os arquivos estão dispersos na imensa extensão do disco de x gigabytes, ao passo que o inconsciente estético está concentrado na obra lida, vista ou escutada. O manuscrito não permite supor a lógica que o guia como ocorre com a obra publicada, que segue a ordem da narrativa, ou a da representação, no caso de um quadro ou de uma escultura, ou a da harmonia no caso da música. Ao decifrar os *Cadernos* de Proust ou mesmo as margens do manuscrito flaubertiano, o leitor fica desorientado e vê um pensamento em formação, precisamente um pensamento impensado em ação.

Ambos os inconscientes partem do homem que assim manifesta o trabalho de uma cartografia psíquica ou de um RSI singular, mas o espaço no qual eles circulam é mais ou menos restrito. Ainda seria preciso verificar se o não pensado de Rancière corresponde ao pensamento do manuscrito ou se, para além do manuscrito, existe, ainda, um impensado. O manuscrito certamente permite recuar um pouco na direção do impensado, já que o não pensado de Rancière é em parte pensado no manuscrito como indica o croqui a seguir:

bien que tout ce qu'il dira sera le langage même de la pensée" (Proust, *Jean Santeuil*, Paris, Gallimard, 1952, t. II. p. 249).
26. Rancière, *op. cit.*, p. 48.
27. *Idem*, p. 36.
28. *Idem*, p. 71.

Impensado do manuscrito

Pensado do manuscrito

Pensado do texto publicado

Mera nuança, contudo. Se, como afirmo, o texto publicado é a metonímia do manuscrito, o impensado do manuscrito é metonimizado neste, que o é ele mesmo no texto publicado, mas em segundo grau.

Que dizer da recepção da obra?

Diferentes do artista que foi alvo do inconsciente genético ou do inconsciente estético, o crítico genético e o "filósofo crítico", se é que posso chamar Rancière assim, não constroem uma obra literária ou artística, mas tomam distância para melhor analisar o que vêem, ocupam o lugar do Outro. Trabalham um saber que necessita de um olhar diferente para ser percebido. É o do poeta mineralogista Novalis para quem tudo fala[29] ou o de Cuvier segundo Balzac[30], que coincide com o de Freud. No entanto, o geneticista, que não trabalha só com a última versão como o filósofo, não precisaria necessariamente de um detalhe para romper a ordem da representação, nem de um segredo como o Édipo de Sófocles para sair da racionalidade, pois o manuscrito oferece os bastidores do texto publicado e esconde bem menos coisas que o objeto de arte exposto no museu.

O olhar do geneticista não deveria ser tão perspicaz como o do filósofo? A vantagem do geneticista é dispor de mais material e poder estudar um discurso mais extenso, mas sua desvantagem tem

---

29. Novalis, *Henri d'Ofterdingen*, trad. Marcel Camus, Paris, Flammarion, 1992.
30. Honoré de Balzac, *La peau de chagrin*, Paris, Garnier-Flammarion, 1971, p. 70.

a mesma origem, ou seja, é mais fácil ele se perder nos setenta e cinco *Cadernos* proustianos ou nos 2000 folios de *Madame Bovary*, por exemplo.

Qual o objetivo do crítico genético e do "filósofo crítico"? Nenhum dos dois se preocupa com a hierarquia das personagens ou dos episódios nobres ou vulgares segundo a roda de Virgílio (*rota Virgilii*), com a ordem temporal ou espacial, com a oposição descrição-narrativa, com as categorias literárias comuns sistematizadas por Genette em *Figures III*. Citando Rancière, que terei que adaptar colocando meus adendos entre parênteses, direi ser preciso procurar nos "detalhes insignificantes (não mais) da prosa do mundo (mas no manuscrito ou no texto publicado) sua dupla potência, poética e significante [...] nas figuras dessa mitologia, (o crítico genético e o filósofo crítico) dá(dão) a reconhecer a história de uma verdadeira sociedade"[31] e de um estilo.

Para isso, contudo, ou "para que o banal revele seu segredo, primeiro ele tem que ser mitologizado"[32]. Já que Rancière se dirigia a psicanalistas lacanianos, não considera necessário explicar o que queria dizer. Permite apenas supor que o objeto deveria acumular um saber e um não saber, assim como a fala de Tirésias tomada como puro objeto é clara para quem quiser entender, mas incompreensível para Édipo. Duplo discurso, portanto, que lhe dá valor de mito e autoriza a identificar a fala de Tirésias a um objeto banal. Contudo, Lacan acrescentou outra característica a esse duplo discurso.

Mitologizar, lembra Lacan, quer dizer incorporar numa história elementos que parecem contraditórios porque pertencem a registros diferentes, como os do mundo da realidade e os do mundo da fantasia. O pequeno Hans, um dos cinco casos analisados por Freud e relido por Lacan, entrega as rédeas do cavalo ao cocheiro de seu sonho e à sua irmã Anna[33]. O mito "permite confrontar uma

---

31. Rancière, *op. cit.*, p. 36.
32. *Idem*, p. 38
33. "Vocês têm aí em estado vivo essa espécie de contradição interna que nos faz supor com freqüência nos mitos que há incoerência, confusão entre

A EDUCAÇÃO SENTIMENTAL EM PROUST

série de relações entre os sujeitos, de uma riqueza e de uma complexidade perto das quais o Édipo parece uma edição tão abreviada, que afinal, nem sempre é utilizável"[34].

Estamos todos inseridos em alguns mitos que nada mais são senão nossa maneira de compreender o mundo e nossa história[35]. Isso não significa que construiremos o mito do narrador proustiano do passado, mas sim o de nossa leitura[36], confirmando o narrador proustiano que escrevia:

Porque, como já demonstrei, não seriam meus leitores, mas leitores de si mesmos, não passando de uma espécie de vidro de aumento, como os que oferecia a um freguês o dono da loja de instrumentos ópticos em Combray, livro graças ao qual eu lhes forneceria meios de se lerem[37].

duas histórias, quando na realidade o autor, quer se trate de Homero ou do pequeno Hans, está preso a uma contradição que é simplesmente aquela de dois registros essencialmente diferentes" (Lacan, *O Seminário*. Livro 4. "A Relação de Objeto" trad. Dulce Duque Estrada, Rio de Janeiro, Zahar, 1995, p. 379).

34. Lacan, *O Seminário*. Livro 1. "Os Escritos Técnicos de Freud", trad. Betty Milan, Rio de Janeiro, Zahar, 1994, p. 104.

35. "Trabalho de desconstrução do mito e da história, pessoais ou coletivos. Todo analisando vem dizer como ele esbarrou no outro no momento em que este outro surgiu para o sujeito atolado em seu narcisismo. [...]As patologias simbólicas (neuroses, perversões, psicoses) desencarnando o corpo-sujeito no corpo-objeto – mas à revelia do corpo-sujeito no inconsciente simbólico – podem se articular, não a uma falta consciente de liberdade, mas a codificações simbólicas cegas, [...] limitando até o sofrimento à experiência de liberdade" (Marc Richir, "La communauté subjective", *Les Cahiers de la philosophie*, Jean Patocka, 11:12, 1990/1991, p. 173. Citado por Eugénie Lemoine Luccioni, *L'histoire à l'envers. Pour une politique de la psychanalyse*, Paris, Defrenne, 1993, p. 196).

36. "Comentar é admitir um excesso de significado sobre o significante. [...] A construção é modelada para o presente, não é reconstituição de um passado verdadeiro, mas a ligação entre as lacunas do mito, do fantasma, da historiografia, ela é assassinato do texto que conserva o passado (*Construction en analyse*) diferente da interpretação que é retorno à origem" (Backès-Clément. Literaterre, *Littérature*, Paris, Larousse 3, 1971, pp. 14-15).

37. "Car ils (mes lecteurs) ne seraient pas, selon moi, mes lecteurs, mais les propres lecteurs d'eux-mêmes, mon livre n'étant qu'une sorte de ces verres grossissants comme ceux que tendait à un acheteur l'opticien de

2 8

INTRODUÇÃO

Minha leitura de *O Caminho de Guermantes* procurará "detectar algo que no começo parece irredutível e que por fim se integra ao sistema", sempre lembrando que não estamos falando dos mitos fundadores de nossas civilizações, mas do mito individual que

> [...] se distingue por todos os tipos de características da mitologia desenvolvida. Esta está na base de toda a situação social no mundo, como é patente ali onde os mitos estão presentes por sua função. Mas mesmo ali onde estão, aparentemente, ausentes, como é o caso na nossa civilização científica, não creiam que eles não estejam em algum lugar. Embora o mito individual não possa de jeito nenhum ser restituído a uma identidade com a mitologia, uma característica, no entanto, lhes é comum: a função de solução numa situação fechada em impasse, como é o pequeno Hans entre seu pai e sua mãe. O mito individual reproduz em menor escala este caráter fundamental do desenvolvimento mítico, onde quer que o possamos captar de modo suficiente. Ele consiste, em suma, em enfrentar uma situação impossível através da articulação sucessiva de todas as formas de impossibilidade da solução[38].

Podemos compreender a construção de *Em busca do tempo perdido* como a de um mito, isto é, histórias que resolvem problemas de impossibilidade de solução em todos os níveis, desde o plano narratológico até os fatos exteriores passando pelas personagens, como expõe Compagnon[39]. Adotarei no entanto o ponto

Combray; mon livre, grâce auquel je leur fournirais le moyen de lire en eux-mêmes" (Proust, *O Tempo Redescoberto*, p. 280).

38. Lacan, *O Seminário*. Livro 4. A Relação de Objeto, pp. 337-338.

39. "O objeto da investigação são as rebarbas, as falhas narratológicas, as infrações do romance às regras que ele mesmo se impõe. [...] Albertina dá ao narrador o nome de "Marcel" (V. 64 e 139). Proust parece ir renunciando aos poucos à separação estanque entre autor e narrador-protagonista, que ele chega a descrever em 1920 como esse "narrador que diz 'eu' e que nem sempre sou eu". [...] Trata-se de uma dificuldade fundadora do romance, pois resulta das duas escolhas definitivas que possibilitaram que *Contre Sainte-Beuve* superasse o fracasso de *Jean Santeuil* e desembocasse em *Em Busca do Tempo Perdido*: falar na primeira pessoa e falar da homossexualidade... paradoxo; representar a homossexualidade por intermédio de um narrador, digamos, heterotextual. Como resolvê-lo? Ou bem dando onisciência ao narrador, ou então fazendo dele o confidente de um

de vista de Rancière especificando os elementos míticos contraditórios que aliam implicitamente saber e não saber nos *O Caminnho de Guermantes*. Dessa forma talvez consiga mostrar uma lógica proustiana e um caminho possível para a abordagem psicanalítica da literatura.

Com o aprofundamento do conceito de inconsciente estético e sua insistência no valor do detalhe ou do banal, Rancière certamente enriquece nossa maneira de ler o inconsciente genético. No

homossexual indiscreto. Mas, no primeiro caso, isso lançaria suspeitas sobre o narrador, pois para conhecer é preciso ser. E, no segundo caso, o confidente seria inverossímil, pois romperia o segredo próprio de Sodoma. Restaria uma terceira solução, a única aceitável: a do voyeurismo e da espionagem" (Compagnon, "La dernière victime du narrateur", *Critique*, mar. 1997. Crítica de Mario Lavagetto, "Chambre 43", *Un lapsus de Proust*, pp. 135-137).

Constatamos com efeito que o nome Marcel é pronunciado por Albertina: "Ela recuperava a fala, ela dizia: 'Meu' ou 'Meu querido', seguido, um ou outro, de meu nome de batismo, o que, ao dar ao narrador o mesmo nome do autor deste livro, equivaleria a: 'Meu Marcel', 'Meu querido Marcel'. Sem contradizer o mito subjacente do dito e do não-dito, o escritor e Rainer Warning justificam a contradição. Numa carta a Mme Scheikévitch, em que ele já conta em 1915 como será a continuação de *Swann*, Proust escrevia: "Nesse livro, eu, Marcel Proust, conto (ficticiamente) como encontro uma certa Albertina, como a ela me apego, como a seqüestro etc. É a mim que nesse livro atribuo essas aventuras, que na realidade nunca me aconteceram, pelo menos dessa forma. Em outras palavras, invento para mim uma vida e uma personalidade que não são exatamente ("nem sempre") as minhas." Segundo Gérard Genette, o melhor termo para qualificar esse gênero de narrativa seria aquele empregado por Serge Doubrowsky quando ele fala de autoficção em "Prière d'insérer" de *Fils*, editado por Galilée em 1977 (Gérard Genette, *Palimpsestes*, Paris, Seuil, 1982, p. 293).

Rainer Warning, por sua vez, vê no texto proustiano uma solução para o problema à maneira do mito. Proust tematiza o limite entre a ficção e a realidade autobiográfica, mas essa fronteira é respeitada e não atravessada. Não é o nome completo do escritor que entra na narrativa, mas apenas seu prenome. Assim, fiel à crítica de Sainte-Beuve, o eu biográfico é relacionado com "o outro eu" a fim de marcar a distância, a diferença" (Rainer Warning, *Ecrire sans fin. La Recherche à la lumière de la critique textuelle. Marcel Proust Ecrire sans fin (Textes et Manuscrits)*, Paris, CNRS, 1996, p. 26).

INTRODUÇÃO

entanto, o banal é tão freqüente nas páginas manuscritas e publicadas que o geneticista terá de escolher um caminho e não poderá abarcar de uma só vez o manuscrito e o texto publicado. Que fazer, então?

A teoria psicanalítica insiste no "só-depois" e sugere o mesmo método. Partiremos portanto do texto publicado e não do manuscrito. Levantei essa questão em *Universo da Criação Literária*[40] em 1993. Daniel Ferrer também a destacou, embora mais explicitamente em *Genesis*:

> [...] o batismo que fixa a referência não é inicial, mas retrospectivo. A obra funciona como 'designador rígido' de sua gênese. [...] Nesse sentido, não é a gênese que fixa o texto, mas o texto que determina sua gênese. [...] teleologia não é um artefato crítico, e sim inerente aos mecanismos genéticos, (e sim) teleologia plural. [...] Cada variante, por mínima que seja, reescreve uma história que conduz até ela – inscreve-se *como* história e *numa* história que ela constitui ao mesmo tempo... de onde a aporia: a impossibilidade de distinguir o que é antecipação dinâmica do estágio seguinte e o que é reinterpretação a partir do estágio seguinte. [...] O prototexto é o resultado de uma dupla decupagem: uma que o exclui constituindo o texto e a outra que o constitui excluindo o que não se deixa submeter à lei [...] de onde sua condição dupla e contraditória de dejeto e de significante mestre... objeto do desejo[41].

Walter Benjamin escreveu nesse mesmo sentido quando, pouco antes de se suicidar, retomou o conceito freudiano de *só-depois*, talvez sem nem mesmo saber disso: "o historiador materialista tem como tarefa retratar a história a contrapelo"[42]. É o que proponho, ainda que partindo da teoria freudiana e não do materialismo histórico.

Em outras palavras, estando os mitos constituídos no texto publicado, nosso trabalho consistiria em desconstruí-los nesse

---

40. Willemart, *Universo da Criação Literária*, São Paulo, Edusp, 1993, p. 93.
41. Daniel Ferrer, "La Toque de Clementis", *Genesis* 6, Paris, ed. Jean-Michel Place, 1994, p. 100.
42. Walter Benjamin, "Sur le concept d'histoire", *Oeuvres complètes* trad. Maurice de Gandillac, Paris, Gallimard, 2000, III (folio Essais), p. 433.

mesmo texto e em distinguir seus elementos dispersos no manuscrito que pouco a pouco os formou. Para isso, teremos que topar com a lógica ou a racionalidade em que esses mitos se apóiam para, em seguida, e se possível, recuperar seus traços no manuscrito. É esta a leitura que proponho.

Em se tratando de Guimarães Rosa e de seu predecessor Proust, que não programavam de modo visível sua escrita, a tarefa será bem difícil ao contrário de Flaubert, que conservou a maioria de seus manuscritos. Rosa e Proust não tinham um caderno ou bloco de anotações destinado a um determinado conto ou volume. Escreviam um primeiro bosquejo segundo uma idéia global, para numa segunda ou enésima etapa reunir as passagens com vistas a um conto ou um livro. Bernard Brun diz claramente:

> Marcel Proust se lê e se relê, ele mesmo se recopia e se reescreve sem cessar e de modo vertiginoso, sem descanso, como na digestão de uma sucuri [...] Tudo o que se refere a Combray e a Guermantes parece estar indissoluvelmente ligado a um passado medieval e rural, terrificante e cruel. [...] O estudo sincrônico dos cadernos sete e seis no interior de um projeto em movimento (a estrutura matinal da narrativa que se torna a do romance) revela a densidade da escritura temática, mais forte que o fio narrativo, revelação que torna inútil a distinção habitual entre escritura programada e em processo e inútil também a idéia de teleologia aplicada ao manuscrito de redação[43].

Warning completa o pensamento de Brun:

> Considerando-se, portanto, a teleologia do caminho que leva à matinê de Guermantes, a metamorfose representaria uma segunda dimensão, em rivalidade com a primeira. Pois tanto para Proust como para Elstir, a metamorfose significa a dissolução de qualquer objetividade numa multiplicidade inacabável de visões, de perspectivas e, portanto, uma escritura à qual é negada qualquer arremate, qualquer conclusão[44].

---

43. Bernard Brun. "Citations, références et allusions dans deux cahiers Sainte-Beuve", *Bulletin d'Informations Proustiennes* 27, Paris, Presses de l'Ecole Normale Supérieure, 1966, pp. 30 e 39.
44. Warning, *op. cit.*, p. 23.

INTRODUÇÃO

Rancière desenha uma mitologia balzaquiana: discernir e descrever a doença do pensamento decorrente da atividade intensa dos indivíduos e da sociedade, que nada mais é senão a vontade que se transforma durante o século XIX até Zola num destino impessoal, em herança sofredora, num querer viver desprovido de razão sob a influência de forças obscuras, da raça etc.[45].

Qual a mitologia que brota da obra proustiana? A análise de passagens escolhidas de *O Caminho de Guermantes*, objeto de uma reflexão desenvolvida num curso para doutorandos na Universidade de São Paulo em 2001, a explicitará nas páginas que se seguem.

As traduções editadas da obra proustiana em português eliminam, às vezes, palavras, frases e até parágrafos o que não é necessariamente da responsabilidade do tradutor, mas da edição consultada. As próprias edições mais recentes da editora Flammarion e da Gallimard, na Pléiade, divergem em vários pontos embora as duas equipes tenham consultado os *Cadernos*. Diante disso, optamos pela edição da Pléiade, a mais recente, que tomaremos como texto de base tentando minimizar as falhas da edição brasileira ao colocar o original em notas de rodapé quando for preciso.

45. Rancière, *op. cit.*, p. 39.

1

O Nome e o Pião

Na idade em que os Nomes, oferecendo-nos a imagem do incognoscível que neles vertemos, no mesmo instante em que também designam para nós um lugar real, obrigam-nos assim a identificar a ambos, a ponto de irmos procurar numa cidade uma alma que ela não pode conter, mas que já não temos o poder de expulsar do seu nome, não é apenas às cidades e aos rios que eles dão uma individualidade, como o fazem as pinturas alegóricas, não é apenas ao universo físico que matizam de diferenças, que povoam de maravilhoso, é também ao universo social: então cada castelo, cada mansão ou palácio famoso tem a sua dama, ou a sua fada, como as florestas seus gênios, e suas divindades as águas. Às vezes, oculta no fundo de seu nome, a fada se transforma ao capricho da vida de nossa imaginação que a sustenta; é assim que a atmosfera em que a Sra. de Guermantes existia em mim, depois de não ter sido durante anos mais que o reflexo de um vidro de lanterna mágica e de um vitral de igreja, começava a descolorir-se quando sonhos muito outros a impregnaram da umidade espumejante das correntezas.

No entanto, a fada se esfuma se nos aproximamos da pessoa real a quem corresponde o seu nome, pois o nome começa então a refletir essa pessoa, e ela não contém coisa alguma da fada; pode a fada renascer se nos afastamos da pessoa; mas, se ficamos junto dela, a fada morre definitivamente, e com ela o nome, como aquela família de Lusignan que devia extinguir-se no dia em que desaparecesse a fada Melusina. Então o Nome, sob cujos sucessivos retoques poderíamos acabar encontrando o belo retrato de uma estranha que jamais tenhamos conhecido, não é mais que a simples fotografia de identidade a que nos reportamos para saber se conhecemos, se devemos ou não saudar a uma pessoa que passa[1].

1. Proust, *O Caminho de Guermantes*, 12ª ed.,trad. Mario Quintana, São Paulo, Globo, p. 10. "A l'âge où les noms, nous offrant l'image de

A EDUCAÇÃO SENTIMENTAL EM PROUST

São claras as oposições entre o nome e o incognoscível, uma cidade e sua alma, o castelo e sua dama, o palácio e sua fada, o finito e o infinito. O primeiro contém o segundo. O vidro da lanterna mágica contém a Sra. de Guermantes[2]. As cores desaparecem sob outros sonhos e chegamos à antinomia fundamental entre o nome e a fotografia, o infinito e a fotografia ou a complexidade e a identidade que caracteriza a primeira parte do texto.

O nome é assimilado a um nada, a uma imagem, a um retrato, a um vitral que leva a imaginação bem além do objeto visto e des-

l'inconnaissable que nous avons versé en eux, dans le même moment où ils désignent aussi pour nous un lieu réel, nous forcent par là à identifier l'un à l'autre, au point que nous partons chercher dans une cité une âme qu'elle ne peut contenir mais que nous n'avons plus le pouvoir d'expulser de son nom, ce n'est pas seulement aux villes et aux fleuves qu'ils donnent une individualité, comme le font les peintures allégoriques, ce n'est pas seulement l'univers physique qu'ils diaprent de différences, qu'ils peuplent de merveilleux, c'est aussi l'univers social: alors chaque château, chaque hôtel ou palais fameux a sa dame ou sa fée, comme les forêts leurs génies et leurs divinités les eaux. Parfois, cachée au fond de son nom, la fée se transforme au gré de la vie de notre imagination qui la nourrit ; c'est ainsi que l'atmosphère où Mme de Guermantes existait en moi, après n'avoir été pendant des années que le reflet d'un verre de lanterne magique et d'un vitrail d'église, commençait à éteindre ses couleurs, quand des rêves tout autres l'imprégnèrent de l'écumeuse humidité des torrents. Cependant, la fée dépérit si nous nous approchons de la personne réelle à laquelle correspond son nom, car, cette personne, le nom alors commence à la refléter et elle ne contient rien de la fée ; la fée peut renaître si nous nous éloignons de la personne; mais si nous restons auprès d'elle, la fée meurt définitivement et avec elle le nom, comme cette famille de Lusignan qui devait s'éteindre le jour où dispa-raîtrait la fée Mélusine. Alors le nom, sous les repeints successifs duquel nous pourrions finir par retrouver à l'origine le beau portrait d'une étrangère que nous n'aurons jamais connue, n'est plus que la simple carte photographique d'identité à laquelle nous nous reportons pour savoir si nous connaissons" (Marcel Proust, *Le Côté de Guermantes. A la recherche du temps perdu* sous la direction de J-Y Tadié, Paris, Gallimard, Pléiade, 1988, vol. III, p. 310). Doravante, indicarei esse livro por *CG*.

2. "Em *Contre Sainte-Beuve*, (aparecem) Swann, Forcheville, Villeparisis, Guermantes e sua variante 'Garmantes' (*Caderno 6*), Laumes, Verdurin, Françoise, Legrandin. [...] (mas) a escolha final de Guermantes é de 1909.

3 6

cobre nele uma densidade insuspeitada que não deixa de ter relação não só com a cultura do escritor Marcel Proust, mas com a do
scriptor que, nos rascunhos e na obra, excita o leitor.

Desde o começo de *Em Busca do Tempo Perdido*, a lanterna
mágica conta ao herói-criança a história de Golo e de Genoveva de
Brabante, ancestral da duquesa de Guermantes[3], e o cura de
Combray não hesita em instruir a tia do herói sobre os senhores de
Guermantes e sobre os abades de Combray[4]. Relatando seu passeio
para o lado de Guermantes, o herói repete as informações do cura,
faz alusão de novo à lanterna mágica e insiste sobre "o mistério dos
tempos merovíngios [...] que emana deste sufixo: – *antes* –"[5]. Mas,
sem dúvida esquecendo-se de sua teoria sobre os nomes, o
narrador fala de "pessoa ducal que se distendia desmesuradamen-
te, se imaterializava, para poder conter em si esse Guermantes de
que eles eram duque e duquesa, todo esse 'lado de Guermantes'
cheio de sol..."[6] .

[...] Guermantes e Laumes constituem o núcleo de um sistema cujo ponto de partida corresponde perfeitamente à análise outrora proposta por
Roland Barthes: vogal longa em sílaba fraca travada, em conformidade
com duas regras fonológicas às quais se pode acrescentar o nível
grafemático proposto em cada um desses exemplos pelo *s* final. Modelo
muito freqüente na toponímia francesa – portanto 'nomes de terra', e que,
além disso, pode funcionar, pelo menos no caso de Guermantes, como
índice de uma marca de pluralidade abundantemente proposta pelo texto e também, nesse caso, como conotação prestigiosa, pois, segundo o
código ortográfico do francês, o *s* final no plural geralmente é reservado
para as famílias reais" (Eugène Nicole, " '*La Recherche*' et les noms",
Cahiers Marcel Proust 14, Paris, Gallimard, 1987, p. 75 e p. 82).

3. Proust, *No Caminho de Swann*, p. 15.
4. *Idem*, p. 104.
5. *Idem*, p. 169: " 'Le mystère des temps mérovingiens' [...] qui émane de
cette syllabe – antes –", (Proust, *Du côté de chez Swann, A la recherche
du temps perdu*, p. 9).
6. [...] "personne ducale qui se distendait démesurément, s'immatérialisait,
pour pouvoir contenir en elle ce Guermantes dont ils étaient duc et
duchesse, tout ce côté de Guermantes 'ensoleillé...' ". *Ibidem*.

A Memória Involuntária

O processo de criação aqui empregado evoca o jogo japonês tão parecido com o jogo da escritura[7] ao qual o narrador compara a memória involuntária quando, na conclusão do episódio da madalena, ele nos faz assistir ao surgimento maravilhoso de Combray a partir de uma xícara de chá[8].

Esse processo é certamente um dos inúmeros invariantes da escritura proustiana: a partir de um acaso, de uma personagem ou de um nome que ele desdobra, o narrador "dá a ver" ao leitor ou extrai desse não-pensamento um pensamento que ele desenvolve, o que denota de modo exemplar o inconsciente estético definido por Rancière. Encontramos esse mesmo processo quando ele compara a fotografia à arte[9] ou os hábitos às leis do comportamento[10] ou ainda quando o herói descobre a natureza do barão de Charlus[11].

---

7. Willemart, *Proust, Poeta e Psicanalista*, São Paulo, Ateliê Editorial, 2000, p. 68.

8. "Tudo isso que toma forma e solidez, saiu, cidade e jardins, de minha taça de chá" (Proust, *No Caminho de Swann*, p. 51: "tout cela est sorti, ville et jardins, de ma tasse de thé", *CG*, p. 47).

9. Embora concordemos com o narrador proustiano no que concerne aos hábitos e à aparência do barão, não coincidiremos mais tanto no tocante à fotografia que, segundo esse narrador, simplifica o que era incognoscível da arte. Essa redução evoca a transformação de Pellerin em *Educação sentimental* que no começo do romance alardeia ser pintor de arte e se torna fotógrafo depois dos acontecimentos de 1848. Esses dois fatos sublinham ao mesmo tempo a incompreensão da nova invenção, vista apenas como imitação da percepção, e a filiação de um autor a outro. Contudo, um pouco mais adiante na narrativa, o narrador verá na foto bem mais que uma simples constatação da realidade.

10. "De resto, compreendia eu agora porque, um momento antes [...] me pareceu que o Sr. de Charlus tinha o aspecto de uma mulher: era-o!" (Proust, *Sodoma e Gomorra*, pp. 13-14). "De plus je comprenais maintenant pourquoi tout à l'heure [...] j'avais pu trouver que M. de Charlus avait l'air d'une femme: c'en était une!" (Proust, *Sodome et Gomorrhe*, Pléiade, 1988, p. 16 & Willemart, *op. cit.*, p. 170).

11. "Da Forma aos Processos de Criação II. Proust e Petitot. Literatura e Morfodinâmica. *Fronteiras da Criação*". VI Encontro Internacional de Pesquisadores do Manuscrito, São Paulo, Annablume, 2000, pp. 83-96.

Notemos ainda o vínculo que se faz necessário entre o conteúdo "que já não temos o poder de expulsar do seu nome" dirá o narrador e a forma do nome. O vínculo entre o nome e a personagem, a pessoa ou a cidade às quais ele remete, implica duas coisas. Em primeiro lugar, pareceria que com esse vínculo o herói se sente apanhado por uma estrutura da qual não pode mais escapar e que seu mundo se constrói a partir dessas formas envolventes de conteúdo mutável, sejam elas nomes de personagens, de cidades ou de lugares. É a instalação do Simbólico, no qual o narrador insere o jovem herói por meio de diversas cadeias de significantes: sua família, o clã Verdurin, o salão Guermantes, o meio Jupien, Morel e Charlus, Combray etc. O manuscrito pode ser lido como a instalação progressiva desse simbólico coercitivo que só será definitivo no texto publicado.

O que por outro lado me impressiona é a mobilidade do conteúdo que, em função do tempo, da ação de uma fada ou de um gênio ou da realidade, faz desaparecer ou aparecer tal aspecto da cidade ou da personagem. No entanto, tudo permanece no lugar, e mesmo:

(se) os nomes perderam todo o colorido, como um pião prismático que gira demasiado depressa e se nos afigura cinzento, em compensação quando, num devaneio, refletimos, procuramos, para voltar ao passado, moderar, suspender o movimento perpétuo a que somos arrastados, pouco a pouco vemos de novo aparecerem, justapostos, mas inteiramente diversos uns dos outros os matizes que no curso de nossa existência sucessivamente nos apresentou um mesmo nome"[12].

---

12. Proust, *op. cit.*, p. 12: "si les noms ont perdu toute couleur comme une toupie prismatique qui tourne trop vite et qui semble grise, en revanche quand, dans la rêverie, nous réfléchissons, nous cherchons, pour revenir sur le passé, à ralentir, à suspendre le mouvement perpétuel où nous sommes entraînés, peu à peu, nous revoyons apparaître, juxtaposées mais entièrement distinctes les unes des autres, les teintes qu'au cours de notre existence nous présenta successivement un même nom" (*CG.* p. 312).

A Diferença Entre o Nome e a Madalena

Continuamos no campo da percepção. Na verdade as coisas não mudam, o que se altera é o que delas vemos ou sentimos segundo o momento vivido ou a realidade que aparece. Bastaria devanear e refletir para reencontrar o que parece perdido, mas que vimos, sentimos, palpamos ou saboreamos um dia. Essa posição do narrador lembra aquela adotada no episódio da madalena e nos interroga sobre a diferença entre ambas. Por que na primeira era preciso todo um esforço de concentração sobre a sensação que levava à verdadeira lembrança e à descoberta de Combray, e aqui basta "suspender o movimento perpétuo" para reencontrar não mais um momento, mas uma cor do objeto?

O movimento inicial é diferente. Ali, o herói descobria Combray através de uma sensação extremamente agradável cuja origem ele desconhecia à primeira vista; aqui, é quase o contrário. O herói está profundamente decepcionado pela falta de realidade da relação que ele estabelecia entre o nome de Guermantes e a duquesa em carne e osso. Essas relações, diferentes segundo as épocas, são caracterizadas como "sonhos que sucessivamente significaram [...] as suas sílabas idênticas"[13]. Mas, embora as duas experiências convirjam a partir da segunda etapa, pois também a decepção evoca uma sensação, a qualidade da sensação não é a mesma. Se a da Madalena, vinculada ao gosto e ao sabor, conduz o herói para uma realidade antiga, a sensação que o nome traz de imediato à lembrança – "um ano antigo" – se concentra no "timbre particular que tinha então para o nosso ouvido"[14].

Trata-se aqui de uma escuta particular que imediatamente lembra a pequena frase de Vinteuil, mas também para muito rápido dela se diferenciar. Os sons escutados por Swann não têm qualquer relação com a realidade sonora, uma vez que Odette toca mal; são antes uma metáfora do amor entre os dois amantes. O tim-

13. *Idem*, p. 11.
14. *Ibidem*.

bre evocado pelo nome, ainda que fale de amor, corresponde a um conteúdo associado pelo herói ao significante "Guermantes" nessa época.

Proust qualificara perfeitamente o barulho da colher, o tropeço numa pedra do calçamento do hotel de Guermantes ou o sabor da madalena como desencadeantes da memória involuntária, mas, aqui, o narrador elabora uma outra maneira de brincar com a sensação que também remete à memória involuntária. No entanto, se a da madalena remete, após várias tentativas, ao Combray da infância do herói e a de Vinteuil relança Swann no imaginário do amor, a do timbre da voz, mais direta e apenas dependente de um devaneio, fala de um momento histórico preciso do personagem.

Portanto, são outros os processos de criação detectados, que trabalham de diferentes maneiras os fatores realidade, sensação, metáfora, imediatez ou lentidão.

Como o narrador chegou a isso? Apenas o estudo do manuscrito, que poderia ser objeto de uma tese, traçará esse caminho.

Um Problema de Identidade

O mesmo nome Guermantes liga vários conteúdos de acordo com a percepção do herói ou, em outras palavras, algo muda ao mesmo tempo em que se mantém uma singularidade num mesmo ser.

Afirmações semelhantes foram formuladas pelo inventor da teoria das catástrofes, René Thom, e pelo filósofo Paul Ricoeur. Convido meu leitor a um pequeno percurso por esses dois autores, que darão sua contribuição à leitura.

A catástrofe deve ser entendida aqui como um fenômeno que provoca a descontinuidade na aparência dos fenômenos ou uma alteração de forma devida a uma bifurcação[15].

---

15. Existem, pois, duas causas de instabilidade estrutural: a degenerescência de pontos críticos (seus pontos *minima* e *maxima*), que corresponde às catástrofes de bifurcação, e a igualdade de dois valores críticos, que

Vejamos as diferenças e as semelhanças. Tomando o exemplo do gato que come o rato[16], Thom distingue dois tipos de identidade, a identidade espaço-temporal de um ser definida pelo espaço que este ser ocupa – os dois animais em questão estão bem separados um do outro –, e a identidade semântica de um conceito – no caso, a imagem que o gato tem do rato. Ambas as identidades já estão representadas pela gramática, que faz de uma um substantivo e da outra um adjetivo na maioria dos casos: é a imagem ou o substantivo ao qual é atribuído a qualidade de rato[17].

Projeção, portanto, que faz referência ao sentido e ao imaginário, o que situa todo o processo nessa categoria mental, pouco importando, pode-se dizer, a identidade espacial, que nada mais é senão um resultado ou um controle verificador da autenticidade da primeira.

Em *O Caminho de Guermantes*, estamos decerto mergulhados no terreno da ficção, mas mesmo nesse contexto, e ao contrário do exemplo de René Thom em que o gato sonha com um rato e o encontra tal como o tinha "imaginado", a platitude da identidade histórico-espacial da duquesa de Guermantes se opõe ao imaginário do herói nem um pouco gratuito ou fantástico, mas

---

corresponde às chamadas catástrofes de conflito [...] às quais correspondem dois tipos de instância de seleção ou convenção: a da retardação perfeita segundo a qual o sistema S (ou a caixa preta) permanece num estado interno enquanto este existir; portanto só há catástrofe quando um mínimo desaparece por fusão com um outro ponto crítico (bifurcação), e a convenção de Maxwell segundo a qual o sistema S ocupa sempre o mínimo absoluto de estados internos: portanto só há catástrofe quando um outro mínimo torna-se por sua vez o mínimo absoluto [conflito] (Jean Petitot-Cocorda, *Physique du sens*, Paris, CNRS, 1992, p. 12).

16. René Thom, *Stabilité structurelle et morphogénèse*, Paris, Interédition, 1977, p. 8.

17. "No caso do ser vivo, no entanto, a distinção não é tão simples. Para a célula que, segundo F. Jacob, 'sonha em se dividir', para o animal que 'sonha em procriar', o ser em projeto, a criança por vir, é mais do domínio semântico que do espacial. E a mitose celular, a procriação, que realizam o projeto, podem ser concebidas como projeções do semântico no espacial" (*Idem*, p. 295).

construído aos poucos desde a infância a partir da lanterna mágica. Com efeito, se Thom fala de predação, que tem como resultado o retorno à identidade espacial e o fim da identidade abstrata ou conceitual, o herói proustiano, que apreende a duquesa em carne e osso, dela logo se afasta com a ajuda "de uma sensação de um ano de outrora" para voltar à identidade semântica e sonhar de novo.

[...] se, graças a algum acaso, tendo o nome de Guermantes readquirido por um instante, depois de tantos anos, o som, tão diferente do de hoje, que tinha para mim no dia do casamento da Srta Percepied, me traz ele de novo esse malva tão suave, demasiado brilhante, demasiado novo, com que se aveludava a tufada gravata da jovem duquesa e, como uma pervinca inapreensível e reflorida, seus olhos ensolarados de um sorriso azul[18].

O herói se sente a duquesa de seus sonhos como o gato se sente rato antes de devorá-lo e ambos perdem sua identidade espacial. A ameaça de predação do ser da duquesa é rapidamente esquecida em benefício da identidade semântica variável.

E o nome de Guermantes de então é como um desses balõezinhos em que se encerrou oxigênio ou algum outro gás: quando chego a rebentá-lo fazendo sair dele o que contém, respiro o ar de Combray daquele ano, daquele dia, mesclado de um odor de espinheiros agitados pelo vento da esquina da praça, precursor da chuva, que alternadamente escorraçava o sol e deixava-o estender-se pelo tapete de lã vermelha da sacristia e revesti-lo de uma carnação brilhante, quase rósea, de gerânio, e dessa doçura, por assim dizer wagneriana, na alegria, que tanta nobreza empresta à festividade[19].

---

18. Proust, *op. cit.*, p. 11: "si, grâce à quelque hasard, le nom de Guermantes ayant repris pour un instant après tant d'années le son, si différent de celui d'aujourd'hui, qu'il avait pour moi le jour du mariage de Mlle Percepied, il me rend ce mauve si doux, trop brillant, trop neuf, dont se veloutait la cravate gonflée de la jeune duchesse, et, comme une pervenche incueillissable et refleurie, ses yeux ensoleillés d'un sourire bleu" (*CG*, p. 312).

19. *Idem*, pp. 11-12: "Et le nom de Guermantes d'alors est aussi comme un de ces petits ballons dans lesquels on a enfermé de l'oxygène ou un autre gaz : quand j'arrive à le crever, à en faire sortir ce qu'il contient, je respire

A EDUCAÇÃO SENTIMENTAL EM PROUST

Diferença e Utilidade da Abordagem

Diferente portanto do gato de René Thom, o herói de Proust não se limita à sua identidade espacial nem à da duquesa, como o gato e o rato iniciais. Basta-lhe escutar o timbre de uma voz para que volte a se identificar a seu sonho. A predação para o herói proustiano é apenas uma passagem, digamos, obrigatória, mas que continua sendo passagem porque ele não quer saber nada sobre ela.

Haveria catástrofe, isto é, bifurcação quando o herói encontra a duquesa, mas, como num filme rodado para trás, ele logo volta a seu ponto de partida como se nada tivesse acontecido, tão forte é a identidade semântica ou imaginária, o que evita os efeitos prolongados da catástrofe perceptiva e a diferenciação dos dois seres.

A distinção das identidades do matemático é útil porque permite compreender que o desejo do herói de ver a duquesa poderia, a rigor, ser assimilado ao gato desejando comer o rato, mas que ao contrário do gato (pelo menos, é o que nós, humanos, imaginamos), a imagem, ou a identidade semântica, não corresponde, ou resiste, à identidade espacial da duquesa e à catástrofe. O leitor poderá se perguntar até quando durarão esses movimentos repetidos de retorno que contradizem a irreversibilidade dos fenômenos em geral, mas que, para o gato, se devem a uma necessidade fisiológica, e para o herói, a uma defasagem entre as duas identidades. A cada necessidade de comer, esse movimento identitário se repetirá para o gato, mas para o herói, a defasagem deveria diminuir consideravelmente com os encontros com a duquesa ou com as ameaças de catástrofe, e deveria terminar com a vitória definitiva da identidade espacial sobre a identidade conceitual ou imaginária, impedindo doravante a dupla identidade e a instabilida-

l'air de Combray de cette année-là, de ce jour-là, mêlé d'une odeur d'aubépines agitée par le vent du coin de la place, précurseur de la pluie, qui tour à tour faisait envoler le soleil, le laissait s'étendre sur le tapis de laine rouge de la sacristie et le revêtir d'une carnation brillante, presque rose, de géranium, et de cette douceur, pour ainsi dire wagnérienne, dans l'allégresse, qui conserve tant de noblesse à la festivité" (*CG*, p. 312).

de que dela decorre. O desejo de "comer a duquesa" deveria se esvaziar ou desaparecer e cada um dos parceiros deveria manter ou voltar à sua identidade espaço-temporal relegando o mundo instável à lembrança que o narrador nos contará. A catástrofe se dá portanto, mas em sentido contrário se entendermos que a identidade conceitual era primeira no começo. O herói estava habitado pela imagem da duquesa e deveria se ver obrigado a reconhecer sua identidade espacial.

Em outras palavras, a catástrofe ou a bifurcação se resumirá em substituir a identidade conceitual pela identidade espacial. Se acreditamos que nossa identidade se forma pelo jogo das projeções e das introjeções dos personagens que nos rodeiam, poderemos dizer que o herói é construído pelo narrador como um ser que sofre um processo de sublimação evidente que o forçará a aceitar a realidade e a se desfazer do prazer que sentia ao ouvir o nome da duquesa ou ao se identificar a ela. A sublimação psicanalítica, que Lacan definiu "como a elevação do objeto à dignidade da Coisa"[20], recebe aqui um outro nome e pode ser compreendida como o abandono de uma identidade conceitual que ocupa a mente para voltar à identidade espaço-temporal; outro benefício dessa confrontação com o texto de René Thom.

A leitura de Thom poderia no entanto nos induzir a erro quanto à interpretação tanto do exemplo que ele dá como do herói proustiano. Com efeito, parece que toda a identidade do gato está investida na predação assim como a identidade do personagem proustiano estaria totalmente investida na identidade conceitual da duquesa de Guermantes. Raciocinar nesse sentido seria esquecer as advertências do biólogo Stephen Jay Gould que mostrou em *Dedo mindinho e seus vizinhos* que na história da vida "foram as contingências que forjaram nosso mundo e nossas vidas"[21]. Devemos compreender, continua ele, que "o princípio da dissociação

---

20. Lacan, *O Seminário. Livro 7. A Ética da Psicanálise*, p. 141.
21. Stephen Jay Gould, *Dedo Mindinho e Seus Vizinhos*, São Paulo, Companhia das Letras, 1993, p. 79.

A EDUCAÇÃO SENTIMENTAL EM PROUST

e da construção com base em módulos independentes é central para nossa compreensão de qualquer sistema complexo que surja graças à evolução natural". E ele cita Mozart, que manifestou sua genialidade desde a idade de cinco anos, mas brincava como todas as crianças de sua idade[22], o que quer dizer que o módulo "gênio musical" não dominava "a idade psíquica de cinco anos".

Embora por enquanto seja fácil admitir a unicidade da identidade espacial, seremos prudentes quanto à identidade conceitual. Esta é complexa, e, tanto para o animal como para o homem ou a personagem de ficção, ela age em vários momentos. Não seria abuso da parte de Thom e da nossa querer transferir uma teoria matemática para construções psíquicas no caso dele, ou ficcionais no nosso, construções estas que extrapolam as formas esquemáticas das catástrofes? Não seria repetir ao contrário os passos em falso denunciados por Sokal e Brechmont a respeito de literatos e psicanalistas que transferem com exagerada facilidade conceitos da física em suas ciências?

Essa passagem por Thom e suas noções de identidades espacial e conceitual remete ao filósofo Paul Ricoeur que também abordou esses problemas num registro completamente diferente. Ricoeur distingue *idem*, o mesmo, de *ipse*, sendo que o primeiro concerne ao caráter de uma pessoa e o segundo à "manutenção de si [*maintien de soi*] (Heidegger) [...] como se mantém a palavra dada [...] apesar do desejo mutável"[23].

Aqui a identidade não está ligada a um nome, mas a determinadas características psicológicas ou a uma promessa. A transformação proviria não de uma identidade imaginária aplicada sobre uma identidade espacial, mas de uma luta interna que opõe o que foi prometido a o que deseja. O exterior ou o terceiro serve de suporte para uma promessa de manutenção ou serve de garantia da promessa e não de estímulo para mudar como para o rato e o herói proustiano. Portanto, a relação entre os parceiros não é de

22. *Idem*, p. 261.
23. Paul Ricoeur, *Soi-même comme un autre*, Seuil, 1990, p. 149.

46

predação, mas de confiança. Visto sob esse ângulo, o personagem proustiano se engana quanto à sua identidade e não sabe quem é. Ele imerge na figura totalmente imaginária da duquesa da lanterna mágica e promete a si mesmo preservá-la contra a própria realidade. A outra, a duquesa de Guermantes, por ser de certa forma fiel a si mesma, ou seja, porque seu *idem* corresponde a seu *ipse*, obriga o herói a ser coerente e o força a recuperar sua identidade.

O sonho tecnológico do teletransporte que todos devem ter visto em filmes de ficção científica trabalha com as variações da mesmidade, pois é a identidade corporal ou espacial de Thom que desaparece e reaparece num outro lugar ao mesmo tempo em que o *ipse* ou o caráter do indivíduo se mantém. Mas Ricoeur vai mais longe nas conseqüências de sua distinção e diz claramente que

> As ficções literárias diferem fundamentalmente das ficções tecnológicas, pois continuam sendo variações imaginativas em torno de um invariante, sendo a condição corporal vivida como mediação existencial entre si e o mundo[24].

Ao só aceitar a duquesa tal como a vê, o herói se nega a associar o *ipse* que tinha imaginado com o *idem* que vê. A separação muito nítida entre as duas identidades do ponto de vista do herói corresponde a um teletransporte fracassado em que o *ipse*, não conseguindo reencontrar o *idem* em decorrência de um erro tecnológico, vaga no espaço sem ponto de impacto. O caráter da duquesa, segundo o herói, apenas vinculado ao nome "Guermantes", carece de uma "ancoragem corporal no mundo"[25], o que coloca em questão a relação entre o *idem* e o *ipse* e nos leva a indagar se a passagem de um para o outro não deve necessariamente passar pelo nome que não pode ser convertido nem em *idem* nem em *ipse*. Para o herói proustiano, na verdade o nome é o único vínculo que poderá tornar viva a relação e modificar o *ipse*. O operador técnico da aproximação se dará por sucessivas anco-

24. *Idem*, p. 178.
25. *Ibidem*.

A EDUCAÇÃO SENTIMENTAL EM PROUST

ragens na realidade, concretamente por visitas que o herói fará à duquesa, que deveriam fazer desaparecer lentamente o *ipse* inicial. A psicologia no espaço inventado pelo narrador em *O Tempo Redescoberto* expressa de outra maneira o que seria a aproximação entre o *ipse* e o *idem*:

> Assim, cada indivíduo – eu inclusive – dava-me a medida da duração pelo giro (revolução) que realizava em torno não só de si mesmo como dos outros, e notadamente pelas oposições (posições) que sucessivamente ocupara em relação a mim. E, sem dúvida, todos esses planos diferentes, segundo os quais o Tempo, desde que, nesta festa, eu o recapturara, dispunha minha vida, aconselhando-me a recorrer, para narrar qualquer existência humana, não à psicologia plana em regra usada, mas a uma espécie de psicologia no espaço[26].

Quanto mais o herói girar em torno da duquesa, mais ele deveria ser forçado a admitir o verdadeiro *ipse* desta e a esquecer o *ipse* imaginário que construiu.

A leitura de René Thom e de Paul Ricoeur mostra quatro identidades: a identidade espaço-temporal, a identidade conceitual, o *idem* e o *ipse*. Que fazer com elas? Elas enriquecem a leitura do texto proustiano? As primeiras categorias de Thom e de Ricoeur, ambas ligadas ao corpo, se assemelham, mas a identidade conceitual de Thom e o *ipse* de Ricoeur são muito diferentes. Embora a primeira esteja concentrada num adjetivo ou numa qualidade e, ainda que centrada no outro, esteja relacionada com o imaginário, a segunda, bem mais vasta, compreende um conjunto de qualidades

---

26. *O Tempo Redescoberto*, p. 278 (as palavras entre parênteses são tradução nossa): "Ainsi, chaque individu – et j'étais moi-même un de ces individus – mesurait pour moi la durée par la révolution qu'il avait accompli non seulement autour de soi-même, mais autour des autres, et notamment par les positions qu'il avait occupées par rapport à moi. Et sans doute tous ces plans différents suivant lesquels le Temps, depuis que je venais de le ressaisir dans cette fête, disposait ma vie, en me faisant songer que, dans un livre qui voudrait en raconter une, il faudrait user, par opposition à la psychologie plane dont on use d'ordinaire, d'une sorte de psychologie dans l'espace" (Proust, *Le Temps Retrouvé*, p. 608).

e depende do outro que reconhece em mim suas qualidades e me define a partir delas. No segundo caso, estou de certa forma "marcado" pelo outro que não me reconhece mais se eu infringir esse conjunto, ao contrário do primeiro em que a imagem é totalmente minha. O herói proustiano deve portanto passar da identidade conceitual de René Thom para o *ipse* de Ricoeur. Terá de abandonar a imagem da duquesa de Guermantes construída conforme a lanterna mágica e substituí-la pelo mesmo nome de Guermantes, mas paramentado de características menos nobres, confirmadas por todos os que a cercam. Tanto a imagem como o *ipse* da duquesa são elaborados com o transcurso do tempo, mas a primeira se constrói a partir da lenda de Genoveva de Brabante e da história contada pela igreja de Combray, em outras palavras, de narrativas, e a segunda a partir da percepção do "aqui e agora".

"Do ouvir ao ver" denotaria a passagem. Curiosa inversão das coisas, já que a teoria psicanalítica remete o ouvir ao inconsciente e o ver ao imaginário. Mas é sem dúvida o caminho habitual da sublimação que, passando pelo inconsciente, desemboca na realidade vista por todos da mesma maneira[27], e não no fantasma, que seria o olhar de um só. É também o caminho habitual do romance de aprendizagem ou de formação, embora a narrativa proustiana dele se diferencie se lembrarmos do objetivo do narrador de Goethe que queria ensinar Wilhelm Meister, não a abandonar suas quimeras para se submeter à realidade como em *As ilusões perdidas* de Balzac, mas a transpor a ponte entre o mundo real e o mundo ideal pela arte e, no caso dele, pelo teatro[28].

---

27. É o que Pierre Bourdieu chama de "illusio" em *Les règles de l'art*, Paris, Seuil, 1992, p. 32.
28. O romance alemão de formação, no qual a arte, cujo modelo é o teatro, constitui "a ponte que conduz do mundo real ao mundo ideal" (Geiger, L. 1908). Jauss qualifica *Os Anos de Aprendizado de Wilhelm Meister* como o *Emílio* da formação estética (1982, pp. 647 e ss.). Wilhelm Vosskamp, "La Bildung dans la tradition de la pensée utopique", (Michel Espagne e Michael Werner (eds.), *Philologique I*, Paris, Ed. de la Maison des Sciences de l'Homme, 1990, p. 52).

A EDUCAÇÃO SENTIMENTAL EM PROUST

Se recuarmos um grau, ou seja, se nos colocarmos não mais atrás do herói, mas atrás do narrador proustiano, não poderíamos concluir que este responde a um só tempo a Goethe e a Balzac, traçando desta maneira uma história da literatura centrada na resposta às perguntas universais? Não é pela escrita, considerada como uma série de revoluções, que o narrador força seu herói a abandonar suas ilusões e o obriga a reconhecer a realidade da duquesa? Não é a escritura, outra maneira de simbolizar o real, o meio de conciliar as aspirações de Goethe e de Balzac e de mostrar que a formação estética pela prática da arte e não por sua contemplação é o método de formação por excelência?[29] Completo portanto a fórmula dizendo "do ouvir ao ver pela escrita". O que significa que a escrita, como um atrator, força o herói-narrador a fazer um desvio, a bifurcar ou a seguir o modelo da catástrofe.

Mas essa passagem do ouvir para o ver, paralela à da identidade conceitual de René Thom para o *ipse* de Ricoeur, também poderia ser lida como uma trajetória que vai da predação ao distanciamento. Na medida em que deixam de haver relações íntimas entre as personagens, seja a devoração do rato pelo gato ou a admiração excessiva do herói à duquesa, não há mais bifurcação e as relações são outras. As revoluções sucessivas não têm por único objetivo o reconhecimento de um pelo outro, mas também, e paradoxalmente, a colocação à distância. A paixão do amor muito próxima da devoração é substituída por uma nova cartografia em que cada um determina ou é determinado por um espaço preciso não invadido pelo outro. Estaremos assistindo à criação de um mito proustiano?

---

29. Não seria este o momento de estimular nossos alunos a ousar escrever e a abandonar a postura de apenas entregar relatórios, resumos ou trabalhos?

2

O Fantasma da Avó

Desde as primeiras linhas de *O Caminho de Guermantes*, o leitor sabe que a mudança de residência da família se deve à saúde da avó, o que sublinha a importância da personagem na narrativa, e que "a nova casa [...] consistia num apartamento pertencente ao palácio de Guermantes"[1]. A vizinhança da duquesa lembra para o herói tudo o que lhe evocava o nome de Guermantes desde a infância, como vimos no primeiro capítulo, e só faz aumentar sua paixão por ela. Desejando que seu amigo, o suboficial Saint-Loup e sobrinho da duquesa, "lhe (à duquesa) pudesse dar a entender, mesmo com um pouco de exagero, o que pensa de mim"[2], o herói dirige-se à guarnição de Doncière. Essa viagem o afasta da avó – "desejo de tornar a ver minha avó"[3] – e mostra o conflito interno que ele vive. Estimado pelos amigos de Saint-Loup por sua cultura e sua conversação, comparado em sua inteligência a Elstir[4], feliz em suma, o herói esqueceria a avó não fosse um lembrete de Saint-Loup que lhe sugere "conversar" com ela por telefone[5].

1. Proust, *O Caminho de Guermantes*, p. 10: "dépendait de l'hôtel de Guermantes" (*CG*, p. 310).
2. *Idem*, p. 90: "fasse savoir (à la duchesse) avec un peu d'exagération ce qu'il pensait de lui" (*CG*, p. 400).
3. *Idem*, p. 80: "malgré l'envie de la revoir" (*CG*, p. 388).
4. *Idem*, p. 95.
5. *Idem*, p. 119 e *Cahier* 31, *Esquisse* XII. p. 1101. Ver também os *Cahiers* 40 e 41. *Esquisse* XV, p. 1143 (a avó no telefone), p. 1148 e o *Cahier* 48, *Esquisse* XXVII, p. 1211.

Novo meio técnico de comunicação datado de 1876, o telefone dá ao narrador a oportunidade de participar uma reflexão ainda atual sobre a voz:

[...] ouvi de súbito aquela voz que eu julgava erradamente conhecer tão bem, pois até então, cada vez que minha avó havia conversado comigo, o que ela me dizia, eu sempre o acompanhara na partitura aberta de seu rosto, onde os olhos ocupavam considerável espaço; mas a sua própria voz, eu a escutava hoje pela primeira vez. E como essa voz me parecia assim mudada em suas proporções, desde o instante em que era um todo, e me chegava assim sozinha e sem o acompanhamento dos traços do rosto, eu descobri o quanto essa voz era doce[6].

Não nos damos mais conta hoje do que significou essa nova invenção para a relação entre os homens. Ela permite reviver uma experiência que todos tivemos como recém-nascido, a de reconhecer nossos próximos apenas pela voz, de nela concentrar toda nossa afeição e de nos situar em relação a eles. Além disso, a voz é uma das raras características cujo timbre mantemos até certa idade e pela qual, independentemente de nosso aspecto físico, somos reconhecidos.

Ao escutar a avó ao telefone, o herói aprende a separar a voz do conjunto do rosto visto como uma partitura musical e a só ler uma de suas vozes, que é precisamente a voz, na polifonia que constitui o rosto. Isso o obriga a separar-se do resto e ele pode reconhecer a avó apenas por esse sinal. "Metonímia do corpo amado, envolvente, benevolente da avó, a voz desta está no cerne de uma experiência fundamental do herói. [...] Depositária da presença real, (a voz) é apenas o suporte fugaz de sua improvável captura"[7].

---

6. *Idem*, p. 121: "[...] tout à coup, j'entendis cette voix que je croyais à tort connaître si bien, car jusque-là, chaque fois que ma grand-mère avait causé avec moi, ce qu'elle me disait, je l'avais toujours suivi sur la partition ouverte de son visage où les yeux tenaient beaucoup de place, mais sa voix elle-même, je l'écoutais aujourd'hui pour la première fois. Et parce que cette voix m'apparaissait changée dans ses proportions [...] et m'arrivait ainsi seule et sans l'accompagnement des traits de la figure, je découvris combien cette voix était douce" (*CG*, p. 432).

7. Raymonde Coudert, *Proust au féminin*, Paris, Grasset-Le Monde, 1998, p. 225.

O leitor dispõe, portanto, de duas opções. Ou bem compreendemos esse isolamento da voz como a decomposição do ser amado, sua fragmentação, dirá a psicanálise, ou bem o apreendemos como a concentração da afeição na melodia doce da voz. No entanto, vistas a partir do trecho analisado em que a paixão pela duquesa leva a Doncière e à conversa telefônica com a avó, ambas as possibilidades se juntam.

Por um lado, a personagem da avó vai se esmigalhando aos olhos do leitor e do herói até morrer e, por outro, o herói, obrigado a falar sem ver, como um cego, tem de concentrar sua afeição no que ouve, separar o olhar da voz e transferir para esta as lembranças que o olhar lhe dava do rosto da avó.

Fantasma, portanto, para o olhar, a voz da avó concentra a afeição do herói e justifica a passagem da partitura musical que o rosto era para seu desvanecimento ou, brinquemos com as palavras, a sua partição*.

Estava desolado por não ter dito adeus a Saint-Loup, mas assim mesmo parti. Porque minha única preocupação era voltar para junto de minha avó; até esse dia, naquela pequena cidade quando pensava no que minha avó estaria fazendo sozinha, eu a figurava tal como estava comigo, mas suprimindo a mim mesmo, sem levar em conta os efeitos dessa supressão sobre ela; agora, tinha de livrar-me o mais depressa possível, nos seus braços, do fantasma, até então insuspeitado e evocado subitamente pela sua voz, de uma avó realmente separada de mim, que tinha – coisa que eu jamais lhe havia conhecido antes – determinada idade, e que acabava de receber uma carta minha no apartamento vazio onde já havia imaginado mamãe quando partira para Balbec[8].

* Em francês, *partition* também significa partitura (N. da T.).
8. *Idem*, p. 125: "J'étais désolé de ne pas avoir dit adieu à Saint-Loup, mais je partis tout de même, car mon seul souci était de retourner auprès de ma grand-mère: jusqu'à ce jour, dans cette petite ville, quand je pensais à ce que ma grand-mère faisait seule, je me la représentais telle qu'elle était avec moi, mais en me supprimant, sans tenir compte des effets sur elle de cette suppression; maintenant, j'avais à me délivrer au plus vite, dans ses bras, du fantôme, insoupçonné jusqu'alors et soudain évoqué par sa voix, d'une grand-mère réellement séparée de moi, résignée, ayant, ce que je ne lui avais encore jamais connu, un âge, et qui venait de recevoir une lettre de moi dans l'appartement vide où j'avais déjà imaginé Maman quand j'étais parti pour Balbec" (*CG*, p. 438).

O herói estava numa tamanha relação simbiótica com a avó que para vê-la tal como ela é, ou seja, na idade que ela tem, teria que "se suprimir". O que todos percebem ou o que é comumente aceito é visto como um fantasma. Inversão das coisas!

O que reflete essa união tão íntima senão a recusa do envelhecimento da avó, mas também a enorme dificuldade do herói de se ver e de vê-la como ser diferente? O remédio é drástico: eliminar-se. "Castração", dirá o psicanalista precipitado. Sem dúvida, mas onde está o terceiro responsável por ela? Não há intervenção de mais ninguém exceto o próprio herói revelando seus pensamentos e tentando compreender os efeitos dessa ablação, deve-se dizer, imaginária.

Cabe aqui a pergunta: quem fala? Ou melhor ainda, quem escreve? É o herói ? É o narrador que retoma a palavra e intervém mexendo seus peões e relatando os pensamentos do herói?

Um excelente artigo de Françoise Leriche nos adverte, na esteira de Marcel Muller[9], da multiplicidade de instâncias narrativas e da dificuldade de situá-las: "Portanto, o Eu proustiano não representa uma pessoa", conclui ela:

> [...] a focalização de geometria variável faz aparecer a liberdade inovadora de Proust, que rejeita o quadro estreito, "subjetivo" demais de uma narrativa de tipo autobiográfico, e reivindica no romance uma liberdade de forma, possibilitando a colocação em cena da própria escritura. [...] O eu narrador torna-se pura instância *scriptural* [...] que não se sabe bem de onde fala. [...] Esse eu múltiplo, entre os rostos do qual não existe nenhuma continuidade pragmática, constitui assim o lugar de uma reflexão consciente de Proust sobre a estrutura do sujeito, sujeito falante preso entre um [eu] (*je*) primeiro e um eu (*moi*), ao passo que o discurso do texto situa esse Eu num hiato, poeticamente celebrado pela escritura, entre um sistema estruturado de nominação-representação, e uma imediatez sensível[10].

9. Marcel Muller, *Les voix narratives dans la Recherche*, Genève, Droz (1965), 1983.
10. Françoise Leriche, "Pour en finir avec 'Marcel' et 'le Narrateur'. Questions de narratologie proustienne", *Marcel Proust 2. Nouvelles directions de la recherche proustienne*, Paris, Lettres Modernes, Minard, 2000, p. 39.

O comentário de Leriche aproxima-se muito do meu sobre o começo de *Em Busca do Tempo Perdido*:

A liberdade do narrador no leito podendo ultrapassar a qualquer momento o limiar de diferentes mundos, passando facilmente do escritor ao *scriptor*, do escritor-sonhador ao narrador, da narrativa fantástica à narrativa de *Em Busca do Tempo Perdido*, da noite ao dia, do sono ao despertar, da lembrança voluntária à involuntária, da memória linear à memória fragmentária e desta à memória concêntrica[11], será a metáfora de toda a obra, estando subentendida do começo ao fim da narração. Se Grésillon encontrou uma das matrizes lingüísticas do único livro de Proust publicado em vida, detectamos aparentemente e provavelmente uma das matrizes poéticas[12].

Portanto, impossível situar o "Eu" e evitemos identificá-lo a Marcel Proust que sempre o rejeitou apesar de seu personagem de mesmo nome. Fujamos desse tipo de relação e leiamos o texto como uma escritura em desenvolvimento oferecendo-se ao leitor em sua enunciação. O narrador proustiano insiste assim na multiplicidade de "eus" que nos constitui a cada segundo, minutos e dias, mas contra a qual lutamos continuamente querendo nos encontrar na mesma identidade que não é outra senão o *idem* de Ricoeur[13].

---

11. Esses três tipos de memória são definidos por Bernard Brun: a primeira pertencendo a *Jean Santeuil*, a segunda ao caderno *Proust 45*, um manuscrito de 1908 e a terceira ao ensaio *Contre Sainte-Beuve*: "o escritor acrescenta a ela a vertigem e o turbilhão de lembranças recolhidas por aquele que está no limiar entre sono e vigília. A memória concêntrica deste permitiria assim evitar a justaposição das reminiscências e também reforçar o efeito da memória involuntária na produção e na organização da narrativa" ("Le dormeur éveillé, génèse d'un roman de la mémoire", *Cahiers Marcel Proust*, p. 305).

12. Willemart, *Proust, Poeta e Psicanalista*, p. 30.

13. Valéry também contrapunha dois tipos de "eu", "o ninho de idéias falsas que é o eu [...] à frágil arquitetura feita e desfeita" da consciência e o "eu puro", isolado das circunstâncias e que seria tão-somente uma "espécie de potencial", ou seja, "a sensação própria do espírito ao sentimento do universal" (Jean-Michel Maulpoix, "Rigueur de Paul Valéry", *La Quinzaine Littéraire* nº 810, 16 a 30 jun. 2001, p. 5).

Quem é então o terceiro ou o autor da separação do herói de sua avó? Não é um ser em carne e osso, mas o que eu chamarei de colocação em escritura, isto é, a operação que engloba o *scriptor* e o autor e na qual o primeiro se submete à rasura de inúmeras páginas sob a direção do segundo que age *a posteriori*. O "Eu", diante da realidade da idade de sua avó, quer voltar para trás e reencontrar o casulo em que vivia com ela. Esse movimento de volta atrás ou de nostalgia do passado já observado no capítulo precedente é freqüente em *Em Busca do Tempo Perdido* e parece ser mais uma marca do estilo proustiano.

No entanto, o método utilizado é bem estranho: "suprimir a si mesmo sem levar em conta os efeitos dessa supressão sobre ela". O que isso quer dizer? Desaparecer como se não tivesse nascido? Não pode ser isso, pois os efeitos de sua presença sobre a avó ainda têm que se manifestar. A causa deveria sumir, mas não os efeitos. O mesmo processo de criação é utilizado pelo narrador quando Swann escuta a pequena frase de Vinteuil no salão Sainte-Euverte:

> [...] sofria sobretudo, e a tal ponto que até o som dos instrumentos lhe dava desejos de gritar, de prolongar seu exílio naquele lugar aonde Odette jamais viria, onde ninguém, onde nada a conhecia, de onde ela estava de todo ausente.
>
> Mas de súbito, foi como se ela tivesse entrado, e essa aparição foi para ele uma dor tão dilacerante que teve de levar a mão ao peito. É que o violino subira a notas altas onde permanecia como para uma espera, uma espera que se prolongava sem que o instrumento cessasse de as sustentar, na exaltação em que estava de já perceber o objeto de sua espera que se aproximava, e com um desesperado esforço para durar até a sua chegada, acolhê-lo antes de expirar, manter-lhe ainda um momento com todas as suas derradeiras forças, o caminho aberto para que ele pudesse passar, como se sustenta uma porta que sem isso se fecharia[14].

14. Proust, *No Caminho de Swann*, p. 331: [...] "il souffrait surtout, et au point que même le son des instruments lui donnait envie de crier, de prolonger son exil dans ce lieu où Odette ne viendrait jamais, où personne, où rien ne la connaissait, d'où elle était entièrement absente. Mais tout à coup ce fut comme si elle était entrée, et cette apparition lui fut une si déchirante souffrance qu'il dut porter la main à son coeur. C'est que le

Em outros termos:

[...] o narrador personifica o violino atribuindo-lhe *exaltação* e *desesperado esforço*; em seguida, por um deslocamento do violino nas notas altas através do mesmo *esforço desesperado*, o violino se torna a nota ou seu efeito e perde sua materialidade como se se sustentasse ou existisse apenas pelo som emitido. A realidade deixa lugar ao próprio efeito[15].

Portanto, é como se a avó sentisse ou vivesse com o fantasma de seu neto que não quer crescer. Mas, recordando a psicologia no espaço[16], que define o método de leitura das personagens inventado por Proust e que ele indiretamente propõe seguir, direi antes que as revoluções percorridas por ambos os personagens um em torno do outro continuavam formando um espaço denso apesar da ausência do neto, como as estrelas azuis já desaparecidas cuja luz ainda nos chega, dando a ilusão de sua existência depois de bilhões de anos. O herói, agindo como uma estrela azul, deseja que a avó ignore sua morte ocorrida faz muito tempo, mas continue a mimá-lo como se nada tivesse acontecido. Morte entendida aqui em sentido metafórico, é claro, que pode significar distanciamento, ausência ou mesmo esquecimento, esfriamento do vínculo entre eles etc.

Infelizmente, foi esse mesmo fantasma que vi quando, tendo penetrado no salão sem que minha avó estivesse avisada do meu regresso, a encontrei lendo. Ali estava eu, ou antes, ainda não estava ali, visto que ela não o sabia e, como uma mulher surpreendida a fazer um trabalho que ela ocultará ao entrarmos, estava entregue a pensamentos que jamais havia

---

violon était monté à des notes hautes où il restait comme pour une attente, une attente qui se prolongeait sans qu'il cessât de les tenir, dans l'exaltation où il était d'apercevoir déjà l'objet de son attente qui s'approchait, et avec une effort désespéré pour tâcher de durer jusqu'à son arrivée, de l'accueillir avant d'expirer, de lui maintenir encore un moment de toutes ses dernières forces le chemin ouvert pour qu'il pût passer, comme on soutient une porte qui sans cela retomberait" (*CG*, p. 339).

15. Willemart, *op. cit.*, p. 90.
16. *Idem*, p. 189 e *Le Temps Retrouvé*, p. 608.

A EDUCAÇÃO SENTIMENTAL EM PROUST

mostrado diante de mim. De mim – por esse privilégio que não dura e em que temos, durante o curto instante do regresso, a faculdade de assistir bruscamente a nossa própria ausência – não havia ali mais do que a testemunha, o observador, de chapéu e de capa de viagem, o estranho que não é da casa, o fotógrafo que vem tirar uma chapa dos lugares que nunca mais tornará a ver. O que, mecanicamente, se efetuou naquele instante em meus olhos quando avistei minha avó, foi mesmo uma fotografia[17].

O que mais chama a atenção do leitor é a importância que Proust dá à fotografia em comparação a seus antecessores[18]. Da imagem, desenho ou foto, que habitualmente estavam a serviço da narração como complemento ou ilustração, o narrador proustiano faz um objeto lingüístico que poderia substituir a avó, todavia viva, e um elemento da narrativa que vai lhe servir para refletir sobre a percepção que governa as relações entre os homens.

Ausente da revolução em torno da avó, no sentido de que ela não o vê, o herói se identifica com um estranho de passagem que vem tirar uma foto, como se sem o olhar face a face nem a voz, a relação afetiva fosse impossível. O narrador dá contudo uma explicação que vai além da percepção imediata sem no entanto negá-la:

17. *Idem*, pp. 125-126: "Hélas, ce fantôme-là, ce fut lui que j'aperçus quand, entré au salon sans que ma grand-mère fût avertie de mon retour, je la trouvais en train de lire. J'étais là ou plutôt je n'étais pas encore là puisqu'elle ne le savait pas, et, comme une femme qu'on surprend en train de faire un ouvrage qu'elle cachera si on entre, elle était livrée à des pensées qu'elle n'avait jamais montrées devant moi. De moi - par ce privilège qui ne dure pas et où nous avons, pendant le court instant du retour, la faculté d'assister brusquement à notre propre absence – il n'y avait là que le témoin, l'observateur, en chapeau et manteau de voyage, l'étranger qui n'est pas de la maison, le photographe qui vient prendre un cliché des lieux qu'on ne reverra plus. Ce qui, mécaniquement, se fit à ce moment dans mes yeux quand j'aperçus ma grand-mère, ce fut bien une photographie" (*Idem*, p. 438).
18. "A coexistência de imagens e textos data da invenção da imprensa, nada de novo, vide Dürer. Nas grandes expedições, leva-se um pintor (anedota do pintor de marinas – Delacroix no Egito), mas o que funda a transmissão é a narrativa. Também aí, complexos fenômenos de defasagem: duas páginas geniais de Balzac sobre Daguerre, mas nada em seguida, embora ele mesmo, como Gautier ou Nerval, virá a ser fotografado. Nada em Flaubert, tampouco em

Jamais vemos os entes queridos a não ser no sistema animado, no movimento perpétuo de nossa incessante ternura, a qual, antes de deixar que cheguem até nós as imagens que nos apresentam sua face, arrebata-as no seu vórtice, lança-as sobre a idéia que fazemos deles desde sempre, fá-las aderir a ela, coincidir com ela[19].

Sem o saber, o narrador retoma neste trecho o conceito de fantasma, melhor descrito aqui que na teoria psicanalítica e que demonstra a vantagem da literatura sobre as teorias antropológicas em geral. Ele distingue três elementos: a ternura, as imagens e as idéias. O primeiro supõe uma espécie de mar que envolve os seres que se amam e que circulam entre si formando sistema; o segundo, uma multidão de imagens que se acumulam e chegam aos nossos olhos não segundo o critério da verdade, mas segundo o da ternura; e o terceiro, enfim, "a idéia que tínhamos de alguém desde sempre", o "desde sempre" devendo ser entendido como desde a infância, supomos, mundo que tem essa conotação de eternidade e para a maioria de nós, de paraíso. Esses três elementos profundamente imbricados formam um sistema em movimento e explicitam um pouco mais a psicologia no espaço à qual ele alude

Rimbaud, que no Harar se torna fotógrafo (Flaubert, na sua viagem ao Egito, deixava Maxime Du Camp, mau escritor mesmo que as *Flores do mal* a ele estejam dedicadas, tirar as fotos, prova de que antes de *Bovary* nada dos processos lhe era estranho: mesmo *Bouvard et Pécuchet,* que se interessam por tudo, não tirarão fotografia). Em contrapartida, em Lautréamont há toda uma narrativa baseada no princípio da fotografia, enunciado como metáfora, que aparece no banho do revelador, a idéia explícita, em dez páginas de *Maldoror,* que a narração não é linear mas brota assim, primeiro indistinta e depois precisa, de uma superfície. E, evidentemente, Proust também, com a fotografia da avó que surge além de sua morte" (François Bon. Rede Internet e Willemart, "As Múltiplas Funções da Imagem no Manuscrito", *Bastidores da Criação Literária,* São Paulo, Iluminuras, 1999, p. 51).

19. Proust, *op. cit.*: "Nous ne voyons jamais les êtres chéris que dans le système animé, le mouvement perpétuel de notre incessante tendresse, laquelle, avant de laisser les images que nous présente leur visage arriver jusqu'à nous, les prend dans son tourbillon, les rejette sur l'idée que nous nous faisons d'eux depuis toujours, les fait adhérer à elle, coïncider avec elle" (*CG,* p. 439).

em *O Tempo Redescoberto*. O fato de revolver em torno da pessoa amada não torna necessariamente a relação mais real ou mais verdadeira, pois o passado e a ternura que enquadram o presente minimizam este último. O verdadeiro opõe-se à ternura assim como o presente ao passado.

O olho opera uma seleção e o herói lerá os sinais enviados pelo rosto ao mesmo tempo como mensagens de permanência e de delicadeza e como meios de interpretar o futuro a partir do passado. Por que aquela falta de clareza que ofuscava as mudanças? pergunta-se ele:

> Como, já que eu fazia a fronte, as faces de minha avó representarem o que havia de mais delicado e de mais permanente no seu espírito, como, já que todo olhar habitual é uma necromancia e cada olhar que se ama o espelho do passado, como não omitiria eu o que nela pudera ter-se tornado pesado e diferente, quando até nos espetáculos mais indiferentes da vida, a nossa vista, carregada de pensamento, despreza, como o faria uma tragédia clássica, todas as imagens que não concorrem para a ação e retém exclusivamente as que lhe podem tornar inteligível o desfecho?[20]

Primeira observação: Lacan dirá que o olho registra tudo o que o ângulo de visão lhe permite varrer, mas que o olhar seleciona. Nuança que o narrador não faz e que permite a Lacan distinguir o registro do Real do do Imaginário. Retomando a distinção de Thom, direi que a identidade conceitual que o herói constrói da avó e que ele considera ser "o que havia de mais delicado e de mais permanente no seu espírito" é totalmente da ordem do Imaginário, pois como pode ele saber o que se passa no espírito da avó,

---

20. *Idem*: "Comment, puisque le front, les joues de ma grand-mère, je leur faisais signifier ce qu' il y avait de plus délicat et de plus permanent dans son esprit, comment puisque tout regard habituel est une nécromancie et chaque visage qu'on aime, le miroir du passé, comment n'en eussé-je pas omis ce qui en elle avait pu s'alourdir et changer, alors que même dans les spectacles les plus indifférents de la vie, notre oeil, chargé de pensée, néglige, comme ferait une tragédie classique, toutes les images qui ne concourent pas à l'action et ne retient que celles qui peuvent en rendre intelligible le but?" (*CG*, 439).

60

se tomarmos o termo ao pé da letra, ou então, algo mais evidente, não estará ele mais uma vez confundindo o passado e o presente, suas reminiscências e a realidade?

Segunda observação: se o narrador não quer ver a verdade, não tem ele razão de fugir do olhar que, como o necromante para os mortos, examina os rostos para conhecer o futuro? Evitando tanto o olhar, revelador do Imaginário visto por todos, como o olho, revelador do Real, o herói só pode se trancar em sua torre de marfim para realizar seu objetivo: manter a antiga imagem de sua avó. Esse duplo imaginário permite estruturar um conceito de fantasma "proustiano": o herói vê o mundo de quem ele ama exclusivamente através de um campo de ternura que lhe envia apenas boas imagens do passado.

Terceira observação: assimilar o olhar a uma necromancia, como se o rosto que olhamos representasse a morte e indicasse o futuro, revela duas coisas. Lembra primeiro, não um pessimismo generalizado do narrador, mas o fim de *O Tempo Redescoberto*, quando o narrador, muito próximo da morte e ansioso para terminar sua obra[21], vê seu mundo e suas personagens desse ponto de vista ou através dele. Tudo lhe fala da Morte ou, melhor, seu olhar, cercado de máscaras de pessoas agonizantes ou mortas, só pode escrever a partir disso. Ao mesmo tempo, esse tipo de olhar muito particular e seletivo indica o tipo de formação que o herói tem que adquirir: a saber, ler e distinguir os signos, com a morte permitindo relativizar alguns ou valorizar outros.

O herói compara então o olho à máquina fotográfica implacável que, sem ternura nem inteligência, nada esconde e obriga a ver o ser novo ou a velha mulher que a avó se tornou:

Mas que, em vez de nossa vista, seja uma objetiva puramente material, uma placa fotográfica, que tenha olhado, e então o que veremos, no pátio do Instituto, por exemplo, em vez da saída de um acadêmico que quer chamar um fiacre, serão os seus titubeios, as suas precauções para não

---

21. Proust, *O Tempo Redescoberto*, p. 287.

A EDUCAÇÃO SENTIMENTAL EM PROUST

cair para trás, a parábola de sua queda, como se estivesse ébrio ou o solo coberto de gelo.

O mesmo acontece quando alguma cruel cilada do acaso impede o nosso inteligente e piedoso afeto de acorrer a tempo para ocultar a nossos olhares o que jamais devem contemplar, quando aquele é ultrapassado por estes, que, chegando primeiro e entregues a si mesmos, funcionam mecanicamente, à maneira de uma película, e nos mostram, em vez da criatura amada que já não existe desde muito mas cuja morte o nosso afeto jamais quisera que nos fosse revelada, a nova criatura que cem vezes por dia ele revestia de uma querida e enganosa aparência[22].

Nessa corrida em torno da avó, lutam o olhar e a ternura que, tais como as virtudes antropomorfizadas do *Roman de la Rose*, destacam-se do herói e o dividem. Se o olhar por si só se parece com um telescópio que detectaria a morte da estrela, a ternura, parecida com a luz que chega à terra muitos anos depois, faz o leigo crer em sua existência. A metáfora astronômica, somada à literatura francesa do século XIII[23], mesclam-se e subjazem ao texto.

22. No *Caminho de Guermantes*, p. 126: "Mais qu'au lieu de notre oeil, ce soit un objectif purement matériel, une plaque photographique, qui ait regardé, alors ce que nous verrons par exemple dans la cour de l'Institut, au lieu de la sortie d'un académicien qui veut appeler un fiacre, ce sera sa titubation [...] comme s'il était ivre [...]. Il en est de même quand quelque cruelle ruse empêche notre intelligente et rieuse tendresse d'accourir à temps pour cacher à nos regards ce qu'ils ne doivent jamais contempler, quand elle est devancée par eux qui, arrivés les premiers sur place et laissés à eux-mêmes fonctionnent mécani-quement à la façon de pellicules, et nous montrent au lieu de l'être aimé qui n'existe plus depuis longtemps, mais dont elle n'avait jamais voulu que la mort nous fût révélée l'être nouveau que cent fois par jour, elle revêtait d'une chère et menteuse ressemblance" (*CG* , p. 439).
23. Depois deste comentário interpretativo sobre o *Roman de la Rose*, Guilherme Ignácio da Silva, do Centro de Estudos Proustianos da Universidade de São Paulo, descobriu no folio 7 do *Caderno* 39, um dos Cadernos preparatórios de *O Caminho de Guermantes*, a seguinte passagem totalmente suprimida por um grande X com a menção "não": "dizendo-se que dentro de quinze minutos finalmente ver-se-ia o aspecto real de um sonho, passear perto da famosa lagoa mencionada em *Le Roman de la Rose*(?)". O que de certa forma confirma a tradição em que se insere a construção de *Em Busca do Tempo Perdido*, ou seja a antromorfização das paixões da alma.

6 2

O FANTASMA DA AVÓ

E como um enfermo que a si mesmo não via desde muito tempo, e que, compondo, a cada instante, o rosto, que ele não vê, segundo a imagem ideal que forma de si mesmo em pensamento, recua ao avistar no espelho, em meio de um rosto árido e deserto, a proeminência oblíqua e rósea de um nariz gigantesco como uma pirâmide do Egito, eu, para quem minha avó era ainda eu próprio, eu que jamais a vira a não ser em minh'alma, sempre no mesmo ponto do passado, através da transparência de recordações contíguas e superpostas, de súbito, em nosso salão que fazia parte de um mundo novo, o do tempo, o mundo em que vivem os estranhos de quem se diz "como envelheceu!", eis que pela primeira vez e tão só por um instante, pois ela desapareceu logo, avistei no canapé, congestionada, pesada e vulgar, doente, cismando, a passear acima de um livro uns olhos, um olhar um pouco extraviado, a uma velha consumida que eu não conhecia[24].

O herói nota claramente a diferença entre seu olhar aliado à ternura feito de "recordações contíguas e superpostas" que constroem uma imagem de ser amado "em sua alma" e aquela que o espelho lhe devolve. O espaço da recordação bloqueada opõe-se ao Tempo de que fazem parte o salão e as expressões costumeiras ante uma pessoa que envelhece. O herói repete a mesma experiência vivida com a duquesa de Guermantes. Por sua extrema dificuldade de sair de "sua alma", tem que ignorar sua ternura, se suprimir e olhar friamente para seu objetivo como faria uma máquina fotográfica. Entendemos agora que "se suprimir" quer dizer considerar o tempo vivido como um pedaço de vida a ser esquecido por-

24. *Idem*, pp. 126-127: "Et, comme un malade qui, ne s'étant pas regardé depuis longtemps et composant à tout moment le visage qu'il ne voit pas d'après l'image idéale qu'il porte de soi-même dans sa pensée, recule en apercevant dans une glace, au milieu d'une figure aride et déserte, l'exhaussement oblique et rose d'un nez gigantesque comme une pyramide d'Egypte, moi pour qui ma grand-mère c'était encore moi-même, moi qui ne l'avais jamais vue que dans mon âme, toujours à la même place du passé, à travers la transparence des souvenirs contigus et superposés, tout d'un coup dans notre salon qui faisait partie d'un monde nouveau celui du Temps, celui où vivent les étrangers dont on dit "il vieillit bien", pour la première fois et seulement pour un instant car elle disparut bien vite, j'aperçus sur le canapé, sous la lampe, rouge, lourde et vulgaire, malade, rêvassant promenant au-dessus d'un livre des yeux un peu fous, une vieille femme accablée que je ne connaissais pas" (*CG*, 439).

6 3

A EDUCAÇÃO SENTIMENTAL EM PROUST

que está morto. Paraíso sem dúvida, mas perdido. A oposição estabelecida entre o olhar e a ternura desemboca na supressão.

O herói tem que aprender a considerar o Tempo e a ler os signos a partir do presente e não mais do passado. As revoluções certamente formam um espaço que no entanto não é nem cumulativo nem profundo. Elas se superpõem umas às outras e simultaneamente se eliminam. Basta um dos parceiros deixar de circular, ou seja, permanecer numa revolução fora do Tempo, para que ele se perca e se desconecte.

Temos portanto que completar a psicologia no espaço e agregar a ela a dimensão do Tempo, sem o que ela lembra a psicologia das profundezas de Jung e seus arquétipos[25] que desconsidera o tempo. Partir da percepção fotográfica do presente evitará a predominância da recordação e deveria forçar o herói a reordenar sua relação com a avó ou com a duquesa a cada vez que as encontre ou a agir segundo o "só-depois", que permite rearranjar a cadeia dos acontecimentos a partir da última percepção.

---

25. "A clínica de Jung faz o Outro existir de um modo esquizofrênico. Cada sintoma seria uma ordem compartida do Outro eternal do coletivo: os arquétipos trans-culturais" (Jean-Louis Blaquier, *L'antiphilosophie* de *J. Lacan* [tese inédita]).

3

"Raquel Quando do Senhor"

O herói narrador insiste com Robert de Saint-Loup, novamente em Paris, sobre seu desejo de encontrar a duquesa de Guermantes, mas essa vez numa visita à Sra. de Villeparisis:

Pediu-me que fosse almoçar num restaurante com ele e sua amante, a quem conduziríamos em seguida a um ensaio. Devíamos ir buscá-la pela manhã, nos arredores de Paris, onde morava. [...] Era um povoado antigo, com a sua velha intendência retostada e dourada, ante a qual, à guisa de paus-de-sebo e de auriflamas, grandes pereiras estavam, como para uma festa cívica e local, galantemente empavesadas de cetim branco[1].

O herói-narrador tem aí a oportunidade de refletir sobre o amor entre duas pessoas e de, em muitos pontos, coincidir com o que a psicanálise diz ou dirá a respeito.

"Se se lhe perguntasse a que preço a estimava, creio que jamais se poderia imaginar um preço assaz elevado"[2]. A estatura de Ra-

---

1. Proust, *O Caminho de Guermantes*, p. 137 e p. 139: "Il me demande de déjeuner au restaurant avec sa maîtresse que nous conduirions ensuite à une répétition. Nous devions aller la chercher le matin, aux environs de Paris où elle habitait. [...] C'était un village ancien, avec sa vieille mairie cuite et dorée devant laquelle, en guise de mâts de cocagne et d'oriflammes, trois grands poiriers étaient, comme pour une fête civique et locale, galamment pavoisés de satin blanc" (*CG*, p. 451 e p. 454).
2. *Idem*, p. 140: "Si on s'était demandé à quel prix il l'estimait, je crois qu'on n'eût jamais pu imaginer un prix assez élevé" (*CG*, p. 454).

A EDUCAÇÃO SENTIMENTAL EM PROUST

quel era sobre-humana, era identificada a um ídolo por Saint-Loup[3] e predominava amplamente sobre "o futuro que tinha ele no exército, sua posição social, sua família"[4]. No entanto, nem um pouco certo da reciprocidade do amor, "supunha que ela talvez não o amasse" e a segurava na base de presentes. Amor duplo, por conseguinte, querendo crer que ela o amava, mas tomando precauções para que ela a ele permanecesse presa.

O amor idealizado de Raquel, minado pela desconfiança quanto ao futuro, se deixa ler nas entrelinhas da passagem:

De repente, apareceu Saint-Loup, acompanhado pela amante, e então, naquela mulher que era para ele todo o amor, todas as doçuras possíveis da vida, cuja personalidade, misteriosamente encerrada num corpo como num Tabernáculo, era ainda o objeto sobre o qual trabalhava incessantemente a imaginação de meu amigo, que senti que não conheceria nunca e ante o qual se perguntava perpetuamente quem era ela em si mesma, por trás do véu do olhar e da carne, reconheci instantaneamente naquela mulher a "Raquel quando do Senhor"[5].

No volume anterior, a cafetina da casa de tolerância apresentara Raquel ao herói em termos que não deixavam dúvidas sobre sua condição: "Pois, pense, meu garoto, uma judia, parece-me que deve ser de enlouquecer! Ah!"[6], e ele, lembrando-se da ópera *A*

3. *Idem*, p. 143.
4. *Idem*, p. 139: "l'avenir qu'il avait dans l'armée, sa situation mondaine, sa famille" (*CG*, p. 454).
5. *Idem*, p. 141: "Tout à coup, Saint-Loup apparut, accompagné de sa maîtresse, et alors, dans cette femme qui était pour lui tout l'amour, toutes les douceurs possibles de la vie, dont la personnalité, mystérieusement enfermée dans un corps comme dans un Tabernacle, était l'objet encore sur lequel travaillait sans cesse l'imagination de mon ami, qu'il sentait qu'il ne connaîtrait jamais, dont il se demandait perpétuellement ce qu'elle était en elle-même, derrière le voile des regards et de la chair, dans cette femme je reconnus à l'instant "Rachel quand du Seigneur" (*CG*, p. 456).
6. *À Sombra das Moças em Flor*, p. 134: "Pensez donc, mon petit, une Juive, il me semble que ça doit être affolant! Rah!" *et lui, .se souvenant de l'Opéra La Juive de Halévy, lui avait donné le nom* de "Rachel quand du Seigneur" (*A l'ombre des jeunes filles en fleurs*, Pléiade, t. l, p. 566).

Judia de Halévy[7], lhe dera o nome de "Raquel quando do Senhor"[8]. Mas, como destaca Kristeva, o herói indiferente a Raquel lembra a história contada no opúsculo de juventude de Proust descoberto por Philip Kolb[9] em que "Por não estar apaixonado, Lepré fica insensível à beleza de Madalena de Gouvres"[10].

Aqui, todavia, o herói se transforma em narrador onisciente e descreve o que acontece com Saint-Loup reutilizando a dialética da forma e da matéria em duas metáforas particularmente sensíveis: por um lado, o Tabernáculo e o que ele nunca saberia, por outro, o véu dos olhares e da carne e o que ela era em si mesma.

Lembremos que "na religião judaica, o Tabernáculo era o santuário itinerante que continha a arca da Aliança onde ficaram depositadas as Tábuas da Lei até a construção do Templo de Salomão"[11].

O uso da maiúscula diz com muita clareza que o narrador não está aludindo ao tabernáculo cristão, o pequeno armário onde fica guardada a eucaristia, mas ao santuário judeu ao qual, adotando o ponto de vista de Saint-Loup, ele assimila Raquel, a Judia. Mas o que contém esse Tabernáculo? Aparentemente, nada de muito preciso para o amigo do herói, uma arca vazia sem dúvida, de uma aliança bizarra, mas que serve para atiçar a imaginação de Saint-Loup e para fazer cintilar seu amor, ou, segundo as palavras do narrador, "um objeto de sofrimentos infinitos, o próprio preço da existência[12]. [....] um ser desconhecido, curioso de conhecer, difícil de apanhar, de conservar"[13], embora o herói conheça o preço de seus inúmeros favores, vinte francos ou um luís no máximo.

7. *Idem*, p. 135 e p. 1404.
8. Raquel, apresentada na casa de tolerância, aparece nas provas Grasset de 1914 (Eugène Nicole, *"La Recherche" et les noms*, *Cahiers Marcel Proust* 14, Paris, Gallimard, 1987, p. 84).
9. Proust, *L'Indifférent*, Paris, Gallimard, 1987.
10. Julia Kristeva, *Le temps sensible*, Paris, Gallimard, 1994, p. 27.
11. *Le Petit Larousse Compact*, Paris, Ed. Larousse, 2000, p. 985.
12. Proust, *O Caminho de Guermantes*, p. 142: "un objet de souffrances infinies, ayant le prix même de l'existence" (*CG*, p. 456).
13. *Idem*: "un être inconnu, curieux à connaître, difficile à saisir, à garder" (*CG*, p. 457).

A EDUCAÇÃO SENTIMENTAL EM PROUST

Não é a percepção imediata que está em jogo, ambos vêem "o mesmo rosto fino e miúdo". "Mas tínhamos chegado a ele pelos dois caminhos opostos que jamais se comunicarão e nunca lhe veríamos a mesma face"[14]. Embora a percepção física possa ser a mesma, ela está condicionada pelo caminho que a ela conduz. O primeiro contexto que envolveu a pessoa amada desempenha o papel primordial e engendra a visão do futuro como se as condições iniciais determinassem implacavelmente o processo. Nesse caso, a realidade empírica não conta muito. Basta, diz o narrador, "um instante durante o qual aquela que parecia prestes a entregar-se, se esquiva, tendo talvez um encontro, qualquer razão que a torne mais difícil nesse dia"[15]. Ao contrário do herói, que por vinte francos obtinha dela o que bem quisesse, a falta de resposta inicial a Saint-Loup determinou sua busca incessante, ele, para quem "aquele rosto não lhe poderia aparecer senão através dos sonhos que formara"[16].

A psicanálise chamará esses sonhos de fantasma, que o narrador também denomina "véu", é a segunda metáfora, espécie de biombo ou, melhor, de espelho, que colamos sobre aqueles que amamos ou odiamos e que além disso nos definem como sujeitos.

No entanto, o narrador vai mais longe em suas comparações. Projeta o rosto de Raquel no espaço entre dois infinitos irremedia-

14. *Idem*. Na prova datilografada lê-se: "Mas esses outros mundos existem perto de nós, infinitamente diferentes, e no entanto vizinhos ou mesmo fazendo seus imensos orbes ocuparem um só lugar. Era sem dúvida o mesmo rosto fino e miúdo que víamos naquele momento Roberto e eu. Mas não o víamos no mesmo mundo. [...] estava acima de suas forças sair do mundo em que a via e cuja atmosfera fazia, colocava na frente e atrás um véu de carícias e uma sub-estrutura de suspeitas. Tínhamos chegado a esse rosto por dois caminhos diferentes que jamais se comunicarão e fora dos quais não é possível projetar-se" (*CG*, p. 1603).
15. *Idem*: "d'un instant pendant lequel celle qui semblait prête à se donner se dérobe, ayant peut-être un rendez-vous, quelque raison qui la rende plus difficile ce jour-là" (*CG*, p. 457).
16. *Idem*, p. 143: "ce visage ne pouvait [...] apparaître qu'à travers les rêves qu'il avait formés" *(CG*, p. 458).

velmente separados, porque um, que é o seu, não procura nada de especial, ao passo que o de Roberto procurava "uma pessoa".

A imobilidade daquele fino rosto, como a de uma folha de papel submetida às pressões colossais de duas atmosferas, me parecia equilibrada pelos dois infinitos que vinham dar a ela sem se encontrarem, pois ela os separava. E, com efeito, ao contemplá-la nós dois, Roberto e eu, não a víamos do mesmo lado do mistério[17].

Podemos ler este texto de várias maneiras. À primeira vista, a percepção de cada um dos dois amigos, que parte de dois mundos totalmente diferentes, quer atrair o rosto de Raquel para sua respectiva atmosfera e o deforma ignorando sua verdade. Mas como o narrador falava de caminhos um pouco acima e acrescenta aqui a dimensão infinita e o mistério do objetivo ou do ponto de partida, só podemos concluir que o rosto de Raquel é apenas o espelho da percepção deles; será antes uma espécie de ponto intermediário por onde passam os dois infinitos que, incidindo sobre um lado diferente do rosto, não se tocam. Ou ainda, é como se, tendo várias dimensões, o rosto recebesse em momentos e lugares diversos esses infinitos que não podem se comunicar e que não são outros senão a percepção de Saint-Loup e do herói, o que nos remete a uma concepção da geometria que começava a se difundir na época, mas que só será levada em consideração por volta de 1915.

Um matemático alemão, Bernhard Riemann (1826-1866) e um outro, russo, Nicolai Ivanovitch Lobatchevski (1793-1856) imaginaram uma geometria diferente da de Euclides pouco antes do nascimento de Proust, a geometria curva. Foi a primeira revolução antieuclidiana (sendo a segunda a dos fractais de Mandelbrot).

Estará nessa passagem o narrador aludindo à superfície de Riemann segundo a qual "um ponto possui várias imagens? Sobre

17. *Idem*, pp. 143-144: "L'immobilité de ce mince visage, comme celle d'une feuille de papier soumise aux colossales pressions de deux atmosphères, me semblait équilibrée par deux infinis qui venaient aboutir à elle sans se rencontrer, car elle les séparait. Et en effet, la regardant tous les deux, Robert et moi, nous ne la voyions pas du même côté du mystère" (*CG*, p. 458).

A EDUCAÇÃO SENTIMENTAL EM PROUST

uma tal superfície, constituída de 'lâminas' unidas continuamente, uma função multiforme se torna *uniforme*, isto é, tem uma única imagem"[18].

O rosto de Raquel, comparado à superfície do matemático alemão, conteria várias imagens percebidas alternadamente mas que, graças a sua mobilidade, sempre se encontram no mesmo ponto. Em contrapartida, os dois infinitos que não se encontram fazem pensar na geometria euclidiana em que, numa superfície plana, duas paralelas nunca são secantes. Esse recurso a duas geometrias não contraditórias, mas que se opõem em função de sua base, a superfície plana ou a superfície curva, nos deixa incertos quanto à base matemática real do narrador, mas nos leva a dizer que ele toma elementos dos dois domínios e que, sem dúvida, mais adiante no texto, o mito, pois trata-se de um, será esclarecido.

Contudo, retomando a psicologia no espaço, muito próxima da superfície riemanniana, o leitor consegue compreender pelo menos que Roberto e o narrador estão em órbitas infinitas diferentes e que ao passo que um se afasta e a perde de vista já que ela nada representa para ele, o outro, ao contrário, continua a girar em torno dela à espera de reencontrar seus sonhos.

Por outro lado, parece evidente que, sem o saber, o narrador se adianta à teoria psicanalítica quando constata a multiplici-

---

18. "Os trabalhos de Riemann em geometria diferencial levaram-no a desenvolver uma geometria *não-euclidiana* substituindo o 5º postulado de Euclides (postulado das paralelas: por um ponto situado fora de uma reta, só é possível traçar uma paralela a esta reta) pela impossibilidade de fazer passar por um ponto uma paralela a uma reta dada. Uma concretização dessa geometria é a da esfera (superfície de curvatura positiva constante) em que as "retas" (geodésicas: trajetórias de percurso mínimo entre dois pontos) são os grandes círculos (aqueles cujo centro é o da esfera). Lobatchevski (por sua vez) substitui o quinto postulado de Euclides pela possibilidade de fazer passar por um ponto uma infinidade de paralelas a uma reta (em vez de uma só) e mostra que este último axioma é equivalente à soma dos ângulos de um triângulo e inferior a dois retos" (Serge Mehl, *Noções Sobre as Geometrias Não-euclidianas*). http://chronomath.irem.univ-mrs.fr/chronomath/Riemann.html.

dade do rosto de Raquel ou a complexidade do ser humano. Também equivale a retomar em outros termos o que afirma a tradição judaica:

> Com efeito, supõe-se que um homem esteja constituído de várias faces, de vários aspectos, ele não é uma silhueta, como um corpo que se destaca numa paisagem, mas um ser em profundidade, de várias dimensões[19].

Não era "Raquel quando do Senhor" que me parecia coisa de somenos, era o poder da imaginação humana, a ilusão em que se apoiavam as dores do amor que se me afiguravam grandes. Roberto notou que eu parecia impressionado. Desviei os olhos para as pereiras e cerejeiras do jardim fronteiro para que ele pensasse que era a sua beleza que me comovia. E comovia-me um pouco da mesma maneira, colocava também, junto a mim, dessas coisas que só se vêem com os olhos mas que se sentem no coração. Ao tomar por deuses estranhos os arbustos que vira no jardim, não me havia enganado como a Madalena quando, em outro jardim, num dia cujo aniversário ia em breve transcorrer, viu uma forma e "julgou que fosse o jardineiro". Guardiães das lembranças da idade de ouro, fiadores da promessa de que a realidade não é o que se acredita, que o esplendor da poesia, o fulgor maravilhoso da inocência podem resplandecer nela, e poderão cons-

---

19. "Parece-me evidente que a psicanálise trata bem do homem, mas ela se pergunta: 'o que é o homem?'. A pergunta que Freud se fez foi a questão filosófica fundamental do 'Conhece-te a ti mesmo'. Ele deu ao homem não essa dimensão única, que parece colada à unidade do corpo, mas uma dimensão múltipla, como uma cidade inteira, com sua complexidade, suas zonas de sombra, seus aspectos mutáveis. É um homem complexo que passamos a ter diante de nós. É o que a tradição judaica, que prefere o mosaico ao monólito, [...] designa na Bíblia quando diz de alguém: 'suas faces mudam', e não 'seu rosto'. Com efeito, supõe-se que um homem esteja constituído de várias faces, de vários aspectos, ele não é uma silhueta, como um corpo que se destaca numa paisagem, mas um ser em profundidade, em várias dimensões. A psicanálise conseguiu introduzir toda essa riqueza do homem complexo na linguagem comum (por exemplo: encontrado nas páginas de moda de uma revista feminina: 'tudo o que você pode comprar por um preço inferior ao de uma análise', que expressa o valor real da análise, que realiza a unidade dos aspectos do homem ante a multiplicação dos objetos que corrobora sua fragmentação). Portanto, a meu ver, se Foucault pensava que o homem está sem face, Freud, ao contrário, pensava o homem de cem faces" (Pascale Camus-Walter, *Lista Lutécium sur internet*, Estrasburgo, 22 mai 2001).

A EDUCAÇÃO SENTIMENTAL EM PROUST

tituir a recompensa que nos esforçaremos por merecer, as grandes criaturas brancas maravilhosamente inclinadas acima da sombra propícia à sesta, à pesca, à leitura não seriam acaso anjos?[20]

O herói-narrador continua sua reflexão sobre a percepção lembrando-se da cena do Evangelho[21]. Mas, ao contrário do relato de São João, em que Madalena, a pecadora, não reconhecendo o Cristo ressuscitado toma-o pelo jardineiro, ele crê ver deuses estranhos nos arbustos, ou seja, o herói percebe diretamente o divino nas pereiras e não tem nenhuma necessidade de que elas se façam reconhecer como Cristo. O herói já está em outra esfera e é de lá

---

20. Proust, *O Caminho de Guermantes*, p. 144: "Ce n'était pas 'Rachel quand du Seigneur' qui me semblait peu de chose, c'était la puissance de l'imagination humaine, l'illusion sur laquelle reposaient les douleurs de l'amour que je trouvais grandes. Robert vit que j'avais l'air ému. Je détournai les yeux vers les poiriers et les cerisiers du jardin d'en face pour qu'il crût que c'était leur beauté qui me touchait. Et elle me touchait un peu de la même façon, elle mettait aussi près de moi de ces choses qu'on ne voit pas qu'avec ses yeux, mais qu'on sent dans son coeur. Ces arbustes que j'avais vus dans le jardin, en les prenant pour des dieux étrangers, ne m'étais-je pas trompé, comrne Madeleine quand, dans un autre jardin, un jour dont l'anniversaire allait bientôt venir, elle vit une forme humaine et "crut que c'était le jardinier"? Gardiens des souvenirs de l'âge d'or, garants de la promesse que la réalité n'est pas ce qu'on croit, que la splendeur de la poésie, que l'éclat merveilleux de l'innocence peuvent y resplendir et pourront être la récompense que nous nous efforcerons de mériter, les grandes créatures blanches merveilleusement penchées au-dessus de l'ombre propice à la sieste, à la pêche, à la lecture, n'était-ce pas plutôt des anges ?" (*CG*, p. 459).

21. "Entretanto, Maria (Madalena) conservava-se da parte de fora do supulcro, chorando. E, enquanto chorava, inclinou-se e olhou para o sepulcro; e viu dois anjos vestidos de branco, sentados no lugar onde fôra pôsto o corpo de Jesus, um à cabeceira e outro aos pés. E eles disseram-lhe: Mulher, por que choras? Respondeu-lhes: Porque levaram o meu Senhor, e não sei onde o puseram. Ditas estas palavras, voltou-se para trás, e viu Jesus que estava là; mas não sabia que era Jesus. Disse-lhe Jesus: Mulher, por que choras? A quem procuras? Ela, julgando que era o jardineiro, disse-lhe: Senhor, se tu o tiraste, dize-me onde o puseste; e eu o levarei. Disse-lhe Jesus: Maria! Ela, voltando-se, disse-lhe Rabboni [que quer dizer Mestre] (Evangelho de São João, cap. XX, vv. 15. *Bíblia Sagrada*, trad. Pe. Matos Soares, São Paulo, Paulinas, 1955).

"RAQUEL QUANDO DO SENHOR"

que ele duvida de sua visão e crê ver anjos tutelares. Da pereira já vista como um deus estranho para o anjo são três graus de percepção que lhe permitem ultrapassar a realidade empírica ou compreender que esta pode conter "o esplendor da poesia e o fulgor maravilhoso da inocência" porque esses anjos são "guardiães das lembranças da idade de ouro".

Estará fazendo referência aos tempos felizes de sua infância? Não, mais simplesmente, aos momentos de lazer, de devaneio, de sonho e de imaginação. Em vez de Raquel, um ídolo; em vez de pereiras, deuses; em vez do jardineiro, Cristo; em vez dos deuses, anjos; e assim desliza a metonímia que, no entretempo, salta da percepção imediata para a imaginária e reduz o divino do começo a atividades bem concretas: a siesta, a pesca ou a leitura. Laicização do Evangelho? Sem dúvida, mas que insiste sobretudo na falsa percepção que temos das coisas e no fato de que já que a verdadeira vida não se encontra no nível das formas percebidas, Raquel não é o que parece, nem para Saint-Loup que não quer vê-la como pecadora, nem para o herói que a vê como prostituta.

Mas a passagem pela aldeia para chegar até a estação modifica mais uma vez a impressão do herói:

> Eu trocava algumas palavras com a amante de Saint-Loup. Atravessamos a aldeia. As casas eram sórdidas. Mas ao lado das mais miseráveis, das que pareciam ter sido abrasadas por uma chuva de salitre, um misterioso viajor, detido um dia na cidade maldita, um anjo resplandecente se mantinha de pé, estendendo largamente sobre ela a ofuscante proteção das suas flóridas asas de inocência: era uma pereira[22] .

---

22. Proust, *O Caminho de Guermantes*, p. 144: "J'échangeai quelques mots avec la maîtresse de Saint-Loup. Nous coupâmes par le village. Les maisons en étaient sordides. Mais à coté des plus misérables, de celles qui avaient l'air d'avoir été brûlées par une pluie de salpêtre, un mystérieux voyageur, arrêté pour un jour dans la cité maudite, un ange resplendissant se tenait debout étendant largement sur elle l'éblouissante protection de ses ailes d'innocence en fleurs : c'était un poirier" *(CG,* p. 459).

A chuva de salitre, a cidade maldita, o anjo resplandecente lembram demais a cidade de Sodoma destruída por Iavé[23]. Mas o texto proustiano parece dizer que apesar da chuva de salitre, pessoas continuam vivendo na aldeia sob a proteção de um anjo resplandecente, contrariando a Bíblia em que o anjo anunciava a destruição.

O narrador, invertendo o texto-fonte de novo, sugere que o anjo protege os sodomitas, fosse apenas por um dia, mas volta à percepção de todos, "era uma pereira". Os judeus e a homossexualidade circulam no texto, remetem à Bíblia e a Sodoma, mas não são condenados por isso, pois essas duas categorias, a raça e a tendência sexual, vivem um momento de inocência, uma outra idade de ouro, pelas flores brancas de uma pereira. A idade de ouro deslocou-se de novo e atividades comuns transportam o leitor para um

23. "Sobre a tarde chegaram os dois anjos a Sodoma, quando Lot estava assentado às portas da cidade. E, ele, tendo-os visto, levantou-se, e foi ao seu encontro, e prostrou-se por terra, e disse: Vinde, vos peço, senhores, para casa de vosso servo, e ficai nela; lavarei os vossos pés, e pela manhã, continuareis o vosso caminho. E Eles disseram: Não, nós ficaremos na praça. Lot instou para que fossem para sua casa; e, depois que entraram, preparou-lhe um banquete, e fez cozer uns pães ázimos; e eles comeram. Mas, antes que se fossem deitar, os homens da cidade, desde os meninos até aos velhos, e todo o povo junto cercaram a casa. E chamaram por Lot e disseram-lhe: Onde estão aqueles homens que entraram em tua casa ao cair da noite? Faze-os sair para que os conheçamos (abusamos). Saiu Lot, fechando nas suas costas a porta e disse-lhes: Não queirais, vos rogo, meus irmãos, não queirais fazer este mal. Tenho duas filhas, que ainda são virgens; eu vo-las trarei, e abusai delas como vos agradar, contanto que não façais mal algum a estes homens; porque se acolheram à sombra do meu telhado. Eles, porém, disseram: Retira-te para lá. E acrescentaram: Tu entrastes aqui como estrangeiro; será talvez para nos julgares? A ti, pois, trataremos pior do que a eles. E forçaram Lot com grande violência; e já estavam a ponto de arrombar a porta. E eis que os dois homens estenderam a mão. E introduziram Lot em casa, e fecharam a porta. E feriram de cegueira os que estavam fora, desde o mais pequeno até ao maior, de sorte que não podiam encontrar a porta.[...] E o sol levantava-se sobre a terra, quando Lot entrou em Çoar. Fez, pois, o Senhor da parte do Senhor chover sobre Sodoma e Gomorra enxofre e fogo vindos do céu; e destruiu estas cidades, e todo o país em roda, todos os habitantes das cidades, e toda a verdura da terra" (*Gênesis*, cap. 19, vers. 1-23, *Bíblia Sagrada*).

tempo de inocência em que o judaísmo e a homossexualidade eram vividos sem preconceito[24].

O caminho percorrido pelo olho poderia ser bastante comum. Vendo inicialmente deuses, volta à pereira em flor passando pelo anjo, como se a vista, um tanto embaçada no começo, não distinguisse muito claramente o objeto, imaginasse deuses, em seguida um anjo e, ao se aproximar, descobrisse uma pereira. É certo que um homem com certo grau de miopia também veria de forma embaçada, mas o narrador une ambas as coisas como se essa idade de ouro estivesse condicionada a certa miopia.

Limitando-me estritamente a essa passagem, não posso concordar com de Lattre quando ele afirma que "a percepção é recusa. Ela é extinção e negação de tudo, do que se vê, [...] e do 'desejo' que dele se possa ter"[25]. Embora de início a percepção negue o que todo mundo vê, no fim ela retorna a isso não sem uma ponta de ironia.

---

24. Certamente não é algo tão simples como pretende Albert Mingelgrün, que afirma que "o súbito surgimento da cidade maldita é apenas um eco de luz fugidio" (*Thèmes et structures bibliques dans l'oeuvre de Marcel Proust*, Lausanne, L'Age d'Homme, 1978, p. 147).
25. Alain de Lattre, *La doctrine de la réalité chez Proust II Les réalités individuelles et la mémoire*, Paris, José Corti, 1981, p. 183.

4

O Salão da Sra. de Villeparisis

"Como eu supusera antes de travar conhecimento com a Sra. de Villeparisis em Balbec, existia grande diferença entre o meio em que ela vivia e o da Sra. de Guermantes"[1].

Ainda em sua tentativa de ser apresentado à duquesa de Guermantes, e conhecendo a Sra. de Villeparisis de Balbec, o herói acha que ela poderia lhe facilitar as coisas. O narrador disso se aproveita para tentar compreender as diferenças entre os dois salões. Mas deixemos que fale:

A Sra. de Villeparisis era uma dessas mulheres que, nascidas numa casa gloriosa e tendo entrado pelo casamento para outra que não o era menos, não desfrutam todavia de grande situação mundana e, fora de algumas duquesas que são suas sobrinhas ou cunhadas, e até de uma ou duas cabeças coroadas, antigas relações de família, não têm no seu salão mais que um público de terceira ordem, burguesia, nobreza de província ou avariada, cuja presença afastou desde muito os elegantes e esnobes que não são forçados a comparecer por obrigações de parentesco ou intimidade muito antiga[2].

1. Proust, *O Caminho de Guermantes,* p. 164: "Comme je l'avais supposé avant de faire la connaissance de Mme de Villeparisis à Balbec, il y avait une grande différence entre le milieu où elle vivait et celui de Mme de Guermantes" (*CG,* p. 481).
2. *Idem,* pp. 164-165: "Mme de Villeparisis était une de ces femmes qui, nées dans une maison glorieuse, entrées par leur mariage dans une autre qui ne l'était pas moins, ne jouissent pas cependant d'une grande situation mondaine, et, en dehors de quelques duchesses qui sont leurs nièces ou leurs belles-soeurs, et

Constatando que o público que freqüenta um salão afasta o do outro, e caracterizando de maneira bastante dura o salão da marquesa, o narrador indaga-se sobre os motivos dessas divergências. A objeção à aliança com o Sr. de Norpois, o embaixador, amante respeitável, não lhe parece suficiente e ele remonta ao passado da Sra. de Villeparisis.

Explicação do presente pelo passado? Concordaria assim com Freud, que pretendia aliviar seus pacientes fazendo com que reconstituíssem o passado? Será que vai imaginar uma lógica para sua personagem? Digamos logo de início que essa lógica não cura ninguém, nem mesmo o leitor, mas que, percorrendo a história da marquesa, o narrador fornecerá uma das chaves que permite distingui-la da duquesa de Guermantes.

O narrador não fala de hereditariedade, mas primeiro da vida amorosa ou da vida de desejos da marquesa: "A 'má língua' que lhe atribuía o sobrinho acaso lhe granjeara inimigos naqueles tempos? Levara-a a aproveitar-se de certos sucessos com os homens para exercer vingança contra as mulheres? Tudo isso era possível"[3].

O poder que em sua juventude tivera de ser desejada, aliado ao desprezo pelas outras mulheres, a tinham tornado insuportável, a tinham isolado e não a tinham transformado em ser que ama. Incapaz de dividir, recuperando o Um[4] do poder, a marquesa erigia-se em juiz e fazia de si mesma o padrão de beleza e de inteligência.

---

même d'une ou deux têtes couronnées, vieilles relations de famille, n'ont dans leur salon qu'un public de troisième ordre, bourgeoisie, noblesse de province ou tarée, dont la présence a depuis longtemps éloigné les gens élégants et snobs qui ne sont pas obligés d'y venir par devoirs de parenté ou d'intimité trop ancienne" (*CG*, p. 481).

3. *Idem*: "Cette 'mauvaise langue' que son neveu lui attribuait lui avait-elle, dans ces temps-là, fait des ennemis? l'avait-elle poussée à profiter de certains succès auprès des hommes pour exercer des vengeances contre des femmes? Tout cela était possible" (*CG*, p. 482).

4. "O Outro [...] é o Um-a-menos. É por isso que, em qualquer relação do homem com uma mulher – a que está em causa –, é sob o ângulo do Uma-a-menos que ela deve ser tomada" (Lacan, O *Seminário. Livro 20. Ainda*, trad. M-D Magno, Rio de Janeiro, Zahar, 1996, pp. 174-175).

Narcisismo evidente que a impedia de compreender o outro, mas não de falar de virtudes. Por que ela fala tão bem das virtudes? Hipótese proustiana: porque ela [e outros] são:

[...] muitas vezes oriundos, mas não fazem parte eles próprios, da geração muda, frusta e sem arte que as praticou. Esta se reflete, mas não continua neles. Em lugar do caráter que tinha a geração antiga, encontra-se aqui uma sensibilidade, uma inteligência que não servem para a ação[5].

Hereditariedade curiosa que só permite à marquesa ser o espelho daqueles que a precederam, como se a geração precedente não tivesse conseguido transmitir um superego virtuoso, mas apenas uma de suas camadas de cebola de que o Ego, segundo Freud, é feito, ou bem, segunda possibilidade, como se seu físico ainda refletisse a prática dessas virtudes, e nada mais. Estranha herança que, por sua singularidade, merece que aqui nos detenhamos e procuremos ver nos *Cadernos* como a personagem foi construída.

No *Caderno 39* de 1910, o narrador inverte os elementos e louva primeiro as qualidades da marquesa: "superior, aliás, a toda sua família por uma inteligência, um espírito superior, um verdadeiro espírito de conversação, por seu estilo"[6]. Só num segundo momento ele a situa em relação à Virtude, mas de maneira mais explícita:

[...] Pois as graciosas pinturas da Virtude são obra não da virtude mas da inteligência e geralmente é nas pessoas que desrespeitaram seus preceitos em suas vidas que a Virtude atinge a mais clara consciência de si mesma. Há uma geração de pessoas que praticam as virtudes e os diversos méritos. Em seguida, uma segunda geração de pessoas que não as praticam mas as sentem e as representam: são os artistas"[7].

---

5. Proust, *op. cit.*: "issue [...] de la génération muette, fruste et sans art, qui les pratiqua. Celle-ci se reflète en eux, mais ne s'y continue pas. A la place du caractère qu'elle avait, on trouve une sensibilité, une intelligence, qui ne servent pas à l'action" (*CG*, p. 482).
6. Proust, *Esquisse XXI* (*CG*, p. 1174).
7. *Idem*, p. 1175.

Esse *Caderno* já inclui a Sra. de Villeparisis na categoria dos artistas.

No *Caderno 31* de 1908-1909, um artigo publicado numa revista convida o narrador a comparecer à casa da marquesa. Ele já se pergunta por que a marquesa, embora "bem nascida e muito mais inteligente que o resto da família não desfrutava de boa posição"[8]. Respondendo às três objeções: seus amores, sua maldade e sua velhice, o narrador enumera os convidados habituais, comenta sua visita e esquece sua pergunta inicial.

Voltando mais um pouco no tempo, descobrimos um artigo de Marcel Proust publicado em 20 de março de 1907 no *Figaro* sobre as *Mémoires de la comtesse de Boigne* que a editora Pléiade publicou integralmente, o que não fez o jornal. Ao se indagar "o que foram em vida aquelas que em suas *Memórias* aparecem como 'rainhas' da elegância", como a condessa de Boigne, Proust enuncia algumas razões:

> [...] geralmente muito bem nascidas, mas, não se sabe por que, pouco procuradas, e que as mulheres da moda tendem a apelidar de "vacas" [...]. A primeira (razão) é que as mulheres elegantes não sabem escrever e, quando sabem, não têm nem tempo nem desejo de fazê-lo [...] (ao contrário dessas rainhas pouco convidadas que além) de seu espírito original, puderam ler e escrever muito (e que) inconscientemente já exercitam sobre[...] (os raros visitantes) intimidados o grande truque das *Memórias*[9].

A personagem da Sra. de Villeparisis tem portanto uma história que se origina na sociedade do começo do século XX e percorre vários cadernos até o retrato que dela conhecemos em *O Caminho de Guermantes*. Utilizando um processo de criação muito natural num escritor, Proust refigura[10] não só a condessa de Boigne, que ele aparentemente não conheceu, mas, repensando também a reflexão suscitada pelas *Memórias*, cria uma personagem muito

---

8. Proust, *Esquisse XIX (CG,* p. 1166).
9. Proust, "Journées de lecture" *(CG,* p. 1611).
10. Ricoeur, *Le temps raconté. Temps et récit,* III, Paris, Seuil, 1985, p. 231.

parecida com a condessa que se integra na história de *Em Busca do Tempo Perdido* como tia da duquesa de Guermantes e tia-avó de Roberto de Saint-Loup. Certas qualidades da condessa se mantêm, como a inteligência superior, o salão de poucos visitantes, a presença constante do embaixador e o "fazer crer" aos visitantes a excelência do salão.

Todavia, o narrador-psicanalista tenta compreender a mecânica que regeu a vida da marquesa e indiretamente a da condessa em seus vários *Cadernos*. Esse esforço de compreensão cria a personagem da qual, sem dúvida, deduzirá uma lei comum a todos os homens, o que é um dos objetivos do romance. É provável que o artista Proust se represente aqui quando sublinha que a descrição da Virtude não é acessível aos que a praticam, e sim aos artistas que têm a inteligência dela.

Retomando o comentário do texto publicado, continuamos nos perguntando como opera a mecânica da personagem. Sensibilidade e inteligência opõem-se ao caráter que leva à ação, diz o narrador. Como sublinha Ricoeur, "o caráter exprime uma certa aderência do *o que*? a *quem*? O caráter é verdadeiramente o 'o que' do 'quem'"[11] ou ainda "a manutenção de si, [...] a obrigação [...] de corresponder à confiança que o outro deposita na minha fidelidade"[12]. Em outras palavras, essas virtudes não tinham se integrado ao caráter da marquesa; ela conhecia "o pudor e a bondade", "falam bem de certas virtudes; mas até lhes sentem o encanto e as compreendem à maravilha"[13], mas não as vivem. Sem pudor e sem bondade, ou indecente e má, é esta a conclusão? O narrador não é explícito, mas de fato falava da maldade no *Caderno 31* como um motivo possível da aversão das elegantes.

Bem diferente no entanto da condessa de Boigne e dos Cadernos precedentes, o narrador atribui à marquesa "uma inteligência

---

11. Ricoeur, *Soi-même comme un autre*, p. 147.
12. *Idem*, p. 149.
13. Proust, *O Caminho de Guermantes*, p. 165: "une intelligence presque d'écrivain de second ordre bien plus que de femme du monde, [...] la cause (certaine) de sa déchéance mondaine" (*CG*, p. 482).

A EDUCAÇÃO SENTIMENTAL EM PROUST

quase de escritor de segunda ordem mais que de mulher de sociedade, e que fora certamente causa da sua decadência mundana"[14]. Portanto, não é mais a inteligência "de um espírito superior"[15] do *Caderno 39*, nem a mais inteligente que o resto da família do *Caderno 31*, nem a inteligência superior do artigo do *Figaro*.

Qual a necessidade de uma personagem construída dessa maneira na estrutura de *Em Busca do Tempo Perdido*? Será para contrapô-la à sua amiga, a avó do herói que, em toda a obra, aparece como a encarnação da suprema virtude: a bondade?[16] Será uma imitação de Flaubert, que criava suas personagens aos pares? Poderemos provavelmente responder a essa pergunta mais adiante, no próximo capítulo.

Enquanto isso, o narrador continua a desenhar o caráter da marquesa.

O gênio de certos grandes artistas permanecia incompreendido para a Sra. de Villeparisis e ela apenas sabia zombar finamente dos mesmos e dar à sua incompreensão uma forma espirituosa e graciosa. Mas este espírito e esta graça, no grau a que eram levados nela, tornavam-se eles próprios – em outro plano, e ainda que empregados para menoscabar as mais altas obras – verdadeiras qualidades artísticas. Ora, essas qualidades exercem em toda situação mundana uma ação mórbida e eletiva, como dizem os médicos, e tão desagregadora que as mais solidamente assentadas têm dificuldade em resistir-lhes alguns anos[17].

14. *Idem*, pp. 165-166.
15. Proust, *Esquisse XXI*. (*CG* . p. 1174).
16. Jacques Chabot, *L'autre et le moi chez Proust*, Paris, Champion, 1999, p. 51, e Proust, *No Caminho de Swann*, p. 17.
17. Proust, *O Caminho de Guermantes*, p. 166: "Le génie de certains grands artistes [...] qu'elle ne savait que railler finement, (elle) donnait à son incompréhension une forme spirituelle et gracieuse. Mais cet esprit et cette grâce, au degré où ils étaient poussés chez elle, devenaient eux-mêmes – dans un autre plan, et fussent-ils déployés pour méconnaître les plus hautes oeuvres – de véritables qualités artistiques (qui) exercent sur toute situation mondaine une action morbide [...] si désagrégeante que les plus solidement assises ont peine à résister quelques années" (*CG*, pp. 482-483).

Eis uma das razões pelas quais a marquesa não pôde ser aceita pelas elegantes do momento.

Espírito ou inteligência na linguagem não eram compreendidos pela sociedade. No entanto, na conversação,

[...] a Sra. De Villeparisis só mostrava uma espécie de graça inteiramente mundana. Tendo passado ao lado de grandes coisas sem aprofundálas, algumas vezes sem distingui-las, só retivera dos anos em que tinha vivido, e que aliás pintava com muita justeza e encanto, o que tinham eles apresentado de mais frívolo[18].

Diferente da condessa de Boigne, sua fonte, a marquesa não soubera tirar proveito da presença do embaixador e daqueles que ele convidava para discutir "negócios de grande importância"[19], embora participasse de "jantares com homens notáveis cujos trabalhos a haviam interessado"[20]. Mesmo assim, ela tinha "uma dose de seriedade de que uma pessoa puramente frívola seria incapaz"[21]. O que fazia o narrador supor que, "para chegar a tal leveza, devia a autora ter possuído outrora uma ciência um pouco pesada, uma cultura rebarbativa, e que, quando moça, parecia provavelmente a suas amigas uma insuportável literata"[22].

O narrador volta para o tempo presente e diz ter lido as *Memórias* da Sra. de Villeparisis que explicam "a saudação profunda

---

18. *Idem*, p. 166: "Mme de Villeparisis ne montrait qu'une sorte de grâce tout à fait mondaine. Ayant passé à côté de grandes choses sans les approfondir, quelquefois sans les distinguer, elle n'avait guère retenu des années où elle avait vécu, et qu'elle dépeignait d'ailleurs avec beaucoup de justesse et de charme, que ce qu'elles avaient offert de plus frivole" (*CG*, p. 483).
19. *CG*, p. 1614.
20. Proust, *O Caminho de Guermantes*, p. 194: "des dîners avec des hommes remar-quables dont les travaux l'avaient intéressée" (*CG*, p. 513).
21. *Idem*, p. 166: "une dose de sérieux dont une personne purement frivole serait incapable" (*CG*, p. 483).
22. *Idem*, p. 166: "pour arriver à une telle légèreté l'auteur avait dû posséder autrefois une science un peu lourde, une culture rébarbative, et que, jeune fille, elle semblait probablement à ses amies un insupportable bas-bleu" (*CG*, p. 483).

A EDUCAÇÃO SENTIMENTAL EM PROUST

mas glacial que deveria dirigir à velha marquesa, na escadaria de uma embaixada, uma esnobe como a Sra. Leroi"[23]. Mais uma vez, o narrador se permite dar os saltos que bem entende no tempo segundo as necessidades da narrativa e vê uma conexão "entre certas qualidades literárias e o insucesso mundano"[24]. Indagando-se sobre o talento, tenta entender seu porquê:

> E depois, o talento não é um apêndice postiço que se acrescente a essas qualidades diversas que fazem triunfar a sociedade, a fim de constituir com o todo o que os mundanos chamam uma "mulher completa". É o produto vivo de certa compleição moral a que geralmente faltam muitas qualidades e em que predomina uma sensibilidade com manifestações outras que não as percebidas através de um livro, mas que se podem manifestar assaz vivamente no curso da existência, certas curiosidades, por exemplo, certas fantasias, o desejo de ir aqui e acolá, por puro prazer pessoal, e não em vista de aumentar, manter, ou simplesmente fazer funcionarem as relações mundanas[25].

Sensibilidade e vida pessoal definiriam o talento que faz com que à Sra. de Villeparisis travava "relações com este ou aquele indivíduo que não tinha nenhum título para ser recebido em sua casa, às vezes porque o achara belo, ou somente porque lhe haviam dito

23. *Idem*, p. 167: "Le salut profond, mais glacial, que devait adresser à la vieille marquise, dans l'escalier d'une ambassade, telle snob comme Mme Leroi" (*CG*, p. 485).
24. *Idem*, p. 166: "une connexité [...] nécessaire entre certaines qualités littéraires et l'insuccès mondain" (*CG*, p. 483).
25. *Idem*, p. 167: "le talent n'est pas un appendice postiche ajouté artificiellement à ces qualités différentes qui font réussir dans la société, afin de faire, avec le tout, ce que les gens du monde appellent une "femme complète". Il est le produit vivant d'une certaine complexion où généralement beaucoup de qualités font défaut et où prédomine une sensibilité dont d'autres manifestations que nous ne percevons pas dans un livre peuvent se faire assez vivement au cours de l'existence, par exemple, telles curiosités, telles fantaisies, le désir d'aller ici ou là pour son propre plaisir, et non en vue de l'accroissement, du maintien, ou pour le simple fonctionnement des relations mondaines" (*CG*, p. 484).

que era divertido ou porque lhe parecera diferente das pessoas que conhecia"[26].

Mas, se na sua juventude, ela "se divertira de algum modo em escandalizar as pessoas entre as quais vivia, em desfazer deliberadamente a sua situação, o certo é que começara a ligar importância a essa situação depois que a tinha perdido"[27]. Retorno das coisas ou retorno da idade, a marquesa, esquecendo seu talento, "desejaria atrair todas aquelas que tivera tanto cuidado em afastar"[28].

E o narrador não hesita em dizer que:

Trabalhamos a cada momento em dar sua forma e nossa vida, mas copiando, mau grado nosso, como um desenho os traços da pessoa que somos e não daquela que nos seria agradável ser. As saudações desdenhosas da Sra. Leroi, se podiam expressar de certo modo a natureza verdadeira da Sra. de Villeparisis, não correspondiam absolutamente a seus desejos[29].

Como psicólogo, o narrador constata a contradição entre o ser da marquesa e seu desejo imediato. Não conseguia desfazer-se de seu passado como era seu desejo e agia, embora já velha e não mais querendo fazê-lo, como sempre agira. A força do tempo e do passado é imperativa apesar da vaidade presente da marquesa que,

---

26. *Idem*, p. 167: "se toquait de connaître tel individu qui n'avait aucun titre à être reçu chez elle, parfois parce qu'elle l'avait trouvé beau, ou seulement parce qu'on lui avait dit qu'il était amusant, ou qu'il lui avait semblé différent des gens qu'elle connaissait".

27. *Idem*, pp. 167-168: "amusée à scandaliser les gens parmi lesquels elle vivait, à défaire délibérément sa situation, elle s'était mise à attacher de l'importance à cette situation après qu'elle l'eut perdue".

28. *Idem*, p. 168: "eût voulu attirer toutes celles qu'elle avait pris tant de soin d'écarter".

29. *Idem*: "Nous travaillons à tout moment à donner sa forme à notre vie, mais en copiant malgré nous comme un dessin les traits de la personne que nous sommes et non de celle qu'il nous serait agréable d'être. Les saluts dédaigneux de Mme Leroi pouvaient exprimer en quelque manière la nature véritable de Mme de Villeparisis, ils ne répondaient aucunement à son désir" (*CG*, p. 485).

como outros artistas desconhecidos, muitas vezes teria preferido ser adulada como as atrizes para quem, "numa corrida obsequiosa e incessante, se apressuram patrão, mordomo, garçons, recadistas e até os auxiliares de cozinha que saem em desfile para saudá-lo, como nas *féeries*"[30].

Duas coisas são destacadas pelo narrador. Por um lado, o artista que trabalha para ser lido depois da morte, como a Sra. de Villeparisis, não suporta tanto essa espera *post mortem* e gostaria de já desfrutar de sua obra e aproveitar imediatamente a glória esperada ou suas "vantagens mundanas"[31], o que, por outro lado, exigiria renegar seu engajamento na arte. Dilema difícil ou insolúvel no qual se debate todo ser humano dividido entre a promessa que ele anuncia e seu desejo imediato e volúvel de romper com o passado que o engendra. A marquesa se encontra no cerne desse debate e o resolve fazendo crer ao maior número de seus convidados, que não pertencem ao mundo elegante, que suas recepções, "como estão hoje persuadidos os leitores de suas *Memórias*, [eram] as mais brilhantes de Paris"[32].

Essa atitude, "o fazer crer", nos remete à "mesma versão do ilusório" de Legendre ou ao *illusio* de Bourdieu, mecanismo utilizado pelos governos para administrar seu país e que, sem temor, podemos aplicar à pequena esfera do salão da marquesa.

Analisando as relações entre o Direito Canônico e o Papa na Idade Média, Legendre afirma que:

> A instância pontifical, por ser única, representa todo o drama social, mostra essa espécie particular de delírio que funda toda instituição, impondo a todos seus súditos uma mesma versão do ilusório. Uma ignorância que seja a mesma para todos. [...] as grandes burocracias naciona-

---

30. *Idem*, p. 169: "dans une course obséquieuse et incessante, s'empressent patron, maître d'hôtel, garçons, chasseurs et jusqu'aux marmitons qui sortent de la cuisine en défilés pour les saluer comme dans les féeries" (*CG*, p. 486).

31. *Idem*.

32. *Idem*: "comme en sont persuadés, aujourd'hui les lecteurs de ses *Mémoires*, (étaient) les plus brillantes de Paris" (*CG*, p. 486).

listas do Ocidente também conquistaram as massas por meio dessa ficção da monarquia de um chefe sacrossanto, ditando sob sua lógica os estereótipos de uma crença. Sem esse delírio da autoridade, rigorosamente controlado segundo os procedimentos estabelecidos pela chefia religiosa, os Estados não teriam nascido...[33].

Debruçando-se sobre a obra de Flaubert e em particular sobre a *Educação Sentimental*, Bourdieu retoma o mesmo conceito, mas como certamente desconhece o livro de Legendre, define "o illusio como ilusão de realidade coletivamente compartilhada e aprovada"[34].

Num plano bem mais modesto que o papado ou a sociedade do século XIX, mas nos mesmos moldes, a "rainha" Sra. de Villeparisis dá a seus fiéis a mesma versão do ilusório ou a ilusão de realidade coletivamente compartilhada e aprovada. Esse mecanismo de poder funciona em muitos círculos, mesmo universitários, e só pode ser combatido pela ampliação dos horizontes do grupo ou sua democratização, o que evidentemente não é o caso da personagem que estamos analisando.

Mas isso é um parêntese. Vejamos agora como a marquesa mantém seus fiéis na ilusão:

A Sra. de Villeparisis, com uma touca de rendas pretas do tempo antigo (que conservava com o mesmo avisado instinto da cor histórica de um hoteleiro bretão que, por mais parisiense que se haja tornado a sua freguesia, julga mais hábil as suas criadas conservarem as toucas e as mangas largas), estava sentada a uma pequena escrivaninha, onde, diante dela, junto de seus pincéis, de sua palheta e de uma aquarela de flores começada, havia em copos, em pires, em taças, rosas espumosas, zínias, cabelos-de-vênus, que, devido à afluência de visitas naquele momento, ela parara de pintar e que pareciam chamar os fregueses para o balcão de uma florista nalguma estampa do século XVIII[35].

---

33. Pierre Legendre, *L'amour du censeur*, Paris, Seuil, 1974, p. 73.
34. Pierre Bourdieu, *Les Règles de l'art* (*Genèse et Structure du Champ Littéraire*), Seuil, 1992, p. 456.
35. Proust, *O Caminho de Guermantes*, pp. 169-170: "Mme de Villeparisis, coiffée d'un bonnet de dentelles noires de l'ancien temps (qu'elle conservait avec

A EDUCAÇÃO SENTIMENTAL EM PROUST

Da Bretanha à pintura e desta ao balcão de uma florista em alguma estampa do século XVIII, que é que o narrador quer que compreendamos ou, melhor, pelo fato de que só muito raramente conseguiremos determinar não as intenções nem as motivações, ausentes dessas instâncias, mas sim a força da escritura associada à da cultura, que inclui forçosamente alguns dados biográficos do escritor por meio dessas instâncias, que é que podemos deduzir do contexto de poder no qual opera a marquesa a partir do quadro, pois trata-se de um, apresentado pelo narrador?

O narrador insiste na tradição, conservada sobretudo no interior e que a Bretanha representa por excelência: "com uma touca de rendas pretas do tempo antigo". O século evocado não é o da República, mas o da monarquia, quando os reis brincavam de pastores e pastoras e, por que não, de floristas. Por fim, a estampa, depois substituída pelo jornal, foi um dos grandes meios de comunicação desde a Idade Média até o século XIX.

O entorno do quadro introduz o visitante num salão Antigo Regime não depreciado por um Charlus ou pelo duque de Guermantes e o conjunto presta-se a fazer crer que a marquesa faz parte da galeria de retratos ao lado "dos Guermantes, dos Villeparisis, [...] os da rainha Maria Amélia, da rainha da Bélgica, do príncipe de Joinville, da imperatriz da Áustria"[36].

Os hóspedes da marquesa ficam portanto subjugados diante de uma galeria imponente de quadros da aristocracia da qual, de

le même instinct avisé de la couleur locale ou historique qu'un hôtelier breton qui, si parisienne que soit devenue sa clientèle, croit plus habile de faire garder à ses servantes la coiffe et les grandes manches), était assise à un petit bureau, où devant elle, à côté de ses pinceaux, de sa palette et d'une aquarelle de fleurs, il y avait dans des verres, dans des soucoupes, dans des tasses, des roses mousseuses, des zinnias, des cheveux de Vénus qu'à cause de l'affluence à ce moment-là des visites, elle s'était arrêtée de peindre et qui avaient l'air d'achalander le comptoir d'une fleuriste dans quelque estampe du XVIII siècle" (CG, p. 487).

36. Idem, p. 169: "des Guermantes, des Villeparisis, [...] de la reine Marie-Amélie, de la reine des Belges, du prince de Joinville, de l'impératrice d'Autriche" (CG, p. 486).

8 8

repente, se destaca para recebê-los uma personagem que dessa maneira transforma a galeria em teatro, se posso dizer. Rodeada desses Senhores e mais tarde da "companhia que todos esses nobres parentes [que] a ajudavam a interessar, a deslumbrar, a encadear"[37], a marquesa introduz seus visitantes, pela conversação e pelo ambiente, num outro tempo "maravilhoso" em que eles se sentem conviver com Carlos X, a duquesa de Berry, o Sr. Molé, a rainha da Suécia, o duque de Broglie, Thiers, monsenhor Dupanloup[38] etc., ou seja, "esta posteridade [...] de elevado berço, régio ou quase régio, [...] condutores do povo, homens ilustres"[39], mas assim a "Sra. de Villeparisis ensaiava sem querer o mecanismo e sortilégio"[40] de suas *Memórias*.

As duas palavras são bem escolhidas: "mecanismo" faz referência a uma máquina sem alma que, aqui, é a imposição do poder da classe aristocrática sobre os plebeus e "sortilégio", a um feitiço necessário para o fazer crer. As teses de Legendre explicariam perfeitamente o salão da marquesa se um dos visitantes não ameaçasse bloquear o mecanismo e o feitiço.

Se o historiador, o arquivista, Legrandin, a duquesa de Guermantes, Alix, um "excelente escritor G***" etc., descritos à medida que fazem sua entrada, como no teatro, não destoam no meio evocado pela galeria, "o antigo camarada" do narrador, Bloch, embora convidado na qualidade de "jovem ator dramático", representa "o que estava em vias de virar" no "caleidoscópio social" e que "o caso Dreyfus ia precipitar"[41] a classe dos judeus. O narrador atribui a esse personagem uma conversação das mais banais sobre

---

37. *Idem*, p. 194: "les nobles parents (qui vont arriver et qui) lui servaient à intéresser, à éblouir, à enchaîner" (*CG*, p. 513).
38. *Idem*, p. 174.
39. *Idem*: "des gens de hautes naissances royale ou quasi royale, [...] des chefs de peuples, des hommes illustres", mais par là "Mme de Villeparisis essayait à son insu le mécanisme et le sortilège" (*CG*, p. 491).
40. *Idem*, p. 173.
41. *Idem*, p. 170: "l'affaire Dreyfus allait précipiter" (*CG*, pp. 487-488).

os chapéus, uma apreciação da "vida aristocrática de outrora" pouco calorosa: "tempo tão perniciosamente filisteu"[42], uma ignorância do protocolo, um extremo desjeito ("derrubou um vaso em que estava o ramo e toda a água se entornou no tapete"[43]), uma crítica aos serviçais "não suficientemente ensinados para saberem colocar um vaso sem o risco de molhar e até mesmo de ferir os visitantes"[44] e, sintomaticamente, um desejo de abrir as janelas[45]. Mas "a Sra. de Villeparisis, deixando toda uma parte de sua família trovejar contra os judeus, ficara até então inteiramente alheia ao caso e não se preocupava com ele"[46]. Ao contrário, aperfeiçoando seu teatro, convidava Bloch com o intuito de atrair as pessoas para as suas reuniões, como se o fato de ser judeu não tivesse nenhuma importância para a sociedade do Antigo Regime. Assim, Bloch simboliza a recusa a submeter-se ao poder da aristocracia, e sua qualidade de judeu indiretamente vinculada ao Caso Dreyfus não é alheia a tudo isso, embora o leitor venha a ter outras surpresas com esse personagem em *O Tempo Redescoberto*.

O quadro da sociedade que ela desenhará em suas *Memórias* estará destinado a difundir uma atmosfera que, embora não corresponda à realidade histórica, fará crer no caráter perpétuo dos valores aristocráticos em seu século e contribuirá para a manutenção do mito dessa sociedade de castelos, reis e rainhas como nas histórias maravilhosas. A eleição, em junho de 2001, do antigo rei da Bulgária como presidente daquele país assim como a de Napoleão III em 1851 faz crer que esse mito ou esse simbólico, conforme Legendre, continua povoando e governando as mentes.

---

42. *Idem*, p. 172: "temps assez pernicieusement philistin" *(CG*, p. 490).
43. *Idem*, p. 193: "il renversa le vase où était la branche et toute l'eau se répandit sur le tapis" (*CG*, p. 512).
44. *Idem*, p. 194: "pas assez stylés pour savoir placer un vase sans risquer de [...] blesser les visiteurs".
45. *Idem*, p. 196.
46. *Idem*, p. 170: "Mme de Villeparisis laissant toute une partie de sa famille tonner contre les Juifs, était jusqu'ici restée entièrement étrangère à l'Affaire et ne s'en souciait pas" (*CG*, p. 487).

5

A Derrota do Pensamento ou a
Doença da Avó

A avó já fora posta em cena no segundo capítulo, mas através
do fantasma do herói. Neste trecho, o narrador reflete sobre o al-
cance do sofrimento e sua relação com o corpo e com a ciência:

> Subi e encontrei pior a minha avó. Desde algum tempo, sem saber ao
> certo o que tinha, andava a queixar-se de seu estado de saúde. Na doença
> é que descobrimos que não vivemos sozinhos, mas sim encadeados a um
> ser de um reino diferente, de que nos separam abismos, que não nos
> conhece e pelo qual nos é impossível fazer-nos compreender; o nosso
> corpo. Qualquer assaltante que encontramos numa estrada, talvez consi-
> gamos torná-lo sensível ao seu interesse particular, senão à nossa desgra-
> ça. Mas pedir compaixão a nosso corpo é discorrer diante de um polvo,
> para quem as nossas palavras não podem ter mais sentido que o rumor
> das águas, e com o qual ficaríamos cheios de horror de ser obrigados a
> viver[1].

1. Proust, *O Caminho de Guermantes*, p. 267: "Je remontai et trouvai ma grand-
   mère plus souffrante. Depuis quelque temps, sans trop savoir ce qu'elle avait,
   elle se plaignait de sa santé. C'est dans la maladie que nous nous rendons
   compte que nous ne vivons pas seuls mais enchaînés à un être d'un règne
   différent, dont des abimes nous séparent, qui ne nous connaît pas et duquel il
   est impossible de nous faire comprendre: notre corps. Quelque brigand que
   nous rencontrions sur une route, peut-être pourrons-nous arriver à le rendre
   sensible à son intérêt personnel sinon à notre malheur. Mais demander pitié à
   notre corps, c'est discourir devant une pieuvre, pour qui nos paroles ne
   peuvent pas avoir plus de sens que le bruit de l'eau, et avec laquelle nous serions
   épouvantés d'être condamnés à vivre" (*CG*, p. 594).

A EDUCAÇÃO SENTIMENTAL EM PROUST

Quem é esse "eu" que fala e que se opõe ao corpo ao qual estamos encadeados? Com a idade ajudando de fato, nosso corpo parece não mais nos pertencer no sentido de que não responde mais a nossas vontades e nos obriga a pensar nele com um pouco mais de freqüência. É então que somos confrontados não só com a velhice, mas com a mecânica do corpo que, tal como um polvo, não leva absolutamente em conta o que dizemos. Se a educação física, o treino nos esportes e todas as ginásticas inventadas até este dia nos dão a ilusão de podermos controlar ou até modificar nosso corpo, a doença e a idade logo nos lembram que a ordem interna do corpo pouco nos pertence.

Será esta outra derrota do homem depois das de sua expulsão do centro do Universo (Copérnico), do centro da estrutura psíquica (Freud), do centro da economia (Marx) e da linguagem (Lacan)? Sim e não. Todo o esforço científico da medicina tenta compreender, orientar e suprir esse outro descentramento, o primeiro que o homem sentiu desde as origens e que a literatura celebra na imagem do Tempo, título global do livro que estamos analisando e que o último volume comenta fartamente. A doença é uma linguagem que o homem aos poucos vai decifrando, mas daí a dominá-la ainda falta muito para a ciência.

O corpo faz parte desse Real impossível de pôr em palavras, dirá Lacan, mas no entanto é o corpo que nos oferece o gozo da vida que compartilhamos com cada ser vivo. Pode-se dizer que o conjunto das investigações sobre o corpo tem por objetivo recuperar o gozo perdido? A expressão "gozo perdido" tem ressonância particular para Freud que falava do estado, imaginário porque não verificável, que a criança vive no útero da mãe e ao qual comparamos os outros gozos vividos durante nossa existência. Não é a ele que nos referimos aqui nem àquele que Lacan denominou "gozo fálico", próprio às relações sexuais. Referimo-nos aqui mais simplesmente ao gozo de todos os seres que habitam o Universo, dos minerais aos homens, passando pelas plantas e para os quais trabalham os pesquisadores em ciências do homem e da terra, do biólogo ao médico, passando pelo químico – o gozo da vida.

92

A única coisa contra a qual a ciência tem extrema dificuldade de lutar é justamente o tempo e o envelhecimento dos seres que ele provoca, coisa que as pessoas idosas, na ilusão de se curar, esquecem e dificilmente admitem por recusarem a mecânica envelhecida de seus corpos! Nas expressões correntes: Ministério da Saúde, casa de saúde, estar com boa saúde, beber à saúde de alguém, lê-se esse desejo de gozo que sustenta a existência dos homens. Os laboratórios farmacêuticos ou universitários, os hospitais, as clínicas, os ambulatórios, as redes de pesquisa em medicina ou em psicanálise trabalham efetivamente para o gozo do homem precariamente contido no significante "saúde".

Segundo *Em Busca do Tempo Perdido*, e ao contrário do que se pensa, a doença não fala a mesma língua que a daquele que ela afeta, ela precisa de médicos, os únicos interlocutores desses "fenômenos mórbidos".

Os incômodos de minha avó passavam muita vez despercebidos à sua atenção sempre desviada para nós. Quando sofria muito, para chegar a curá-los, esforçava-se em vão por compreendê-los. Se os fenômenos mórbidos de que seu corpo era teatro permaneciam obscuros e inapreensíveis para o pensamento de minha avó, eram claros e inteligíveis para seres pertencentes ao mesmo reino físico a que eles pertenciam, esses a quem o espírito humano acabou por dirigir-se para compreender o que lhe diz o seu corpo, como, diante das respostas de um estrangeiro, se vai procurar alguém do mesmo país, que servirá de intérprete. Eles podem conversar com o nosso corpo, dizer-nos se a sua cólera é grave ou se em breve se acalmará[2].

---

2. *Idem*, p. 267: "Les malaises de ma grand-mère passaient souvent inaperçus à son attention, toujours détournée vers nous. Quand elle en souffrait trop, pour arriver à les guérir, elle s'efforçait en vain de les comprendre. Si les phénomènes morbides dont son corps était le théâtre restaient obscurs et insaisissables à sa pensée, ils étaient clairs et intelligibles pour des êtres appartenant au même règne physique qu'eux, de ceux à qui l'esprit humain a fini par s'adresser pour comprendre ce que lui dit son corps, comme devant les réponses d'un étranger on va chercher quelqu'un du même pays qui servira d'interprète. Eux peuvent causer avec notre corps, nous dire si sa colère est grave ou s'apaisera bientôt" (*CG*, p. 594).

O médico interpreta as manifestações do corpo ou de uma linguagem desconhecida da maioria. Ficará, portanto, encarregado de traduzir os sintomas, o que quer dizer remeter-se a uma classificação das doenças aprendida na Faculdade sobre os corpos ou nos livros, ou então confiar em seu diagnóstico com base em sua experiência, para em seguida indicar a terapia correspondente.

Na tentativa de compreender a técnica médica a partir da morfodinâmica, direi que, em função de signos ou de uma forma, o médico tentará vinculá-los a uma matéria que se organizou de maneira a provocar os sintomas. Assim como René Thom para os fenômenos científicos, o médico distinguirá "dois tipos de pontos: os pontos ditos regulares, que correspondem às zonas de continuidade do processo morfogenético, e os pontos ditos catastróficos, em que a aparência fenomenológica do substrato muda bruscamente"[3]. Essas bifurcações ou essas descontinuidades serão o sinal de um processo irregular e portanto de uma doença. A partir da morfologia externa será então preciso remontar àquilo que a determina, "remontar à dinâmica que a engendra, (o que, no fim do processo, permitirá) [...] reintegrar o parecer ao ser"[4].

Embora admita que, por menos que saibam, os médicos ainda são os melhores no diálogo com a doença, o narrador vai todavia burlar-se das sumidades médicas convocadas para a cabeceira da avó, mesmo reconhecendo que o ceticismo não leva a nada:

> Pois como a medicina é um compêndio dos erros sucessivos e contraditórios dos médicos, recorrendo aos melhores destes, corre-se o risco de solicitar uma verdade que será reconhecida falsa alguns anos mais tarde. De modo que acreditar na medicina seria a suprema loucura se não acreditar nela não fosse loucura maior, pois desse amontoado de erros se desvencilharam com o tempo algumas verdades[5].

3. Alain Boutot, *L'invention des formes*, Paris, Odile Jacob, 1993, p. 30.
4. Jean Petitot, "Structuralisme et phénoménologie: la théorie des catastrophes et la part maudite de la raison", *Logos et théorie des catastrophes* (A partir de l'oeuvre de René Thom), Genebra, Patiño, 1988, p. 354.
5. Proust, *O Caminho de Guermantes*, p. 268: "Car la médecine étant un compendium des erreurs successives et contradictoires des médecins, en appelant à

Assim vai começar o combate entre a morte e a avó assistida pela ciência moderna, representada pelos medicamentos, pelos doutores Cottard e du Boulbon e por um especialista, combate que o narrador situa num amplo contexto histórico e mitológico:

Então minha avó experimentou a presença, em si, de uma criatura que conhecia melhor o corpo humano que minha avó, a presença de uma contemporânea das raças desaparecidas, a presença do primeiro ocupante – muito anterior à criação do homem que pensa –; sentiu esse aliado milenário que lhe tateava, um pouco duramente acaso, a cabeça, o coração, o cotovelo reconhecia os lugares, organizava tudo para o combate pré-histórico que se efetuou logo após. Num momento, Píton esmagada, a febre foi vencida pelo poderoso elemento químico a que minha avó, através dos reinos, passando por cima de todos os animais e vegetais, desejaria agradecer. E ficava abalada com essa entrevista que acabava de ter, através de tantos séculos, com um clima anterior à própria criação das plantas[6].

Conhecedora do corpo humano, "contemporânea das raças desaparecidas, primeiro ocupante muito anterior à criação do homem que pensa", "aliado milenário", "Píton esmagada", por um momento, a morte se prepara para a luta. Mais forte que um médico ou que um cientista no conhecimento do corpo, isto é, sa-

soi les meilleurs d'entre eux on a grande chance d'implorer une vérité qui sera reconnue fausse quelques années plus tard . De sorte que croire à la médecine serait la suprême folie, si n'y pas croire n'en était pas une plus grande car de cet amoncellement d'erreurs se sont dégagées à la longue quelques vérités" (*CG*, pp. 594-595).

6. *Idem*, p. 269: "Alors ma grand-mère éprouva la présence, en elle, d'une créature qui connaissait mieux le corps humain que ma grand-mère, la présence d'une contemporaine des races disparues, la présence du premier occupant bien antérieur à la création de l'homme qui pense; elle sentit cet allié millénaire qui la tâtait, un peu durement même, à la tête, au coeur, au coude, il reconnaissait les lieux, organisait tout pour le combat préhistorique qui eut lieu aussitôt après. En un moment, Python écrasé, la fièvre fut vaincue par le puissant élément chimique, que ma grand-mère, à travers les règnes, passant par-dessus tous les animaux et les végétaux, aurait voulu pouvoir remercier. Et elle restait émue de cette entrevue qu'elle venait d'avoir à travers tant de siècles, avec un élément antérieur à la création même des plantes" (*CG*, p. 596).

bendo muito mais que o que a medicina descobria naquele fim do século XIX, mais sábia que qualquer historiador na história da humanidade, presente desde a origem da vida, antes mesmo do nascimento do espírito, ligada a todos desde sempre, a morte tal como a serpente monstruosa de Delfos, é momentaneamente vencida não por Apolo, mas por um elemento químico, o febrífugo. Visão das mais poéticas que reconhece a associação íntima da morte com a vida, mas certamente também a materialidade do corpo, composto químico que reage como tal.

O narrador proustiano parece nos fazer compreender que a doença e a morte fazem com que retornemos simultaneamente a nosso estado de ser corporal e aos tempos pré-históricos da luta pela vida, quando a inteligência humana, como a entendemos hoje, ainda era ínfima se não inexistente. É como compreendemos o título do capítulo, a derrota do pensamento que poderia igualmente ser a derrota do desejo. Ao contrário da célebre primeira frase de *Em Busca do Tempo Perdido* que anunciava o trabalho primordial do pensamento mesmo durante o sono do corpo[7], a doença, sem negá-lo, reduz sua influência e leva os psiquiatras, os médicos e a maioria dos homens a crer que só uma ação química será suficiente para combatê-la, independentemente da singularidade de cada um. O próprio narrador parece aquiescer ao senso comum:

> [...] a pequena feiticeira (o termômetro) não se demorara em tirar o horóscopo. Encontramo-la imóvel, empoleirada a meio da sua torre e sem mais um gesto, mostrando-nos com exatidão o algarismo que lhe pediríamos e que todas as reflexões que pudesse fazer sobre si mesma a alma de minha avó seriam incapazes de lhe fornecer: 38°3[8].

---

7. Willemart, *Proust, Poeta e Psicanalista*, p. 25.
8. Proust, *O Caminho de Guermantes*, p. 268: "la petite sorcière (le thermomètre) n'avait pas été longue à tirer son horoscope. Nous la trouvâmes immobile, perchée à mi-hauteur de sa tour et ne bougeant plus, nous montrant avec exactitude le chiffre que nous lui avions demandé et que toutes les réflexions qu'eût pu faire sur soi-même l'âme de ma grand-mère eussent été bien incapables de lui fournir : 38° 3'" (*CG*, p. 595).

A DERROTA DO PENSAMENTO OU A DOENÇA DA AVÓ

Esse debate que aqui apenas sugerimos, preencheu páginas inteiras de jornais e revistas especializadas nestes últimos anos. O homem é apenas uma máquina composta de genes, de átomos, de bactérias ou de vírus, ou sua vida psíquica exerce alguma influência sobre seu sofrimento? Deve-se enfatizar o orgânico ou o psíquico? O que escolher: a psiquiatria ou a psicanálise?[9]

É sabido que os progressos da medicina devem-se, desde Pasteur, tanto às experiências de biólogos que, na época, suplantaram os químicos, como à observação ou escuta dos doentes. Em outras palavras, recoloca-se o dilema do diretor clínico da Salpêtrière, François Lhermitte: "os personagens que somos são eles joguetes da química do cérebro [...] mas, inversamente, a química do cérebro é ela joguete do sujeito que pensa. [...] Será possível encontrar uma ligação ponto a ponto entre um fenômeno mental e sua correspondência bioquímica?" Sua resposta é categórica: "Acho que não"[10].

É justamente com esses dois quadros que o herói de *Em Busca do Tempo Perdido* joga. Depois do doutor Cottard, "grande clínico, [...] uma celebridade na Europa, [...] gabavam a prontidão, a profundeza, a segurança de seu olho clínico, de seu diagnóstico"[11], o herói consulta um vizinho famoso, recomendado por Bergotte, de uma "competência mais especializada em matéria cerebral e nervosa, [...] um homem superior, de inteligência inventiva e profunda"[12] cuja atitude, toda enrolada em seu discurso "científico", parece, ao contrário do Dr. Cottard, o modelo de um homem pouco atento aos sintomas do paciente.

---

9. Elizabeth Roudinesco, *Pourquoi la psychanalyse?*, Paris, Fayard, 1999.
10. François Lhermitte, *Cerveau et pensée. Fonctions de l'esprit. 13 savants redécouvrent Paul Valéry*, textes recueillis par Judith Robinson-Valéry, Paris, Hermann, 1983, p. 153.
11. Proust, *À Sombra das Moças em Flor*, p. 7: "grand clinicien [...] de notoriété européenne [...] vanté pour la promptitude, la profondeur, la sûreté du coup d'oeil, de son diagnostic" (Proust, *A l'ombre des jeunes filles en fleurs*, I, p. 425).
12. Proust, *O Caminho de Guermantes*, p. 270: "compétence plus particulière en matière cérébrale et nerveuse [...] un homme supérieur, d'une intelligence inventive et profonde" (*CG*, p. 597).

A EDUCAÇÃO SENTIMENTAL EM PROUST

O narrador não se abstém de pontuar o discurso do doutor du Boulbon, sublinhando seu caráter sugestivo e desconfiando dele. Com efeito, o célebre médico se recusa a levar em consideração o que a avó sente e quer fazer crer que seu estado só depende dela, isto é, de seu pensamento. Ousa, por exemplo, chamar sua taxa de albumina de "albumina mental" e os sintomas de contrafação, atribuindo tudo ao nervosisme, pasticheur de gênie"[13]. Dessa forma, o narrador nos faz duvidar do caráter científico desse diagnóstico tanto mais que ele, como outros, "são facilmente levados a crer que essa sapiência dos pacientes é a mesma em todos eles"[14]. O médico chega até a confessar sua obsessão pelas portas fechadas e seu internamento regular em casas de saúde, curioso compartilhamento ou confissão que assusta com razão a avó[15].

Na linha de Mesmer (1734-1815)[16] e de Charcot (1825-1893), de quem du Boulbon é discípulo, a psiquiatria experimenta os poderes da sugestão para curar as doenças. Lembremos que "Charcot mostrou que, sob hipnose (pelo poder da palavra), podia-se induzir paralisias artificiais de tipo histérico"[17]. O leitor tem a impressão de que a transferência inicial do narrador sobre o médico, passando por Bergotte, vai se desmontando à medida que o médico fala e não consegue escutar, ao passo que, pelo contrário, o herói e sua mãe, seguindo no tocante a isso as prescrições de du Boulbon, convidam a avó a passear pelos Campos Elíseos. Essa oposição demarca as duas instâncias em jogo, o narrador e o herói, e o quanto a mistura deles torna seu reconhecimento difícil, pois é sempre o mesmo "eu" que escreve.

Ao contrário de Freud, outro discípulo de Charcot, que compreendera que se "as palavras têm o poder de criar, por que não

13. *Idem*, p. 274: "au nervosisme, pasticheur de génie" (*CG*, p. 601).
14. *Idem*, p. 272: "porté à croire que ce savoir (acquis) des "patients" est le même chez tous" (*CG*, p. 599).
15. *Idem*, p. 274.
16. *Idem*, p. 270.
17. Isabelle Stengers, *La volonté de faire science (A propos de la psychanalyse)*, Paris, Synthélabo, 1992, (Les empêcheurs de penser en rond), p. 52.

teriam o poder de desfazer?"[18], du Boulbon não entendeu que era a fala do paciente e não a sua nem suas atitudes que era preciso explorar para fazer "tábula rasa da tradição que maneja controle e purificação"[19]. Enredado em seu discurso, oferece-se como exemplo, recusa a medicina tradicional à base de medicamentos e de instrumentos e nos prova, no entanto, que a transferência funcionou durante a consulta:

> Olhe, [...] a senhora me escuta muito direito, sem se haver inclinado uma única vez, de olho vivo, fisionomia alerta, e já faz isso meia hora contada pelo relógio; e a senhora não o percebe. Senhora, retiro-me; aceite os meus cumprimentos[20].

Porém, isso não dura. Nem Proust nem seu personagem podiam imaginar o que Freud tinha inventado: provocar a transferência, fazer dela um laboratório e aí isolar os sintomas de acordo com a prática psicanalítica[21]. Du Boulbon só confia em seu discurso e fracassa como o mostra o passeio aos Campos Elíseos fortemente aconselhado em que a avó sofre um pequeno ataque[22]. Nenhum dos personagens-médicos parece utilizar a teoria freudiana, o que nos leva a crer que Proust não a conhecesse, confirmando assim a opinião de muitos críticos[23].

Curiosamente, o passeio serve de ocasião para o leitor conhecer uma outra "marquesa", a dos toaletes, "pavilhão engradado de verde" e os freqüentadores habituais desses lugares que nada mais são senão os water-closets como está escrito no manuscrito datilografado, ou os banheiros públicos[24]. Associar a doença da avó

---

18. *Ibidem*.

19. *Idem*, p. 51.

20. Proust, *op. cit.*, p. 275: "Tenez, [...] vous m'écoutez toute droite sans vous êtes appuyée une fois, l'oeil vif, la mine bonne, et il y a de cela une demi-heure d'horloge et vous ne vous en êtes pas apèrçue" (*CG*, p. 602).

21. Stengers, *op. cit.*, p. 57.

22. Proust, *op. cit.*, p. 277.

23. Willemart, *op. cit.*, p. 106.

24. Proust, *op. cit.* (*CG*, p. 1669).

com a descrição da gerente do estabelecimento e de seu discurso parece despropositado embora a inclusão do episódio na narrativa decorra naturalmente do passeio aos Campos Elíseos.

Mas procuremos nisso outra lógica. Personagem tão colorida essa marquesa a quem os clientes que ela recebe em seus "salões" trazem flores. A reflexão da avó que escutara a conversação da marquesa com o guarda florestal e uma cliente, "Puro Guermantes e Verdurin"[25], demonstra duas coisas pelo menos. Primeiro, a inserção da personagem da avó no vasto afresco que é *Em Busca do Tempo Perdido*; a avó conhece os Guermantes por meio de sua antiga amiga de escola, a marquesa de Villeparisis, mas também os Verdurins que são de sua geração e a quem faz referência.

Em seguida, o narrador constata, bem antes de Foucault[26], que os costumes de grupo ou de clã fechado ou as microestruturas do poder repetem-se em todos os níveis da sociedade, dos banheiros públicos aos salões mais opulentos. E, por fim, essa mistura de estilos, diria Auerbach, denota não só uma valorização do proletariado ou do quarto Estado, mas também o desejo do narrador de descobrir as leis que dirigem os homens, seja qual for seu nível social. Para qualificar o discurso escutado, a avó retoma uma palavra de Philinte em *O Misantropo* de Molière que, adulador inveterado, elogia a poesia de Oronte, considerada ruim por Alceste: "Meu Deus! Em que termos galantes eram abordadas aquelas coisas"[27]. Apreciação que poderia qualificar todo o *Em Busca do Tempo Perdido* considerando-se os temas abordados, mas especialmente a doença e a morte da própria personagem que, embora misturadas com os banheiros, são tratadas de forma leve.

Contudo, Raymonde Coudert encontra entre a avó e a "marquesa" outro parentesco, a da "vida encostada na morte [...]. Ecos monstruosos das jovens desconhecidas cujo frescor desperta o

25. *Idem*, p. 279.
26. Michel Foucault, *Histoire de la sexualité. 1. La volonté de savoir*, Paris, Gallimard, 1976. p. 179.
27. Proust, *op. cit.*, p. 279.

desejo difuso no herói, figuras de velhas mulheres [...] como a marquesa, [...] Sra. de Villeparisis [...] e a avó [...] mesma coorte de sombras terríveis"[28]. A velhice, a doença e a morte não só remetem o leitor à golilha do Tempo, mas são rebaixadas ao nível das excreções, para não dizer dos excrementos, nos quais nascemos (palavra de Lutero). Essa lembrança trágica da condição humana dá outra dimensão às palavras da avó que, sob a aparência da galanteria, esconde na verdade o horror que a ela subjaz. A fala elegante, aparentemente desconectada da realidade cruel, é apenas um semblante que o homem se dá para não só envolver sua condição como a muralha envolve uma cidade, mas certamente também para viver fora dela num simbólico que faz dele um estrangeiro vivendo uma existência, como dirá Lacan. É o amor que esconde e supõe a morte exposta aqui cruamente nos banheiros dos Campos Elíseos.

28. Raymonde Coudert, *Proust au féminin*, p. 80.

6

♦

Albertina

Na organização de *O Caminho de Guermantes*, o segundo capítulo seria de fato o verdadeiro começo da segunda parte, mas como no começo as duas partes faziam uma só, a morte da avó servia de ligação entre o desejo de um encontro com a duquesa por intermédio de Saint-Loup e da marquesa de Villeparisis e o efetivo convite.

A narrativa passa contudo por um interlúdio sobre Albertina, uma das principais personagens da segunda parte de *À Sombra das Moças em Flor*. Ela reaparece subitamente e precede o convite da duquesa por razões que enfatizaremos mais adiante. O editor de La Pléiade constata por sua vez que "A integração de Albertina ao *Caminho de Guermantes* ocorre no Caderno que contém a narrativa da segunda estada em Balbec"[1] contada no volume que se segue a este, *Sodoma e Gomorra*. Esse mesmo continente sem dúvida permitirá compreender ao mesmo tempo as relações que o narrador estabelece entre ambas as narrativas e a facilidade com que a primeira é evocada na segunda.

A visita de Albertina estende-se por cerca de vinte páginas onde quase nada acontece a não ser uma tentativa do herói de beijar a jovem picarda, interrompida pela intervenção desagradável de

---

1. *CG*, p. 1930.

Françoise, mas em que o narrador introduz uma série de reflexões que merecem nossa leitura:

> De súbito, sem que eu tivesse ouvido tocar, Françoise veio abrir a porta introduzindo Albertina, que entrou sorridente, silenciosa, repleta, contendo na plenitude de seu corpo preparados para que eu continuasse a vivê-los, vindos até a mim, os dias passados naquela Balbec que jamais voltara[2].

Não estamos mais às voltas com a madalena que faz ressurgir Combray, mas com uma personagem que desempenha o mesmo papel, essa vez sem grandes esforços tal como o nome, e que possibilita ao herói "continuar a viver" os dias passados em Balbec. Não se trata mais de uma lembrança, mas de um dispositivo intermediário que ressuscitaria o que estava ameaçado de morte e que está situado, não mais no sabor do chá, mas no corpo da personagem. A forma de Albertina exerce uma sedução tanto física como "histórica", poder-se-ia dizer, sobre o herói.

Por certo, cada vez que tornamos a ver uma pessoa com quem as nossas relações – por insignificantes que sejam – sofreram uma mudança, é como o confronto de duas épocas. Não é preciso para isso que uma antiga amante nos venha ver como amiga, basta a visita em Paris de alguém que conhecemos no dia-a-dia de certo gênero de vida, e que essa vida tenha cessado ainda que apenas há uma semana. [...] Em cada traço risonho, interrogativo e embaraçado da face de Albertina eu podia deletrear estas perguntas: "E a Sra. de Villeparisis? E o professor de dança? E o confeiteiro?". Quando sentou, recostando-se parecia dizer: "Que diabo! não há rochas aqui; permite que em todo caso me sente junto de você, como faria em Balbec?". Parecia uma fada que me apresentasse um espelho do Tempo. Nisso ela era igual a todos os que revemos de longe em longe, mas que outrora viveram mais intimamente conosco. Mas, no caso de Albertina havia mais do que isso. [...] Certamente, mesmo em Balbec, em nossos en-

---

2. Proust, *O Caminho de Guermantes*, p. 316: "Tout d'un coup, sans que j'eusse entendu sonner, Françoise vint ouvrir la porte, introduisant Albertine qui entra souriante, silencieuse, replète, contenant dans la plénitude de son corps, préparés pour que je continuasse à les vivre, venus vers moi, les jours passés dans ce Balbec où je n'étais jamais retourné" (*CG*, p. 646).

contros cotidianos, sempre ficava surpreendido ao vê-la, tão cotidiana era ela. Mas agora tinha-se dificuldade em reconhecê-la[3].

Contradição aparente: o herói não conseguia reconhecê-la mas, ao mesmo tempo, ela lhe lembrava outra época. As feições de Albertina das quais "Já quase nada restava da bainha em que estivera envolvida e sobre cuja superfície, em Balbec, mal se desenhava a sua forma futura"[4] não faziam a ligação entre as lembranças e o herói. Outra coisa estava em jogo. Mas o quê? O herói interpreta essas mesmas feições atuais, "risonho, interrogativo e embaraçado", como perguntas que lhe são feitas sem serem expressas. Outra linguagem que não a das palavras, o físico interroga e exige uma resposta. O manuscrito consultado, em vez de nos esclarecer, afasta-nos um pouco mais ainda da questão.

No *Caderno 46* redigido em 1915, o narrador qualifica o rosto de "relíquia intacta, autêntica [...] do mistério que eu imaginava em Albertina [....] e do amor para o qual esse mistério abrira caminho"[5].

Pouco importa o exterior do rosto pois, como um relicário, ele contém o mistério que, ele mesmo, é vestígio do amor vivido outrora. No recto do fólio 46, o narrador nos ajuda a compreender um pouco melhor a coisa:

3. *Idem*, p. 317: "Sans doute, chaque fois que nous revoyons une personne avec qui nos rapports si insignifiants soient-ils se trouvent changés, c'est comme une confrontation de deux époques. [...] Sur chaque trait rieur, interrogatif et gêné du visage d'Albertine, je pouvais épeler ces questions: "Et Mme de Villeparisis? Et le maître de danse? Et le pâtissier?" Quand elle s'assit, son dos eut l'air de dire: "Dame, il n'y a pas de falaise ici, vous permettez que je m'asseye tout de même près de vous, comme j'aurais fait à Balbec ?". Elle semblait une magicienne me présentant un miroir du temps. [...] Certes, même à Balbec, dans nos rencontres quotidiennes, j'étais toujours surpris en la recevant, tant elle était journalière. Mais maintenant on avait peine à la reconnaître" (*CG*, p. 646).
4. *Idem*: "Il ne restait presque plus rien de la gaine où elle avait été enveloppée et sur la surface de laquelle, à Balbec, sa forme future se dessinait à peine" (*CG*, p. 647).
5. Proust, "Le retour d'Albertine C. 46 de 1915", *Esquisse XXVIII* (*CG*, p. 1217).

A EDUCAÇÃO SENTIMENTAL EM PROUST

E nossa vida, como o estúdio de um artista, guarda misturados e repõe de tempos em tempos sob nossos olhos, seja quem for aquela que excita atualmente nossa febre, os esboços abandonados em que acreditáramos poder plasmar nossa necessidade de um grande amor[6].

Esse mesmo texto é retomado mais adiante sob uma forma ligeiramente diferente:

Considerei que a nossa vida social está cheia, como o estúdio de um artista, de esboços abandonados em que por um momento julgáramos poder plasmar a nossa necessidade de um grande amor, mas não pensei que às vezes, se o esboço não é muito antigo, pode acontecer que o retomemos e façamos dele uma obra muito diferente, e talvez até mais importante do que aquela que havíamos projetado a princípio[7].

O rosto de Albertina identificado a um relicário ou a um esboço é portanto para o herói como um intermediário de uma mulher para outra, um lugar de passagem e de ensaio. Cada mulher desejada serve não de modelo como no estúdio de um artista, mas de esboço, o que é diferente, pois o modelo é imutável e o esboço, um ensaio. A necessidade de um grande amor desenha ou pinta sobre a mulher encontrada um esboço, o que equivale a projetar seu desejo sobre ela, ou melhor, parte de seu desejo a partir de um projeto interior do qual falará o capítulo seguinte.

Posso igualmente imaginar um outro mito do amor em que o desejo seria como um imenso quebra-cabeça de mil lados que faria coincidir a mulher do momento com uma dessas asperezas, o que nos afasta bastante do mito do andrógino defendido por Aristófanes em *O Banquete* de Platão. O dramaturgo grego via,

6. *Idem*, p. 1931, f. 46 rº.
7. *O Caminho de Guermantes*, p. 352: "...je me dis que notre vie sociale est, comme un atelier d'artiste, remplies des ébauches délaissées où nous avions cru un moment pouvoir se fixer notre besoin d'un grand amour, mais je ne songeais pas que quelques fois, si l'ébauche n'est pas trop ancienne, il peut arriver que nous la reprenions et que nous en fassions une oeuvre toute différente, et peut-être plus importante que celle que nous avons projetée d'abord" (*CG*, p. 684).

106

sem dúvida com ironia, um perfeito encontro de formas entre o homem e a mulher, lembrança de uma época em que estavam unidos[8]. No narrador proustiano e em nossa metáfora do quebra-cabeça, o desejo é múltiplo, jamais satisfeito e ao mesmo tempo impossível de realizar já que é cheio de ângulos diferentes. No entanto, uma passagem de *A Prisioneira* parece ir ao encontro de Aristófanes quando o narrador, sugerindo o hermafroditismo de Albertina[9], escreve de modo bastante enfático:

> Ó grandes atitudes do Homem e da Mulher, em que se procura juntar, na inocência dos primeiros dias e com a humildade da argila, o que a Criação separou, em que Eva fica admirada e submissa diante do Homem, ao lado de quem ela desperta, como ela própria, ainda só, diante de Deus que o formou[10].

Portanto, tensão entre o desejo do herói e a suficiência de Albertina. Como pode haver reciprocidade?

Estaremos próximos de Freud? Para o criador da psicanálise, o amor é recíproco, mas no nível imaginário. Um projeta seus desejos no outro e se ama no outro. Não há busca de completude que não seja imaginária e que se realize de fato no nível simbólico, sobre o que, aliás, funda-se a aliança do casamento. O desejo de-

---

8. "Cada um de nós é a metade da senha de um homem, pois todos fomos divididos em dois, à semelhança do linguado: de um fizeram dois. E por isso, cada um busca sua metade correspondente. Os homens que são hoje a metade do que outrora se chamava andrógino, são loucos por mulheres, e a esta espécie pertencem todos os adúlteros. A ela pertencem igualmente as mulheres que amam homens e se imiscuem na vida matrimonial dos outros. As mulheres, ao contrário, que sentem nenhuma atração pelos homens, mas apenas, como é lógico, por outras mulheres – e a tal grupo pertencem as "hetairístrias" ou trébades 'lésbicas' (Platão, *O Banquete, Diálogos*, trad. Jorge Paleikat, Rio de Janeiro, Ediouro, 1971, p. 147).

9. Coudert, *Proust au féminin*, p. 220.

10. Proust, *A Prisioneira*, pp. 68-69: "Ô grandes attitudes de l'Homme et de la Femme où cherche à se joindre, dans l'innocence des premiers jours et avec l'humilité de l'argile, ce que la Création a séparé, où Eve est étonnée et soumise devant l'Homme au côté de qui elle s'éveille, comme lui-même, encore seul, devant Dieu qui l'a formé" (Proust, *La Prisonnière*, p. 587).

tém-se, portanto, num eleito ou numa eleita e fica bloqueado, se é que se pode dizer, "graças" à dimensão simbólica da promessa ou da palavra dada, seja no casamento ou num viver a dois não oficializado – lembremos Ricoeur e a distinção entre o *ipse* e o *idem*.

Também Lacan, ao analisar os discursos dos convidados ao *Banquete*, inventa seu mito do amor:

> Esta mão que se estende para o fruto, para a rosa, para a acha que se inflama de repente, seu gesto de pegar, de atrair, de atiçar é estreitamente solidário à maturação do fruto, à beleza da flor, ao flamejar da acha. Mas quando, nesse movimento de pegar, de atrair, de atiçar, a mão foi longe o bastante em direção ao objeto, se do fruto, da flor, da acha, sai uma mão que se estende ao encontro da mão que é a de você, e neste momento é a sua mão que se detém fica na plenitude fechada do fruto, aberta da flor, na explosão de uma mão em chamas – então, o que aí se produz é o amor.

E ele conclui na mesma página: "é você que era inicialmente o *érôménos*, o objeto amado, e de súbito se torna *érastès*, aquele que deseja"[11].

A transformação do objeto amado naquele que deseja é algo que se constata todos os dias; mas isso não invalidaria a posição do narrador proustiano? O jovem herói não deseja mais Albertina. Amou-a adolescente em Balbec, mas não conseguira se fazer beijar[12] e, de objeto amado, Albertina não se tornara a que deseja, e o leitor saberá exatamente por que num outro volume, mas a citação sobre sua androginia revela um dos aspectos envolvidos. Todavia, sem considerar a seqüência do romance e nos limitando por ora a esta etapa, podemos supor que, enquanto não há mudança de posição dos parceiros, o desejo age tal como o descreve o narrador e faz dos objetos desejados "esboços (rapidamente) abandonados em que por um momento julgaremos poder plasmar a nossa necessidade de um grande amor".

11. Lacan, *A Transferência*, p. 59.
12. "Albertina tocara a campainha com todas as forças" (Proust, *À Sombra das Moças em Flor*, p. 446). "Albertine avait sonné de toutes ses forces" (Proust, *A l"Ombre des Jeunes Filles en Fleurs* II, p. 286).

É verdade que até agora o herói teve pouco sucesso com as personagens femininas neste volume e que no aguardo da resposta da duquesa de Guermantes a suas tentativas de aproximação, contentar-se-á com Albertina de tarde e naquela mesma noite com a Sra. de Stermaria.

Mas não haverá algo mais nesses desenvolvimentos proustianos? Será que não podemos entender o desejo insatisfeito como a marca de um desejo que permanece no Imaginário sem jamais "aterrissar" no Simbólico ou a ele se amarrar? A metáfora do quebra-cabeça não refletiria a atitude de Don Juan que não consegue cumprir suas promessas de amor e que no fim acaba sendo punido por isso quando o Comendador faz dele um braseiro ardente?[13] Seria o herói proustiano um simples Don Juan? Não acho. Enquanto o personagem de Molière e o Don Giovani de Mozart colecionam amantes, "mais de mil e três, só na Espanha", o personagem proustiano também deseja, mas de modo bem diferente como assinala Raymonde Coudert:

> [...] o herói só poderá desejar mulheres gomorreanas, falsas sádicas, como a mãe e a avó que, para poupar a criança de Combray de sofrimento, preferiam manter sua privação, não por crueldade, mas por identificação e porque elas sofriam da mesma falta[14].

Com efeito, no último volume o leitor tomará conhecimento, pela carta do diretor do Grande Hotel de Balbec, das aventuras

13. Molière, ato V, cena VI, *Don Juan, Oeuvres complètes*, Paris, Garnier, 1962, t.1, p. 776: "Figuras duras, a priori não depositárias de uma alquimia anterior ao Édipo, temos com certeza em *Don Juan* a estátua do Comendador. Não é esta a voz que chama, ou melhor, que responde à busca insatisfeita de Don Juan"? Pacto. Encontro marcado. Mas com quem? O pai ou o diabo? De qualquer forma, bruxaria diante da qual Don Juan não recua, pois que algo mais forte que sua montagem o prenda; quer primeiro saber se isso é possível e como o prendem. Estátua suspeita, não obstante, que só abre um buraco na queda para uma estranha queimadura" (Blaquier, *L'antiphilosophie de J. Lacan* – tese inédita).
14. Coudert, *op. cit.*, p. 213.

entre Albertina e a lavadeira[15], mas é sem dúvida cedo demais para que o leitor fique convencido. Voltemos à seqüência do texto.

Albertina desta vez voltava a Paris mais cedo que de costume. Geralmente, só chegava na primavera, de modo que eu, já alterado desde algumas semanas pelas tormentas sobre as primeiras flores, não separava, no prazer que sentia, o regresso de Albertina e do bom tempo. Bastava que me dissesse que ela estava em Paris e que passara por minha casa para que eu tornasse a vê-la como uma rosa a beira-mar. Não sei bem se era o desejo de Balbec ou o desejo dela que então se apoderava de mim, e talvez o próprio desejo dela fosse uma forma preguiçosa, covarde e incompleta de possuir Balbec, como se possuir materialmente uma coisa, fixar residência numa cidade, equivalesse a possuí-la espiritualmente. E aliás, mesmo materialmente, quando já não era embalada pela minha imaginação diante do horizonte marinho, mas imóvel junto de mim, muitas vezes me parecia ela uma bem pobre rosa diante da qual eu desejaria fechar os olhos para não ver certo defeito das pétalas e para acreditar que a respirava na praia[16].

O narrador fala do desejo que ele não distingue muito claramente, mas confessa preferir Albertina diante do horizonte marinho a tê-la sobre sua cama e, sempre preocupado com sua grande questão – como se tornar escritor –, indaga-se se a pobre rosa que a visitante representa o remete a seu desejo de posse espiritual de Balbec, como se Albertina fosse a sua metonímia. Mas imediatamente o narrador impõe uma segunda condição a essa remissão,

15. Proust, *A Fugitiva*, p. 101.
16. *O Caminho de Guermantes*, p. 317: "Albertine, cette fois, rentrait à Paris plus tôt que de coutume. D'ordinaire, elle n'y arrivait qu'au printemps de sorte que, déjà troublé depuis quelques semaines par les orages sur les premières fleurs, je ne séparais pas, dans le plaisir que j'avais, le retour d'Albertine et celui de belle saison. Il suffisait qu'on me dise qu'elle était à Paris et qu'elle était passée chez moi pour que je la revisse comme une rose au bord de la mer. Je ne sais trop si c'était le désir de Balbec ou d'elle qui s'emparaît de moi alors, peut-être le désir d'elle étant lui-même une forme paresseuse, lâche et incomplète de posséder Balbec, comme si posséder matériellement une chose, faire sa résidence d'une ville, équivalait à la posséder spirituellement. Et d'ailleurs, même matériellement quand elle était non plus balancée par mon imagination devant l'horizon marin, mais immobile auprès de moi, elle me semblait

"Vivei inteiramente com a mulher e não vereis mais nada do que vos fez amá-la"[17].

O contato não pode ser muito prolongado: "Se, depois de longo tempo de vida comum, eu devesse acabar por ver em Albertina nada mais que uma mulher ordinária"[18].

Em outras palavras, o hábito deteriora "o que vos fez amá-la". Encontramos um dos inúmeros invariantes do narrador que opõe o hábito ou o clichê à originalidade e à descoberta no escritor, mas marcado de sinal contrário. Se, em *O Tempo Redescoberto*[19], o escritor tinha que explorar o clichê e desenvolver a fotografia, na passagem acima ainda não chegou nisso, pois nela o hábito destrói ou apaga a originalidade primeira e não a possibilita.

Constatando que "Desta vez, no entanto, certos sinais pareciam indicar que deviam ter-se passado coisas novas naquela vida"[20] e que, por conseguinte, podia crer que as resistências de outrora estivessem destruídas, o herói relata que:

Desejando e não ousando certificar-me se agora se deixaria beijar, a cada vez que ela se levantava para partir eu pedia-lhe que ficasse mais um pouco. Não era muito fácil de conseguir, pois embora nada tivesse que fazer (a não ser isso, teria pulado para fora) era uma pessoa pontual e, por outro lado, pouco amável comigo, não parecendo que achasse muito gosto em minha companhia. No entanto, de cada vez, depois de olhar o relógio, tornava a sentar-se por insistência minha, de sorte que havia passado várias horas comigo e sem que eu lhe tivesse pedido coisa alguma; as frases que lhe dizia ligavam-se às que lhe dissera durante as horas precedentes, e não se relacionavam em nada com o que eu pensava, com o que eu desejava, permanecendo-lhe indefinidamente paralelas. Não há nada como o desejo para im-

souvent une bien pauvre rose devant laquelle j'aurais bien voulu fermer les yeux pour ne pas voir tel défaut des pétales et pour croire que je respirais sur la plage" (*CG*, p. 647).

17. *Idem*, p. 318. "Vivez tout à fait avec la femme, et vous ne verrez plus rien de ce qui vous l'a fait aimer".

18. *Ibidem*.

19. *O Tempo Redescoberto*, p. 172 (*Le Temps Retrouvé*, p. 472).

20. *O Caminho de Guermantes*, p. 318: "certains signes semblaient indiquer que des choses nouvelles avaient dû se passer dans cette vie" (*CG*, p. 648).

A EDUCAÇÃO SENTIMENTAL EM PROUST

pedir que as coisas que se dizem possuam qualquer semelhança com o que se tem no pensamento[21].

Coisa de todos os dias, o herói se pega em flagrante contradição: o que ele diz ou o que faz não corresponde em nada com o que pensa, embora o reconheça. Notável lucidez, bem distante do discurso da bela alma ou da boa consciência, lucidez que lhe permite entender que o desejo é a causa desse jogo duplo. Já que não se trata de amor, pois não ama Albertina, tenta ver com clareza ainda maior; em outras palavras, tenta aprofundar sua sensação, e distingue três tipos de desejo:

O desejo imaginativo que o tempo novo despertara em mim e que era intermediário entre os desejos que podem satisfazer de uma parte as artes da cozinha e as da escultura monumental, pois fazia-me pensar ao mesmo tempo em mesclar minha carne a uma matéria diversa e quente e ligar por algum ponto o meu corpo estendido a um corpo divergente, como o corpo de Eva mal se prendia pelos pés ao quadril de Adão a cujo corpo ela é quase perpendicular naqueles baixos relevos romanos de Balbec que figuram de um modo tão nobre e tranqüilo, quase ainda como um friso antigo, a criação da mulher[22].

21. *Idem*, p. 319: "Voulant et n'osant m'assurer si maintenant elle se laisserait embrasser, chaque fois qu'elle se levait pour partir, je lui demandais de rester encore [...] les phrases que je lui disais se rattachaient à celles que je lui avais dites pendant les heures précédentes, et ne rejoignaient en rien ce à quoi je pensais, ce que je désirais, lui restaient indéfiniment parallèles. Il n'y a rien comme le désir pour empêcher les choses qu'on dit d'avoir aucune ressem-blance avec qu'on a dans la pensée" (*CG*, p. 649).

22. *Idem*, pp. 319-320: "le désir imaginatif qui était intermédiaire entre les désirs que peuvent satisfaire d'une part les arts de la cuisine et ceux de la sculpture monumentale, car il me faisait rêver à la fois de mêler à ma chair une matière différente et chaude, et d'attacher par quelque point à mon corps étendu un corps divergent comme le corps d'Eve tenait à peine par les pieds à la hanche d'Adam, au corps duquel elle est presque perpendiculaire dans ces bas-reliefs romans de la cathédrale de Balbec qui figurent d'une façon si noble et paisible, presque encore comme une frise antique, la création de la femme" (*CG*, p. 649).

ALBERTINA

O desejo por Albertina, metonímia de Balbec, circula entre o desejo sexual assimilado à arte do gourmet e o desejo de imitar um baixo relevo bizarro sobre a criação da mulher, ou ainda, entre duas posições contraditórias, uma que insiste na mescla dos corpos e outra, na ligação de um ao outro pelos pés. Dividido entre a atitude comum do amor que implica a mescla dos

corpos, semelhante às dosagens da arte culinária, e a imitação de uma arte menor que desenha a origem da mulher, o narrador inventa sua personagem. Recolocando ambos os fatos na história, vemos aí uma continuidade: o amor tende a refazer a unidade perdida reencontrando assim, ao mesmo tempo, o mito do segundo relato do *Gênesis* que faz da mulher uma excrescência do homem e o outro, embora deformado, de Aristófanes, que também insiste nessa unidade fantasmática, mas de maneira mais igualitária. O desejo por Albertina, figural por excelência, já que desencadeia a pulsão de escrever, precisa dos dois outros para operar e deles se distinguir. O primeiro designa, agora metaforicamente, as qualidades do escritor que não só pertence ao mundo, faz um com ele, como sabe preparar sua escritura como um mestre-cuca hábil experimentando seus pratos. O segundo desejo, igualmente metafórico, significa que a escritura simbolizada pela mulher, embora tenha sua origem no escritor, acaba se independendo dele. Outros leitores sem dúvida veriam no primeiro desejo uma arte de cortar, de picar, de temperar os ingredientes, neste caso as personagens ou as situações, para fazer com eles um molho à moda da casa, resultado da ação da pulsão sádica.

Continuando seu comentário sobre a visita de Albertina, o narrador retoma a esperança do herói de poder beijá-la devido à mudança não só de atitude, mas de vocabulário:

[quanto à] minha hipótese otimista a respeito de possíveis complacências, eu teria talvez respondido que essa hipótese era devida (enquanto os tons esquecidos da voz de Albertina tornavam a desenhar para mim o contorno da sua personalidade) ao aparecimento de certas palavras que não faziam parte de seu vocabulário, pelo menos na acepção que ela agora lhes dava[23].

O narrador distingue, no idioleto da personagem, o que provém do tesouro social ou de sua família burguesa do surgimento de certas palavras, como " 'seleção', incompatível com a família Simonet, [...] 'testemunhas de escol' [...], lapso de tempo [...], 'no meu sentir' [...], aluvião que deixava suspeitar tão caprichosos atalhos através de terrenos outrora desconhecidos dela [...], (e ainda) 'musmê' "[24]. Fortalecido com sua observação e com a maior liberalidade na postura de sua comparsa, o narrador-herói sugere as cócegas, outra forma do desejo, reconhecida, ao que parece, por Albertina.

Sexo e linguagem, desejo e vocabulário, moral e camadas de palavras, sabemos que os primeiros termos dependem dos segundos, reveladores dos primeiros, o que o narrador faz ver em sua personagem. Percorrendo uma nova língua, Albertina se diz a seu admirador, que, estupefato e feliz, não hesita mais em atraí-la e sentá-la sobre sua cama, o que equivale a misturar seu desejo às novas palavras como uma cadeia a outra cadeia realizando a arte culinária de que falara.

Embora a chegada de Françoise seja indiscreta, a iluminação de sua lâmpada:

23. *Idem*, p. 320: "mon hypothèse optimiste au sujet des complaisances possibles, j'aurais peut-être répondu que cette hypothèse était due (tandis que les traits oubliés de la voix d'Albertine redessinaient pour moi le contour de sa personnalité) à l'apparition de certains mots qui ne faisaient pas partie de son vocabulaire, au moins dans l'acception qu'elle leur donnait maintenant" (*CG*, p. 650).
24. *Idem*, pp. 321-323: " 'à mon sens' [...] alluvion (de mots) laissant soupçonner de si capricieux détours à travers des terrains jadis inconnus d'elle [...] (et encore) 'mousmé' " (*CG*, pp. 651-653).

[...] lhe revelava nas faces o mesmo verniz ensolarado que me encantara em Balbec. Aquele rosto de Albertina, cujo conjunto tinha às vezes, fora de casa, como que uma palidez lívida, mostrava, pelo contrário, à medida que a lâmpada as iluminava, superfícies tão brilhantes e uniformemente coloridas, tão resistentes e tão lisas, que podiam comparar-se às carnações vigorosas de certas flores[25].

Este será o ponto de partida da aproximação não só física, mas espiritual dos dois "amantes".

Que quer dizer esse termo "espiritual" para o narrador? Ele logo responde: "mas que Albertina me fosse agora tão fácil, isso me proporcionava, ainda mais que prazer, uma confrontação de imagens impregnadas de beleza"[26]. E ele recorda as três etapas vividas com ela que iam de uma Albertina "diante da praia quase pintada sobre o fundo do mar; sem ter para mim uma existência mais real do que essas visões de teatro" à "verdadeira mulher [...] (sem) essa facilidade amorosa que se lhe supunha no quadro mágico" para enfim desembocar "num terceiro plano (no qual) ela me aparecia real como no segundo conhecimento que tivera dela, mas fácil como no primeiro: fácil, e tanto mais deliciosamente por haver eu acreditado durante tanto tempo que não o fosse"[27].

---

25. *Idem*, p. 325: "découvrait sur les joues (d'Albertine) le même vernis ensoleillé qui m'avait charmé à Balbec. Ce visage d'Albertine, dont l'ensemble avait quelquefois, dehors, une espèce de pâleur blême, montrait, au contraire, au fur et à mesure que la lampe les éclairait, des surfaces si brillamment si uniformément colorées, si résistantes et si lisses qu'on aurait pu les comparer aux carnations soutenues de certaines fleurs" (*CG*, p. 655).
26. *Idem*, p. 326: "mais qu'Albertine me fût maintenant si facile, cela me causait plus que du plaisir, une confrontation d'images empreintes de beauté" (*CG*, p. 656).
27. *Idem*, p. 326: "la femme vraie [...] (sans) cette facilité amoureuse qu'on lui supposait dans le tableau magique" pour enfin déboucher "dans un troisième plan où elle m'apparaissait réelle, [...] mais facile comme dans la première, facile, et d'autant plus délicieusement que j'avais cru si longtemps qu'elle ne l'était pas" (*CG*, pp. 656-657).

A facilidade de abordar Albertina reúne a um só tempo o desejo e a arte, o primeiro suscitando a segunda, o que as próximas páginas irão desenvolver. Mas de que arte se trata?

A vida nos revelara complacentemente todo o romance daquela moça, emprestara-nos para vê-la um instrumento óptico, depois um outro, e acrescentara ao desejo carnal um acompanhamento que o centuplica e diferencia desses desejos mais[28] espirituais e menos saciáveis que não saem de seu torpor e o deixam ir sozinho quando aquele não pretende mais do que apanhar um bocado de carne, mas que, pela posse de toda uma região de recordações que se sentiam nostalgicamente exilados, se erguem procelosos a seu lado, aumentam-no, sem poder segui-lo até a consumação, até a assimilação, impossível sob a forma de realidade imaterial com que é desejada, mas esperam esse desejo no meio do caminho e, no momento da lembrança, do retorno, fazem-lhe nova escolta[29].

O narrador distingue dois tipos de desejos: os desejos espirituais e o desejo carnal, distinção que se soma à dos três desejos já comentados, e que sugere uma cartografia do desejo para *Em Busca do Tempo Perdido*. Os dois tipos de desejos dessa passagem não agem em paralelo. Os primeiros centuplicam o desejo carnal, escoltam-no até a metade do caminho, deixam-no ir e o esperam no

28. O tradutor traduziu *plus* por "menos".
29. *Idem*, p. 327: "La vie vous avait complaisamment révélé tout au long le roman de cette petite fille, vous avait prêté pour la voir un instrument d'optique, puis un autre, et ajouté au désir charnel l'accompagnement, qui le centuple et le diversifie, de ces désirs plus spirituels et moins assouvissables qui ne sortent pas de leur torpeur et le laissent aller seul quand il ne prétend qu'à la saisie d'un morceau de chair, mais qui, pour la possession de toute une région de souvenirs d'où ils se sentaient nostalgiquement exilés, s'élèvent en tempête à côté de lui, le grossissent, ne peuvent le suivre jusqu'à l'accomplissement jusqu'à l'assimilation, impossible sous la forme où, elle est souhaitée, d'une réalité immatérielle, mais attendent ce désir à mi-chemin, et au moment du souvenir, du retour lui font à nouveau escorte" (*CG*, p. 657); "pouvoir la remplir à nouveau du mystère qu'elle avait pour moi sur la plage avant de la connaître, retrouver en elle le pays où elle avait vécu auparavant" et revivre "tous les souvenirs de notre vie à Balbec, le bruit du flot déferlant sous ma fenêtre, les cris des enfants" (*CG*, p. 659).

ALBERTINA

retorno, mas lutam "pela posse de toda uma região de recordações". Os desejos espirituais têm portanto necessidade do desejo carnal que agiria como desencadeante. Em troca, eles o prolongam, o aumentam e o afogariam em sua massa se esse desejo não fosse seu fio condutor ou seu suporte necessário. No entanto, a espiritualidade não exige a consumação do desejo carnal; em contrapartida, quer recuperar uma região de recordações. Haveria vínculo entre a semi satisfação do desejo carnal e as recordações relativas à amada, ou ainda, entre a pulsão sexual e o imaginário das reminiscências? O narrador enumera em seguida essas lembranças: "todas as impressões de uma série marítima que me era particularmente cara. Parecia-me que poderia, em suas duas faces, beijar toda a praia de Balbec"[30].

Desejaria, antes de beijá-la, enchê-la novamente com o mistério que tinha para mim na praia antes de conhecê-la, reencontrar nela a região onde vivera antes; no seu lugar, pelo menos, se não a conhecia, podia insinuar todas as recordações da nossa vida em Balbec, o ruído da vaga a quebrar-se sob a minha janela, os gritos das crianças[31].

Parece claro que o herói, juntando assim Balbec e sua amiga, só a deseja na medida em que ela lhe recorda aqueles dias na praia ou as cenas marítimas. Joga o jogo do duplo "eu", o de Balbec e o de hoje, sabendo que é grande a distância entre os dois "eus", de onde a dificuldade de realização do desejo carnal ou sexual é representado pelo segundo eu.

É para esse longo caminho rumo à face e à boca de Albertina que a narrador chama o leitor.

Enfim, já que não o conseguiu em Balbec, vou saber o gosto da rosa desconhecida que são as faces de Albertina. E como os círculos por que

30. *Idem*, p. 327: "toutes les impressions d'une série maritime [...] toute la plage de Balbec [...]" (*CG*, p. 658).
31. *Idem*, p. 328: "pouvoir la remplir à nouveau du mystère qu'elle avait pour moi sur la plage avant de la connaître, retrouver en elle le pays où elle avait vécu auparavant" et revivre "tous les souvenirs de notre vie à Balbec, le bruit du flot déferlant sous ma fenêtre, les cris des enfants" (*CG*, p. 658).

A EDUCAÇÃO SENTIMENTAL EM PROUST

podemos fazer atravessar as coisas e os seres, durante o curso de nossa existência, não são muito numerosos, talvez possa considerar a minha como de certo modo realizada, quando, depois de ter feito sair de seu quadro remoto o florido rosto que escolhera entre todos, o tiver trazido para esse plano novo, em que afinal terei conhecimento dele pelos lábios[32].

A metáfora do círculo alude provavelmente à psicologia do espaço detalhada no último volume e citada no primeiro capítulo.

Portador do discurso de seu tempo, o narrador proustiano renova a concepção das relações entre os seres e, comparando-os aos planetas, define-os como círculos mais ou menos próximos que revolvem uns em torno dos outros. O objetivo do herói ao se aproximar de Albertina é chegar, fisicamente falando, a conseguir beijá-la, mas para isso tem de extraí-la de seu meio habitual e trazê-la para seu círculo e assim, diz ele, considerará realizada a sua existência.

Fazer sua vida ficar na dependência desse gênero de aproximação parece estranho, mas como essa ação não se realiza, podemos compará-la à fábula do *asno de ouro* de Apuleio evocada no início do volume. Albertina representaria Eros ou o desejo impossível que atrai o herói e que sem dúvida o leva pela ponta do nariz. Contudo, o herói parece querer dominar o processo ao procurar reviver as recordações relacionadas com Albertina que não são outras senão o caminho que o leva ao desejo.

Retomando o mesmo processo de criação que ela já utilizara para a madalena, o narrador explora dessa vez a metáfora da fotografia para indicar a extensão do beijo:

As últimas aplicações da fotografia – que deitam aos pés de uma catedral todas as casas que tantas vezes nos pareceram de perto quase tão altas

32. *Idem*, p. 328: "je dus me dire: 'Enfin, n'y ayant pas réussi à Balbec, je vais savoir le goût de la rose inconnue que sont les joues d'Albertine. Et puisque les cercles que nous pouvons faire traverser aux choses et aux êtres, pendant le cours de notre existence, ne sont pas bien nombreux, peut-être pourrai-je considérer la mienne comme en quelque manière accomplie quand, ayant fait sortir de son cadre lointain le visage fleuri que j'avais choisi entre tous, je l'aurai amené dans ce plan nouveau, où j'aurai enfin de lui la connaissance par les lèvres' " (*CG*, p. 659).

I I 8

como as torres, que fazem sucessivamente manobrar como um regimento, por filas, em ordem dispersa, em massas cerradas, os mesmos monumentos, que aproximam estreitamente as duas colunas da Piazzetta ainda há pouco tão distantes, que afastam a vizinha Salute e que, num fundo pálido e degradado, fazem caber um horizonte imenso debaixo do arco de uma ponte, no quadrado de uma janela, entre as folhas de uma árvore situada num primeiro plano e de tom mais vigoroso, que dão sucessivamente como moldura de uma mesma igreja as arcadas de todas as outras – não vejo senão isto que possa, tanto como o beijo, fazer surgir do que julgávamos uma coisa de aspecto definido, as cem outras coisas que ela igualmente é, visto que cada uma está em relação com uma perspectiva não menos legítima[33].

No beijo, coisa tão simples e tão definida para o homem comum, o poeta percebe mil coisas assim como aquelas contidas na xícara de chá. Mas, se na xícara essas coisas se amplificavam a partir do sabor, aqui, elas surgem conforme os momentos passados com Albertina.

Em suma, da mesma forma que em Balbec Albertina muitas vezes me parecera diferente, agora, como se ao acelerar prodigiosamente a rapidez das mudanças de perspectiva e das mudanças de coloração que nos oferece uma pessoa em nossos diversos encontros com ela, eu quisesse fazê-las caber todas em alguns segundos para recriar experimentalmente o fenômeno que diversifica a individualidade de um ser e tirar umas das outras, como de um estojo, todas as possibilidades que ele encerra, naquele curto trajeto de meus lábios para a sua face foram dez Albertinas que eu vi; como aquela úni-

---

33. *Idem*, p. 329: "Les dernières applications de la photographie qui couchent aux pieds d'une cathédrale toutes les maisons qui nous parurent si souvent de près, presque aussi hautes que les tours, font successivement manoeuvrer comme un régiment par files, en cadre dispersé, en masses serrées, les mêmes monuments, rapprochent l'une contre les deux colonnes de la Piazzetta tout à l'heure si distantes, éloigne la proche Salute et dans un fond pâle et dégradé réussissent à faire tenir un horizon immense sous l'arche d'un pont, dans l'embrasure d'une fenêtre, entre les feuilles d'un arbre situé au premier plan et d'un ton plus vigoureux donnent successivement pour cadre à une même église les arcades de toutes les autres – je ne vois que cela qui puisse autant que le baiser, faire surgir de ce que nous croyions une chose à aspect défini, les cent autres choses qu'elle est tout aussi bien, puisque chacune est relative à une perspective non moins légitime" (*CG*, p. 660).

A EDUCAÇÃO SENTIMENTAL EM PROUST

ca moça era uma deusa de várias cabeças, a que eu tinha visto por último, quando tentava aproximar-me dela, cedia lugar a outra mais[34].

Assistimos a uma verdadeira reconstrução da personagem, soma de todas as Albertinas encontradas que, sucedendo-se uma à outra, impedem o beijo final como se a figura entrevista ainda não fosse aquela em carne e osso que estava na sua frente. Tropeçamos de novo com o fenômeno da percepção. O herói vê multiplicarem-se os rostos de sua amante assim como as pessoas à beira da morte vêem desfilar toda a sua vida. A recordação obsta à ação. Não é mais ou menos isso que ocorre quando encontramos por acaso um amigo ou uma amiga, um parente afastado ou uma antiga amante e as mil lembranças que nos vêm à mente às vezes nos fazem esquecer o simples "como vai?"

O hábito, ao contrário, bem como a precipitação da vida cotidiana suprimem o charme das lembranças e a riqueza das pessoas com quem vivemos, ao passo que o tempo vivido plenamente, ou seja, em marcha lenta como o pião comentado no primeiro capítulo, favorece as relações pessoais porque conseguimos distinguir o cintilar de suas cores.

A primeira leitura dessa passagem poderia levar o leitor a crer que o herói não quer beijar sua amante e que ele deseja esse sofrimento masoquista. Uma leitura mais fina faz ver que esse semblante masoquista esconde outras verdades, libertadoras para o leitor, que se reúnem em torno do Tempo, a grande mitologia do narrador proustiano.

34. *Idem*, pp. 329-330: "Bref, de même qu'à Balbec, Albertine m'avait souvent paru différente, maintenant, comme si, en accélérant prodigieusement la rapidité des changements de perspective et des changements de coloration que nous offre une personne dans nos diverses rencontres avec elle, j'avais voulu les faire tenir toutes en quelques secondes pour recréer expérimentalement le phénomène qui diversifie l'individualité d'un être et tirer les unes des autres, comme d'un étui toutes les possibilités qu'il enferme dans ce court trajet de mes lèvres vers sa joue, c'est dix Albertines que je vis ; cette seule jeune fille étant comme une déesse à plusieurs têtes celle que j'avais vue en dernier, si je tentais de m'approcher d'elle, faisait place à une autre" (*CG*, p. 660).

7

A Boneca Interior

Depois que me deixou a jovem picarda que o imaginista de Saint-André-des Champs poderia ter esculpido em seu pórtico, Françoise me trouxe uma carta que me encheu de júbilo, pois era da Sra. de Stermaria, que aceitava o meu convite para jantar da Sra. de Stermaria; quer dizer, para mim, mais que da Sra. de Stermaria real, daquela em que eu havia pensado todo o dia, antes da chegada de Albertina. É esse o terrível engano do amor, que começa por fazer-nos brincar, não com uma mulher do mundo exterior, mas com uma boneca do interior de nosso cérebro, a única aliás que temos sempre à nossa disposição, a única que possuiremos e que a arbitrariedade da lembrança, quase tão absoluta como a da imaginação, pode fazer tão diferente da mulher real como da Balbec real fora para mim a Balbec sonhada; criação fictícia a que, pouco a pouco, para sofrimento nosso, forçaremos a mulher real a assemelhar-se[1].

---

1. Proust, *O Caminho de Guermantes,* p. 334: "Quand m'eut quitté la jeune Picarde, qu'aurait pu sculpter à son porche l'imagier de Saint-André-des Champs, Françoise m'apporta une lettre qui me remplit de joie, car elle était de Mme de Stermaria, laquelle acceptait à dîner pour mercredi. De Mme de Stermaria, c'est-à-dire, pour moi, plus que de la Mme de Stermaria réelle, de celle à qui j'avais pensé toute la journée avant l'arrivée d'Albertine. C'est la terrible tromperie de l'amour qu'il commence par nous faire jouer avec une femme du monde extérieur, mais avec une poupée intérieure à notre cerveau, la seule d'ailleurs que nous ayons toujours à notre disposition, la seule que nous posséderons, que l'arbitraire du souvenir, presque aussi absolu que celui de l'imagination, peut avoir faite aussi différente de la femme réelle que du Balbec réel avait été pour moi le Balbec rêvé; création factice à laquelle peu à peu, pour notre souffrance, nous forcerons la femme réelle à ressembler" (Proust, *Le côte de Guermantes,* pp. 665-666).

O narrador vê muito claramente a situação do herói dividido entre seu pensamento sobre a Sra. de Stermaria e aquela que encontrará. O amor adota nessa passagem as feições de Eros que comanda os homens por um mecanismo bastante engenhoso, muito semelhante ao fantasma freudiano. Pouco importam as mulheres ou os homens que encontraremos, já que os veremos através da boneca interior sempre disponível que, por um jogo de persuasão contínuo, nos forçará a fazer coincidir, não sem sofrimento, sua imagem e a mulher ou o homem real. Na busca dessa imagem idealizada do outro, a paixão, muitas vezes dolorosa, será vivida durante esse percurso zombando da realidade. Ao contrário do que afirmamos no primeiro capítulo, a identidade imaginária e real não devolve o herói à realidade ou não o ajuda a sublimá-la, mas dela se desvia em proveito da "criação fictícia", se seguirmos o narrador.

A forma da boneca interior decorre da lembrança real ou da imaginação, em outras palavras, de restos de fatos passados que muitas vezes situamos num paraíso que, perdido, perturba a exatidão da lembrança e faz dela uma imagem inventada muito próxima da imaginada.

Um mecanismo muito semelhante será inventado para a construção do personagem do barão de Charlus, que pouco a pouco se torna mulher sob o efeito de uma silhueta gravada em sua pupila[2] e chegará efetivamente ao *ipse*, correspondendo ao que era. Além da figura interna que é do mesmo gênero, podemos sublinhar a força desse mecanismo que domina o homem segundo o narrador.

Em todos os tempos, desde Sófocles pelo menos, passando por Racine, que retomava a doutrina jansenista da predestinação, até o

---

2. *Sodoma e Gomorra*, p. 16: "De plus je comprenais maintenant pourquoi tout à l'heure [...] j'avais pu trouver que M. de Charlus avait l'air d'une femme: c'en était une! Il appartenait à la race de ces êtres moins contradictoires qu'ils en ont l'air, dont l'idéal est viril, justement parce que leur tempérament est féminin, et qui sont dans la vie pareils, en apparence seulement, aux autres hommes; là où chacun porte, dans l'univers, une silhouette intaillée dans la facette de la prunelle, pour eux ce n'est pas celle d'une nymphe, mais d'un éphèbe" (*Sodome et Gomorrhe*, p. 16).

A BONECA INTERIOR

final do século XIX com *A Pele de Onagro* de Balzac e *O Horla* de Maupassant, o homem se via submetido a uma vontade implacável encarnada nos deuses ou num ser muito curioso originário do Brasil, mas exterior a ele mesmo. Já no romantismo alemão despontava uma visão diferente do homem quando Novalis escrevia que "destino e Alma são duas denominações de uma única e mesma noção"[3]. Nisso, o narrador proustiano segue o poeta mineralogista e opõe-se aos trágicos clássicos. Não muito distante de Freud nesse sentido, o narrador inventa mecanismos internos que governam o homem, filiando-se assim às grandes linhas do pensamento do fim do século XIX que desenhavam um homem submetido a uma força interior. Lacan trabalha no mesmo sentido quando inventa o objeto "a":

> Verdadeiro reerguimento de tudo o que cai, assiste-se a uma espécie de sublimação do objeto que, sob sua figura constituinte de dejeto, alcança assim o prestígio do poder. Poder do objeto. Ao que parece responder uma destituição correlativa do sujeito da posição de domínio para aquelas de produto – o sujeito é causado, quando o objeto causa, ele mesmo permanecendo *sine causa*[4].

Todavia, uma questão que Goethe levantara e resolvera para Wilhelm Meister ainda está por resolver para o herói: conseguirá superar e vencer seu destino? Goethe, novo Homero, invocava em *Os Anos de Viagem de Wilhelm Meister*, "a superação do destino na renúncia e na atividade"[5]. Que solução dará o narrador para esse dilema?

Albertina me retardara tanto que cheguei à casa da Sra. de Villeparisis logo depois de haver terminado a comédia; e, pouco desejoso de ir contra

---

3. Novalis, *Henri d'Ofterdingen. 1799-1801*, trad. Marcel Camus, Aubier, 1942, Flammarion, 1992, p. 229.
4. Gérard Wajcman, *Collection*, Caen, Nous, 1999, p. 65.
5. Johan Wolfgang von Goethe, *Les Années de pèlerinage de Wilhelm Meister*, trad. Jacques Porchat, Paris, du Carrousel, 1999, p. 8, e Michel Espagne, "La référence allemande dans la fondation d'une philologie française", sob a direção de Michel Espagne e Michael Werner, *Philologique* I, Paris, Ed. de la Maison des Sciences de l'Homme, 1990, p. 86.

A EDUCAÇÃO SENTIMENTAL EM PROUST

a onda de convidados que se escoava, a comentar a grande novidade, a separação que diziam já realizada entre o duque e a duquesa de Guermantes, eu, esperando o momento em que pudesse saudar a dona da casa, sentei-me numa poltrona vazia do segundo salão, quando do primeiro, onde sem dúvida estivera sentada na primeira fila, vi sair majestosa, ampla e alta, com um longo vestido de cetim amarelo a que estavam aplicadas em relevo enormes papoulas negras, a duquesa. Sua vista não me causou mais embaraço algum. Certo dia, impondo-me as mãos na fronte (como era seu costume quando tinha medo de penalizar-me) e dizendo-me: "Não continue com as tuas saídas para encontrar a Sra. de Guermantes, és a comédia da casa. Aliás, vê como a tua avó está doente; tens na verdade coisas muito mais sérias a fazer do que te postares no caminho de uma mulher que zomba de ti", de um só golpe, como o hipnotizador que nos faz voltar do longínquo país onde imaginávamos estar e que nos abre os olhos ou como o médico que, chamando-nos ao sentimento do dever e da realidade, nos cura de um mal imaginário em nos comprazíamos, minha mãe me despertara de um sonho demasiado longo. O dia que se seguira tinha sido consagrado a um último adeus àquele mal a que renunciava[6].

6. Proust, *O Caminho de Guermantes*, pp. 334-335: "Albertine m'avait tant retardé que la comédie venait de finir quand j'arrivai chez Mme de Villeparisis; et peu désireux de prendre à revers le flot des invités qui s'écoulait en commentant la grande nouvelle, la séparation qu'on disait déjà accomplie entre le duc et la duchesse de Guermantes, je m'étais, en attendant de pouvoir saluer la maîtresse de maison, assis sur une bergère vide dans le deuxième salon, quand du premier, où sans doute elle avait été assise tout à fait au premier rang des chaises, je vis déboucher, majestueuse, ample et haute dans une longue robe de satin jaune à laquelle étaient attachés en relief d'énormes pavots noirs, la duchesse. Sa vue ne me causait plus aucun trouble. Un certain jour, m'imposant les mains sur le front (comme c'était son habitude quand elle avait peur de me faire de la peine), en me disant: "Ne continue pas tes sorties pour rencontrer Mme de Guermantes, tu es la fable de la maison. D'ailleurs, vois comme ta grand-mère est souffrante, tu as vraiment des choses plus sérieuses que de te porter sur le chemin d'une femme qui se moque de toi", d'un seul coup, comme un hypnotiseur qui vous fait revenir du lointain pays où vous vous imaginiez être, et vous rouvre les yeux, ou comme le médecin qui, vous rappelant au sentiment du devoir et de la réalité, vous guérit d'un mal imaginaire dans lequel vous vous complaisiez, ma mère m'avait réveillé d'un trop long songe. La journée qui avait suivi avait été consacrée à dire un dernier adieu à ce mal auquel je renonçais" (CG, p. 666).

124

A BONECA INTERIOR

Este parágrafo traz uma solução para o problema do herói que não conseguia esquecer a duquesa. Solução, no entanto, que não vem da adequação da realidade a seu fantasma ou à sua boneca, como pensávamos ou ele sugere, mas da fala da mãe relatando o "diz-que-diz-que" que circula a seu respeito. Fala mágica e eficaz que age imediatamente sobre o herói curando-o desse mal imaginário e que provavelmente se deve à qualidade da transferência entre sua mãe e ele ou entre o mexerico social e ele. Fala portadora, portanto, do próprio discurso da mãe ou daquele que fala para quem quiser ouvir, ou seja, daquele que se endereça ao público que "faz função de terceiro"[7]. A mãe como porta-voz do rumor público retira o herói de seu sonho que podemos, sem hesitar, situar no passado.

Quem zomba do herói? A duquesa e a casa, sublinha a mãe, personagens conhecidos e desconhecidos que podemos reunir num "as pessoas" indefinido, sendo que esse "as pessoas" significa exatamente o público, os terceiros ou o rumor. De que as pessoas efetivamente zombam? Sem dúvida de um jovem que se apaixona por uma mulher mais velha, se não casada, mas também, conforme Sibony "da irrupção da dimensão inconsciente" desse agir; não se sabe muito bem o que isso significa, mas sabemos que deve ser "o desvelamento de um determinismo psíquico, implacável e inconsciente"[8].

O narrador constrói sua personagem como se conhecesse a descoberta freudiana, chama-a engenhosamente por um outro nome, a "boneca interior", e mais adiante, para o barão de Charlus, "a silhueta gravada na pupila". Essa metonímia do fantasma aplica-

---

7. "A fala pública dirige-se a ouvintes que fazem função de terceiro, [...] o orador não se endereça à segunda pessoa cúmplice ou inimiga, ele fala para quem quiser ouvir" (Eugénie Lemoine-Luccioni, *L'histoire à l'envers. Pour une politique de la psychanalyse*, Paris, Defrenne, 1993, p. 96).
8. "[...] é ficar sem fôlego e recuperar o fôlego, achar que se é um outro (que estaria morto, sem fôlego) e voltar a se encontrar em si mesmo – complacência; angústia de descobrir o Outro em nós mesmos" (Daniel Sibony, *Le peuple "psy"*, Paris, Balland, 1992, p. 295).

A EDUCAÇÃO SENTIMENTAL EM PROUST

se à Sra. de Stermaria, mas certamente também para todas as mulheres do herói, Albertina e a duquesa de Guermantes, entre outras.

A resposta quase imediata ao discurso da mãe não é muito aprofundada pelo narrador, que se contenta em ver nela o fim de um sonho ou o retorno de um país longínquo. Poderia ter ido um pouco mais longe, como faz em relação à madalena ou aos nomes, e compreender que esse agir imediato é na verdade uma fuga e uma recusa de dialogar com o Outro presente nele mesmo:

Mas não imaginara que a minha cura, dando-me relativamente à Sra. de Guermantes uma atitude normal, ao mesmo tempo realizaria a mesma obra no tocante a ela e tornaria possível uma amabilidade e um amizade que já não me importavam mais[9]. Até então, os esforços do mundo inteiro coligados para me aproximarem dela teriam todos expirado ante a má sorte que lança um amor infeliz. Fadas mais poderosas do que os homens decretaram que, em tais casos, nada poderá servir até o dia em que tenhamos dito sinceramente em nosso coração as palavras: 'Deixei de amar'. Ficara ressentido com Saint-Loup por não me haver levado à casa de sua tia. Mas, tanto como qualquer pessoa, ele era incapaz de quebrar um encantamento. Enquanto amava a Sra. de Guermantes, as mostras de gentileza que recebia de outrem, os cumprimentos, faziam-me sofrer, não só porque não provinham dela, como também porque não chegavam ao seu conhecimento. Mas ainda que viesse a sabê-los, de nada serviriam. Até nos pormenores de uma afeição, uma ausência, a recusa de um jantar, um rigor involuntário, inconsciente, servem mais que todos os cosméticos e os trajes mais belos. Haveria *parvenus* se se ensinasse nesse sentido a arte de *parvenir*[10].

9. Frase faltando na tradução de M. Quintana e retomada à tradução de Fernando Py, p. 313.
10. Proust, *O Caminho de Guermantes*, p. 337: "Mais je n'avais pas songé que ma guérison, en me donnant à l'égard de Mme de Guermantes une attitude normale, accomplirait parallèlement la même oeuvre en ce qui la concernait et rendrait possible une amabilité, une amitié qui ne m'importaient plus. Jusque-là les efforts du monde entier ligués pour me rapprocher d'elle eussent expiré devant le mauvais sort que jette un amour malheureux. Des fées plus puissantes que les hommes ont décrété que, dans ces cas-là, rien ne pourra servir jusqu'au jour où nous aurons dit sincèrement dans notre coeur la parole: 'Je n'aime plus'. J'en avais voulu à Saint-Loup de ne m'avoir pas mené chez sa tante. Mais pas plus que

I26

O narrador reflete no entanto sobre a situação do herói e evoca a força das fadas que teriam decretado, assim como os deuses em outros tempos ou no teatro de Racine, a inutilidade de seus esforços dirigidos à tia e ao sobrinho da duquesa até que ele confesse para si mesmo seu não amor. Portanto, o herói deve conjugar a influência das fadas com seu agir, unindo assim a tradição clássica e a tradição romântica alemã.

Amava-a de fato?, poderá se perguntar o leitor, ou amava a imagem conceitual que dela fazia, muito distante da identidade espaço-temporal? No entanto, não satisfeito com seu recurso às fadas, o narrador sugere uma tática eficaz na conquista de um amor que apenas dependeria de seu herói, esquecendo portanto o poder mágico das fadas, tática esta que enfatiza não os trajes e o penteado, mas a criação de uma falta: não ir a um encontro, recusar um jantar ou ser frio, que, sem dúvida, faria com que o outro quisesse preenchê-la.

E é o que acontece, mas em outras circunstâncias:

No momento em que a Sra. de Guermantes, cheio o pensamento da lembrança dos amigos que eu não conhecia e que ia talvez encontrar dali a pouco em outra reunião, atravessava o salão onde me achava sentado, eis que me avistou na minha *bergère* como um verdadeiro indiferente que só procurava mostrar-se amável, quando tanto e tão inutilmente havia tentado, enquanto amava, assumir um ar de indiferença: ela obliquou, veio a mim e, reencontrando o sorriso daquela tarde da Ópera Cômica e ao qual já não apagava o penoso sentimento de ser amada por alguém a quem não amava:

n'importe qui, il n'était capable de briser un enchantement. Tant que j'aimais Mme de Guermantes, les marques de gentillesse que je recevais des autres, les compliments, me faisaient de la peine, non seulement parce que cela ne venait pas d'elle, mais parce qu'elle ne les apprenait pas. Or, les eût-elle sus que cela n'eût été d'aucune utilité. Même dans les détails d'une affection, une absence, le refus d'un dîner, une rigueur involontaire, inconsciente, servent plus que tous les cosmétiques et les plus beaux habits. Il y aurait des parvenus, si on enseignait dans ce sens l'art de parvenir" (*CG,* p. 668).

A EDUCAÇÃO SENTIMENTAL EM PROUST

– Não, não se incomode, permite que me sente um instante a seu lado? – disse ela, recolhendo graciosamente a sua saia imensa que, a não ser assim, teria ocupado toda a *bergère*[11].

O herói, adotando a atitude da personagem de uma das primeiras novelas de Proust, se faz de indiferente[12] e sem o querer tem sucesso quando a duquesa parece entrar no jogo. O fato coloca a questão da identidade do narrador que articula este parágrafo ao precedente, talvez sem ter essa intenção, mas pelo menos com grande arte de um ponto de vista psicanalítico.

Mais alta do que eu e aumentada, ainda, por todo o volume do seu vestido, era eu quase roçado pelo seu admirável braço nu, em torno do qual uma penugem imperceptível e inumerável fazia fumar perpetuamente como que um vapor dourado, e pelas franjas louras de seus cabelos que me enviavam o seu aroma. Como não dispunha quase de lugar, não podia voltar-se com facilidade para mim e, obrigada a olhar mais para a frente do que para o meu lado, tomava uma expressão sonhadora e doce, como num retrato[13].

11. *Idem*, p. 337: "Au moment où elle traversait le salon où j'étais assis, la pensée pleine du souvenir des amis que je ne connaissais pas et qu'elle allait peut-être retrouver tout à l'heure dans une autre soirée, Mme de Guermantes m'aperçut sur ma bergère, véritable indifférent qui ne cherchais qu'à être aimable, alors que, tandis que j'aimais, j'avais tant essayé de prendre, sans y réussir, l'air d'indifférence; elle obliqua, vint à moi et retrouvant le sourire du soir de l'opéra et que le sentiment pénible d'être aimée par quelqu'un qu'elle n'aimait pas, n'effaçait plus: 'Non, ne vous dérangez pas, vous permettez que je m'asseye un instant à côté de vous?' me dit-elle en relevant gracieusement son immense jupe qui sans cela eût occupé la bergère dans son entier" (*CG*, p. 669).
12. Por não estar apaixonado, Lepré fica insensível à beleza de Madalena de Gouvres, *L'indifférent*, Paris, Gallimard, 1978 (1896).
13. *Idem*, pp. 337-338: "Plus grande que moi et accrue encore de tout le volume de sa robe, j'étais presque effleuré par son admirable bras nu autour duquel un duvet imperceptible et innombrable faisait fumer perpétuellement comme une vapeur dorée, et par la torsade blonde de ses cheveux qui m'envoyaient leur odeur. N'ayant guère de place, elle ne pouvait se tourner facilement vers moi et, obligée de regarder plutôt devant elle que de mon côté, prenait une expression rêveuse et douce, comme dans un portrait" (*CG*, p. 669).

Olhar maravilhado, toque, sensualidade, "aroma" e "expressão sonhadora", essas palavras não descreveriam o ponto de vista de um apaixonado? Não terá o narrador realizado aqui o sonho de seu herói, mas por outros meios, nos quais este não podia pensar à primeira vista? A duquesa e ele estão lado a lado, obrigados a se espremer na estreita *bergère*, levando os convidados a pensar, ao menos é o que ele crê, que ele é o novo amante da duquesa, posição ocupada pela Sra. de Villeparisis em seu papel de alcoviteira, que se superpõe ao narrador como se fosse ela o porta-voz nesse fragmento.

A indiferença tem efeitos profundos e suscita um convite imprevisto:

> Dois minutos antes, eu teria ficado estupefato se me dissessem que a Sra. de Guermantes iria pedir-me que a visitasse, e mais ainda, que fosse jantar com ela. Por mais que soubesse que o salão da Sra. de Guermantes não podia apresentar as particularidades que eu extraíra desse nome, o fato de que me havia sido proibida a sua entrada, obrigando-me a dar-lhe o mesmo gênero de existência que aos salões de que lemos a descrição num romance ou cuja imagem vimos, num sonho, fazia, mesmo quando estava certo de que era igual a todos os outros, com que o imaginasse muito diferente; entre mim e ele havia a barreira onde acaba o real. Jantar em casa dos Guermantes era como empreender uma viagem por muito tempo desejada, fazer passar um desejo de minha cabeça pela frente de meus olhos e travar conhecimento com um sonho[14].

Considerando-se que cinco páginas antes o herói passara do sonho ao real sob o efeito do mexerico relatado pela mãe, o convite

---

14. *Idem*, p. 339: "Deux minutes auparavant j'eusse été stupéfait si on m'avait dit que Mme de Guermantes allait me demander d'aller la voir, encore plus de venir dîner. J'avais beau savoir que le salon Guermantes ne pouvait pas présenter les particularités que j'avais extraites de ce nom, le fait qu'il m'avait été interdit d'y pénétrer, en m'obligeant à lui donner le même genre d'existence qu'aux salons dont nous avons lu la description dans un roman ou vu l'image dans un rêve me le faisait, même quand j'étais certain qu'il était pareil à tous les autres, imaginer tout à fait différent; entre moi et lui il y avait la barrière où finit le réel. Dîner chez les Guermantes, c'était comme entreprendre un voyage longtemps désiré, faire passer un désir de ma tête devant mes yeux et lier connaissance avec un songe" (*CG*, pp. 670-671).

da duquesa permite agora que ele ao mesmo tempo recupere um desejo ainda presente em seu espírito e o veja realizado. Ao adentrar o salão da duquesa, o herói apressa-se em verificar o imaginário vinculado ao nome Guermantes. É como se, voltando atrás em suas revoluções em torno da duquesa, quando ainda reconhecia amá-la, cruzasse uma fronteira, bifurcasse e saltasse para um outro registro, o da realidade. Pelo fato de a amada responder, o herói adota uma trajetória totalmente diferente. A duquesa não diz que o ama, longe disso, mas o herói parece interpretar o convite como um começo de reciprocidade em relação a seus sentimentos. Pode o herói ainda dizer que não a ama mais? Seu desejo, como a boneca interior, fora imobilizado momentaneamente sob o efeito do discurso da mãe, mas um sinal da duquesa parece reavivá-lo.

A psicologia no espaço pode portanto ser comprovada tanto no imaginário como na realidade. Se o herói fazia sozinho sua revolução em torno da duquesa até esse convite surpreendente, doravante a própria duquesa inicia sua revolução em torno do herói. A início da revolução do outro marcará a saída do imaginário e a travessia da "barreira do real". Há alguma relação entre as duas revoluções? Por enquanto não temos resposta para essa pergunta.

Um pouco mais adiante na narrativa, a duquesa esclarece o convite: "'Venha, não haverá *absolutamente* mais ninguém, a não sermos nós' [...] 'eu não o convidaria [...] se não fosse para encontrar pessoas agradáveis'"[15], o que fornece ao narrador a ocasião para dizer a seu leitor o que ele pensa do conceito de família na sociedade.

Desertada nos meios mundanos intermediários, que vivem entregues a um perpétuo movimento de ascensão, a família desempenha pelo contrário um importante papel nos meios imóveis como a pequena burguesia e

---

15. *Idem*, p. 339: "'Venez, il n'y aura *absolument* que nous [...] en petit comité [...] je ne vous inviterais pas si ce n'était pas pour rencontrer des gens agréables'" (*CG*, p. 671).

A BONECA INTERIOR

como a aristocracia principesca, que não pode procurar elevar-se porque, acima dela, sob o seu ponto de vista especial, não existe nada[16].

O narrador adota nesta passagem um tom sociológico, digamos, que já usara quando procurava uma loja para Jupien:

O que me causava pena era ver como quase todas as casas eram habitadas por gente infeliz. Aqui, uma mulher chorava incessantemente porque o marido a enganava. Ali, era o inverso. Mais além, uma mãe trabalhadora, espancada por um filho bêbado, tratava de ocultar seu sofrimento aos olhos dos vizinhos. Toda uma metade da humanidade chorava[17].

Ao mesmo tempo em que a família se desfaz na camada popular que vive nas redondezas do hotel dos Guermantes em razão de traições, álcool ou pobreza, ela se manteria unida na aristocracia e na pequena burguesia. Não é esta a visão balzaquiana que, menos nuançada que a de nosso narrador, considerava que todas as classes queriam ter acesso à classe superior? Balzac, no entanto, avaliava a sociedade a partir de sua rapacidade de glória, dinheiro e prazer[18], ao passo que o narrador proustiano acha que a família se desenvolve ou não em função da possibilidade de ascensão. Que a aristocracia esteja bloqueada é algo fácil de compreender, mas no tocante à pequena burguesia é algo menos entendível salvo se Proust estiver se referindo à chamada sociedade da Belle Époque[19]

16. *Idem,* "Désertée dans les milieux mondains intermédiares qui sont livrés à un mouvement perpétuel d'ascension, la famille joue au contraire un rôle important dans les milieux immobiles comme la petite bourgeoisie et comme l'aristocratie princière qui ne peut chercher à s'élever puisque, au dessus d'elle, à son point de vue spécial, il n'y a rien" (*CG,* p. 671).
17. *Idem,* pp. 335-336: "Ce qui me faisait de la peine, c'était d'apprendre que presque toutes les maisons étaient habitées par des gens malheureux. Ici la femme pleurait sans cesse parce que, son mari la trompait. Là c'était l'inverse. Ailleurs une mère travailleuse, rouée de coups par un fils ivrogne, tâchait de cacher sa souffrance aux yeux des voisins. Toute une moitié de l'humanité pleurait" (*CG,* p. 667).
18. Balzac, *La fille aux yeux d'or, 1835-1836,* Paris, Gallimard, 1958 (Poche), p. 165.
19. "O encanto da Belle Époque, decerto não é no falso brilho da vida parisiense que se deve buscá-lo. Mas antes na prosperidade econômica

que se distinguia da de 1830, contemporânea de Balzac, por sua estabilidade.

Por outro lado, o narrador acaba de anunciar a seu leitor a separação da duquesa de seu marido e portanto o desmembramento de sua família, o que parece contraditório a não ser que seja apenas outro mexerico que urde a bela sociedade, a faz viver e do qual o leitor é convidado a participar.

A duquesa tinha desses parentes um conhecimento familiar, cotidiano, vulgar, muito diferente do que imaginamos e em que, se nos achamos compreendidos, longe de que os nossos atos sejam expelidos como o grão de poeira do olho ou a gota d'água da traquéia, podem ficar gravados, ser comentados, referidos ainda anos depois de nós próprios os termos esquecidos, no palácio onde ficamos assombrados de os encontrar como uma carta nossa numa preciosa coleção de autógrafos[20].

O herói não faz parte da aristocracia principesca, mas esse convite muito especial significará que ele se integrará a ela, embora de uma maneira toda particular. Às estruturas elementares do parentesco – a aliança, a filiação ou a consangüinidade –, que constituem a família segundo Lévi-Strauss[21] e às quais o herói jamais pertencerá, o narrador acrescenta outro elemento: as anedotas que circulam no meio dos Guermantes. Veiculando personagens como o herói, essas narrativas serão incluídas na grande história familiar

que melhorou a sorte de todos, de modo desigual, é certo, mas o suficiente para que a miséria passasse a ser algo excepcional" (Georges Dupeux. *La société française 1789-1960*; Paris, Armand Colin, 1964, p. 201).

20. Proust, *op. cit.*, p. 340: "Elle avait de ces parents-là une connaissance familiale, quotidienne, vulgaire, fort différente de ce que nous imaginons, et dans laquelle, si nous nous y trouvons compris, loin que nos actions en soient expulsées comme le grain de poussière de l'oeil ou la goutte d'eau de la trachée-artère, elles peuvent rester gravées, être commentées, racontées encore des années après que nous les avons oubliées nous-mêmes, dans le palais où nous sommes étonnés de les retrouver comme une lettre de nous dans une précieuse collection d'autographes" (*CG*, p. 671).

21. Claude Lévi-Strauss, *Anthropologie structurale*, Paris, Plon, 1958, pp. 56-57.

apesar de seu teor banal, e são comparadas a simples cartas no meio de uma coleção de preciosos documentos. Em outras palavras, uma estrutura narrativa integrará o herói à família dos Guermantes.

Mais tarde, o narrador comprovará essa integração quando, como os antigos e seus lugares de memória, lembrará das ações executadas no mesmo hotel dos Guermantes, mas, por meio dessa prolepse, acentua seu papel de senhor do destino do jovem herói. Mas de que ações se tratam? Não são apenas anedotas em que o herói intervém e que as pessoas contam umas às outras? O narrador não constrói seu herói inspirando-se nas *Mémoires* do duque de Saint-Simon ou na correspondência da marquesa de Saint-Sévigné? Temos um exemplo nas páginas seguintes a propósito do barão de Charlus que afirmava não conhecer o herói.

A Sra. de Guermantes, que se dispunha a sair para uma última reunião, acabava de dizer-me, quase como uma justificativa, e por medo que eu não soubesse bem quem era ela, já que parecia tão espantado de receber um convite seu: "Bem sabe que eu sou a tia de Roberto de Saint-Loup, que o estima muito, e aliás já nos encontramos aqui". Respondendo que o sabia, acrescentei que também conhecia ao Sr. de Charlus, o qual "tinha sido muito bondoso comigo em Balbec e em Paris". A Sra. de Guermantes teve um ar de espanto, e seus olhares pareceram reportar-se, como para uma verificação, a uma página já antiga do livro interior. "Como! O senhor conhece Palamedes?" [...] – "Que misterioso esse Mémé!" – exclamou a duquesa. "– Nós lhe falamos longamente do senhor e ele nos disse que estimaria muito conhecê-lo, exatamente como se nunca o tivesse visto. Confesse que ele é engraçado! e às vezes – o que não é muito gentil da minha parte dizer de um cunhado a quem adoro e de quem admiro o raro valor – meio louco"[22].

---

22. *Idem*, pp. 341-343: "Mme de Guermantes, qui se disposait à partir pour une demière soirée, venait de me dire, presque comme une justification, et par peur que je ne susse pas bien qui elle était, pour avoir l'air si étonné d'être invité chez elle: 'Vous savez que je suis la tante de Robert de Saint-Loup qui vous aime beaucoup, et du reste nous nous sommes déjà vus ici'. En répondant que je le savais, j'ajoutai que, je connaissais aussi M. de Charlus, lequel 'avait été très bon pour moi à Balbec et à Paris'. Mme de Guermantes parut étonnée et ses regards semblèrent se reporter, comme pour une vérification, à une page déjà plus ancienne du livre intérieur.

A família já falava do herói sem o conhecer, mas curiosamente, o barão nega tê-lo encontrado. Esse dito pelo não dito do barão é um dos primeiros traços de caráter que pouco a pouco vão desenhá-lo e fazê-lo responder à sua boneca interior ou à silhueta gravada na pupila. Se a duquesa, com bastante gentileza, trata-o de meio louco, o herói, refletindo sobre o fato, chama-o demente[23] e lembra-se de que quando, a pedido seu, quisera lhe apresentar seu amigo Bloch, Charlus respondera "numa voz irritada e ofensiva"[24]. Contudo, prevenindo seus leitores, o narrador comenta desde já que essa atitude "constitui em si uma dessas curiosas contradições cuja explicação encontraremos em *Sodoma I*"[25], modo de dizer que o mecanismo interno funciona para ambas as opções sexuais.

'Comment! vous connaissez Palamède? [...] 'Quel cachottier que ce Mémé, s'écria-t-elle. Nous lui avons parlé longtemps de vous, il nous a dit qu'il serait très heureux de faire votre connaissance, absolument comme s'il ne vous avait jamais vu. Avouez qu'il est drôle ! et, ce qui n'est pas très gentil de ma part à dire d'un beau-frère que j'adore et dont j'admire la rare valeur, par moments un peu fou?' " (*CG*, pp. 673-674).

23. *Idem*, p. 343.

24. *Idem*, p. 345: "d'une voix irritée et blessante" (*CG*, p. 677).

25. *Idem*, "c'est ce qui constitue en soi une de ces curieuses contradictions dont on va trouver l'explication à la fin de ce volume (*Sodome* I)" (*CG*, p. 677).

8

A Espera da Sra. de Stermaria

Três mulheres de sua geração são desejadas pelo herói: Albertina, a Sra. de Stermaria e Gilberta. A segunda já fora anunciada antes do aparecimento de Albertina comentado no capítulo seis. É a ocasião para o narrador-herói discorrer sobre a espera.

Os dias que precederam à minha ceia com a Sra. de Stermaria foram para mim não deliciosos mas insuportáveis. É que em geral, quanto mais curto é o tempo que nos separa do que temos em vista, mais longo nos parece, porque lhe aplicamos medidas mais breves, ou simplesmente porque pensamos em medi-lo. O papado, dizem, conta por séculos, e talvez nem sequer pense em contar, porque seu objetivo está no infinito. Eu, como o meu objetivo estivesse apenas à distância de três dias, contava por segundos, entregava-me a essas fantasias que são começos de carícias, carícias que nos enraivece não poder fazer com que as termine a própria mulher (precisamente essas carícias, com exclusão de quaisquer outras)[1].

---

1. *O Caminho de Guermantes*, pp. 345-346: "Les jours qui précédèrent mon dîner avec Mme de Stermaria me furent, non pas délicieux, mais insupportables. C'est qu'en général, plus le temps qui nous sépare de ce que nous nous proposons est court, plus il nous semhle long, parce nous lui appliquons des mesures plus brèves ou simplement parce que nous songeons à le mesurer. La papauté, dit-on, compte par siècles, et peut-être même ne songe pas à compter, parce que son but est à l'infini. Le mien étant seulement à la distance de trois jours, je comptais par secondes, je me livrais à ces imaginations qui sont des commen-cements de caresses, de caresses qu'on enrage de ne pouvoir faire achever par la femme elle-même (ces caresses-là précisément, à l'exclusion de toutes autres)" (*CG*, p. 678).

Certo de obter o que deseja, o herói não fica menos ansioso que se nada soubesse da visita[2].

Esperar é excitante, pouco importando se o objetivo será atingido ou não, mas a confiança na realização da coisa desejada amplia a duração infinitamente, como se o tempo se multiplicasse em segundos intermináveis. Na verdade, são as mil "representações antecipadas" do prazer que têm lugar no tempo assim dilatado. Não se trata do tempo cronológico, mas mais uma vez do tempo galáctico, como o denominei[3], embora dessa vez o prazer imaginário esteja no centro das revoluções ou dos "cortes miúdos" do tempo do herói e seja repetido infinitamente.

Mas por que essa comparação com a angústia? Se esse estado "é o confronto do sujeito com a ausência de objeto onde ele é apanhado, onde se perde, e a que tudo é preferível"[4], o narrador supõe que o angustiado também multiplica ou retarda o tempo para não constatar a ausência de objeto. A lentificação ou a multiplicação do tempo caracterizam a espera daquele que, sem poder controlá-lo, ou cria obstáculo, no caso do angustiado, ou vive imaginariamente seu prazer antes de sua chegada, mas ambos agem sobre o tempo, o que é digno de nota, e de certa maneira o dominam sendo simultaneamente invadidos pela substituição do vazio ou pelo prazer. Em outras palavras, seu desejo escreve-se nesse tempo galáctico que evita o tempo cronológico. O *Caderno 48*, mais explícito, embora trabalhe com outro nome, Srta. de Quimperlé que se

---

2. *Idem*, p. 346: "Et en somme, s'il est vrai qu'en général la difficulté d'atteindre l'objet d'un désir l'accroit (la difficulté, non l'impossibilité, car cette dernière le supprime), pourtant pour un désir tout physique, la certitude qu'il sera réalisé à un moment prochain et déterminé n'est guère moins excitante ("exhaltante" na edição Flammarion) que l'incertitude; presque autant que le doute anxieux, l'absence de doute, rend intolérable l'attente du plaisir infaillible parce qu'elle fait de cette attente un accomplissement innombrable et, par la fréquence des représentations anticipées, divise le temps en tranches aussi menues que ferait l'angoisse." (*CG*, p. 678).

3. Willemart, *Proust, Poeta e Psicanalista*, p. 192.

4. Lacan, *A Relação de Objeto*, p. 353.

tornará Sra. de Silaria (Caderno 46) e em seguida Sra. de Stermaria, agrega outro dado:

[...] minha imaginação representava meu prazer tão perto de mim e exigia a todo momento seu gozo tão imediato, e a cada vez recusado, que as horas daquele dia me pareceram não como aquelas que precedem a realização de uma esperança longamente (palavra ilegível) [mas] cada um separadamente como culminando na ruína dessa esperança"[5].

O herói vê a todo momento seu prazer prestes a se realizar, mas o reiterado fracasso o lança de ruína em ruína e acentua seu desespero e a angústia.

O que eu necessitava era possuir a Sra. de Stermaria, porque desde vários dias, com uma atividade incessante, meus desejos haviam preparado em minha imaginação esse prazer, e só esse; outro (o prazer com outra) não teria cabimento, já que o prazer não é mais do que a realização de uma apetência prévia e que não é sempre a mesma, que muda segundo as mil combinações da ilusão, os azares da memória, os estados d'alma, a ordem de disponibilidade dos desejos, dentre os quais os últimos atendidos descansam até que haja sido esquecida um tanto a decepção de seu cumprimento; eu não estaria em disposição, teria deixado assim a estrada real dos desejos gerais e tomado por um atalho de um desejo particular; seria preciso, para desejar um outro encontro, voltar de muito longe a fim de alcançar de novo a estrada real e seguir outro atalho[6].

---

5. Proust, "Esquisse XXVII", *Cahier 48* (*CG*, p. 1215).
6. *Idem*, p. 346: "Ce qu'il me fallait, c'était posséder Mme de Stermaria: depuis plusieurs jours, avec une activité incessante, mes désirs avaient préparé ce plaisir-là dans mon imagination et ce plaisir seul; un autre (le plaisir avec une autre) n'eût pas été prêt, le plaisir n'étant que la réalisation d'une envie préalable et qui n'est pas toujours la même, qui change selon les mille combinaisons de la rêverie, les hasards du souvenir, l'état du tempérament, l'ordre de disponibilité des désirs dont les derniers exaucés se reposent jusqu'à ce qu'ait été un peu oubliée la déception de l'accomplissement; j'avais déjà quitté la grande route des désirs généraux et m'étais engagé dans le sentier d'un plus particulier; il aurait fallu, pour souhaiter un autre rendez-vous revenir de trop loin pour rejoindre la grande route et prendre un autre sentier" (*CG*, p. 678).

A apetência que se segue à espera e prepara o prazer decorre de quatro fatores: "a ilusão, os azares da memória, os estados d'alma, a ordem de disponibilidade dos desejos" ou, em outras palavras, a apetência depende de todos os escalões do tempo: o futuro, o passado, o presente e o passado recente. Bem diferente da *invidia* que é instantânea, a apetência proustiana se prepara e se aproxima mais da expressão "ter vontade de" que da inveja do menino observando o irmão ao seio da mãe, símbolo da completude da qual tem de ficar excluído[7].

O narrador tem uma concepção bastante surpreendente do desejo. Representando uma topografia do desejo com uma grande estrada com atalhos, distingue dois tipos de desejo: os desejos gerais, que poderiam equivaler ao desejo do objeto perdido de Freud, e o desejo particular, que se refere a uma pessoa determinada. A diferenciação elimina a substituição fácil dos seres desejados, como a da Sra. de Stermaria por Albertina por exemplo. A realização dos desejos, numerosos e personificados, redunda no entanto na decepção como se seu interesse estivesse na tensão e não na realização, em seu despertar e não em seu resultado, o que ressalta a importância da relação entre o desejante e o desejado e o pouco valor dos atantes.

Possuir a Sra. de Stermaria na ilha do Bois de Boulogne, onda a tinha convidado para cear, era o prazer que eu imaginava a cada minuto. Esse prazer naturalmente se destruiria se eu houvesse ceado na ilha sem a Sra. de Stermaria; mas talvez diminuiria bastante se eu ceasse, embora, com ela, noutro local. Por outro lado, as atitudes com que nos figuramos um prazer são prévias à mulher, ao gênero de mulher que para ele convém. São essas atitudes que o governam, e por isso fazem que voltem, alternativamente, a nosso caprichoso pensamento, tal mulher, tal sítio, tal quarto

---

7.   "A inveja é provocada pela possessão de bens que não seriam, para aquele que inveja, de nenhum uso [...], ela faz empalidecer o sujeito diante do quê? – diante da imagem de uma completude que se refecha, e do fato de o *a* minúsculo, o *a* separado ao qual ele se suspende, poder ser para um outro a possessão com que este se satisfaz, a *Befriedigung*" (Lacan, *Os Quatro Conceitos Fundamentais da Psicanálise*, p. 112).

que em outras semanas teríamos desdenhado. Filhas do costume, certas mulheres não vão bem sem o vasto leito no qual se encontra a paz a seu lado, e outras, para serem acariciadas com uma intenção mais secreta, requerem as folhas ao vento, as águas noturnas, são leves e fugidias como umas e outras[8].

A atitude do desejante ou "nosso caprichoso pensamento" parece ser o organizador do prazer de possuir que determina a combinatória de quatro fatores: o gênero de mulher, o local, o momento do encontro e a sensação buscada. O narrador é muito explícito quanto ao egoísmo do desejo ou quanto ao narcisismo a que tudo está submetido. Mas por que o chama "pensamento"? Pode-se confundir pensamento e desejo?

Geralmente a palavra "pensamento" evoca reflexão, razão, conceito ou argumento, mas o narrador, anticartesiano, não a entende dessa maneira e quer sem dúvida dizer que o pensamento é governado em primeiro lugar pelo desejo, o que o aproxima consideravelmente da teoria psicanalítica. Lacan, bastante categórico, dissera que "é pela realidade sexual que o significante entrou no mundo – o que quer dizer que o homem aprendeu a pensar"[9] ou a diferenciar os elementos, acrescentaria eu. Um pouco mais adiante, o mesmo autor nos ajuda a compreender a situação do herói:

8. *Idem*, p. 346: "Posséder Mme Stermaria dans l'île du bois de Boulogne où je l'avais invitée à dîner, tel était le plaisir que j'imaginais à toute minute. Il eût été naturellement détruit, si j'avais dîné dans cette île sans Mme de Stermaria; mais peut-être aussi fort diminué, en dînant, même avec elle, ailleurs. Du reste, les attitudes selon lesquelles on se figure un plaisir, sont préalables à la femme, au genre.de femmes qui convient pour cela. Elles le commandent, et aussi le lieu et à cause de cela font revenir alternativement, dans notre capricieuse pensée, telle femme, tel site, telle chambre qu'en d'autres semaines nous eussions dédaignés. Filles de l'attitude, telles femmes ne vont pas sans le grand lit où on trouve la paix à leur côté, et d'autres, pour être caressées avec une intention plus secrète, veulent les feuilles au vent, les eaux dans la nuit, sont légères et fuyantes autant qu'elles" (*CG*, pp. 678-679).
9. Lacan, *Idem*, pp. 144-188: "a pulsão é precisamente essa montagem pela qual a sexualidade participa da vida psíquica de uma maneira que se deve conformar com a estrutura de hiância que é a do inconsciente" (*CG*, p. 167).

A EDUCAÇÃO SENTIMENTAL EM PROUST

[...] no nível do amor, há reciprocidade entre o amar e o ser amado, e que, no outro campo, trata-se de uma pura atividade do sujeito pela pulsão (o gozo de chupar, ejetar, ver, entender e o de se fazer chupar, ejetar, de ser visto e de ser ouvido).

Pode-se dizer que o herói está construído como alguém que vive exclusivamente no campo pulsional? Sem ter conseguido fazer coincidir o objeto do desejo e o objeto de amor, não poderia viver a reciprocidade do amor?[10] A continuação do texto sem dúvida o dirá, mas o autor explora essa etapa ao máximo mostrando-nos assim a um só tempo o personagem de papel que é Marcel e a complexidade do campo pulsional, com a possibilidade de fazer seu herói "amar" mais tarde.

Mas, no mínimo, e sem o saber, ia ao encontro de Spinoza que "quando dita em 1663 os *Princípios da Filosofia* de Descartes a um de seus discípulos, (afirma) a reabilitação do corpo [...](e) refuta a convicção estóica e cartesiana segundo a qual o espírito pode dominar diretamente nossos sentimentos"[11].

O herói também deseja encontrar sua amiga no contexto da ilha do Bois e não em outro:

Sentindo-se em vésperas, ou talvez no dia seguinte da partida do ente querido, a gente segue, à borda da água trêmula, essas belas avenidas em que já uma primeira folha vermelha floresce como uma última rosa, escruta o horizonte em que, graças a esse artifício inverso ao desses panoramas sob cuja cúpula as figuras de cera do primeiro plano comunicam à tela pintada do fundo a ilusória aparência da profundidade e do volume, nossos olhos, ao passar sem transição do parque cultivado para as alturas naturais de Meudon e do monte Valérien, não sabem onde colocar uma fronteira e põem a verdadeira campina na obra de jardinagem, cujo encanto artificial projetam muito além dela"[12].

10. "Toda questão é de saber como esse objeto de amor pode vir a preencher um papel análogo ao objeto do desejo – sobre que equívocos repousa a possibilidade para o objeto de se tornar objeto de desejo" (*Idem,* p. 176).
11. Lorand Gaspard, "Tenter d'y voir clair", *Genesis*, Paris, éd. Jean-Michel Place, 1995, 8, p. 140.
12. Proust, *op. cit.*, p. 347: "Se sentant à la veille, peut-être au lendemain du départ de l'être aimé, on suit au bord de l'eau frémissante ces belles allées

O que o narrador escrevera em outras palavras no mesmo *Caderno 48*:

Mas por um efeito inverso do dos panoramas em que o cenário de fundo empresta às personagens de primeiro plano sua realidade, os parques criados pelo homem impõem ao próprio horizonte que os enquadra um caráter artificial"[13].

Esse "encanto artificial" denotativo da incorporação da paisagem natural humaniza, por assim dizer, todo o contexto do encontro por meio de um efeito já explorado por Elstir, acrescentado sem que a origem seja mencionada na versão publicada.

Esse "não sabem onde colocar uma fronteira" marca um dos invariantes estruturais de *Em Busca do Tempo Perdido* que se repete sob diversas formas. Para o pintor, será suprimir as distinções entre o mar, o céu e a terra; para o contexto da ilha do Bois, será confundir a linha entre o verdadeiro e o ilusório, entre a natureza, o artificial e a arte; para a vida sexual, será criar o personagem Roberto de Saint-Loup simultaneamente homo e heterossexual; para a raça dita "maldita", será inventar o personagem Bloch que se chamará Jacques de la Rozière em *Tempo Redescoberto*, para as camadas sociais, será unir Odette de Crécy e o duque de Guermantes ou a Sra. Verdurin e o príncipe de Guermantes etc.

Em suma, a não distinção sob todas as suas formas será sem dúvida a conseqüência da Grande Guerra que revolucionará as categorias aceitas, mas certamente também a proposição ficcional de um outro mundo em que a essência dos seres não será mais

---

où déjà une première feuille rouge fleurit comme une dernière rose, on scrute cet horizon où, par un artifice inverse à celui de ces panoramas sous la rotonde desquels les personnages en cire du premier plan donnent à la toile peinte du fond l'apparence illusoire de la profondeur et du volume, nos yeux passant sans transition du parc cultivé aux hauteurs naturelles de Meudon et du mont Valérien ne savent pas où mettre une frontière, et font entrer la vraie campagne dans l'oeuvre du jardinage dont ils projettent bien au-delà d'elle-même l'agrément artificiel" (*CG*, p. 679).
13. "Esquisse XXVII", *Cahier 48* (*CG*, p. 1213).

A EDUCAÇÃO SENTIMENTAL EM PROUST

definida pelo nome, pelo comportamento, pela aparência ou pela percepção habitual.

Resta ver o que isso significa para a promessa de encontro entre o herói e a Sra. de Stermaria, por que esse adendo da supressão das fronteiras depois da incorporação da campina circundante ao "parque criado pelo homem"?

Distinguindo dois tipos de mulheres, aquelas que "não vão bem sem o vasto leito", e outras que "requerem as folhas ao vento, as águas noturnas [...] leves e fugidias como umas e outras", o narrador classifica a Sra. de Stermaria na segunda série. Filha das folhas, do vento, das águas e da noite, pelo menos é esta a imagem que ele tem dela, é a própria natureza que ela encarna que ele gostaria de domar como seu olhar absorvendo "as alturas naturais de Meudon e do monte Valérien", desejaria não mais distinguir sua descrição imaginária da realidade que em breve verá e integrar a segunda à primeira.

Entregue à imaginação, o narrador fala:

Esse reino romanesco dos encontros incertos e das melancolias amorosas, e não mais nos surpreenderia que estivesse situado fora do universo geográfico, do que se em Versalhes, no alto do terraço, observatório em torno do qual as nuvens se acumulam contra o céu azul em estilo de Van der Meulen[14], depois de haver-nos elevado assim fora da natureza, soubéssemos que ali onde esta recomeça, ao fim do grande canal, as aldeias que não podemos distinguir, no horizonte ofuscante como o mar, se chamam Fleurus ou Nimègue[15].

Não só as categorias imediatas estão entremescladas no contexto onde receberia sua amante, mas as distâncias geográficas são encurtadas em prol da evocação de vitórias de Luís XIV, metáfora do próprio herói.

14. Pintor de origem flamenga, Le Brun (1632-1690) foi nomeado primeiro pintor por Luís XIV, cujas campanhas ele retraçou.
15. Cidades da Bélgica e da Holanda, a primeira foi conquistada por Luís XIV e a segunda sediou um tratado de paz em 1678 com os Países Baixos. *Idem*, p. 347: "de ce royaume romanesque des rencontres incertaines et

A ESPERA DA SRA. DE STERMARIA

De qualquer maneira, a névoa que desde a véspera se havia levantado na própria Paris não só me fazia pensar sem tréguas na terra natal da jovem que eu acabava de convidar mas também, como era provável que, muito mais densa que na cidade, haveria de invadir ao entardecer o Bois de Boulogne, sobretudo à margem do lago, pensava eu que converteria um pouco para mim a ilha dos Cisnes na ilha da Bretanha, cuja atmosfera marítima e brumosa havia envolvido sempre a meus olhos, como uma veste, a pálida silhueta da Sra. de Stermaria[16].

Filha das folhas, do vento, das águas e da noite, mas sobretudo filha da névoa, de que a reveste o narrador, assim se apresenta a Sra. de Stermaria. Recordando sua juventude, o narrador-herói destaca a importância da veste da mulher desejada:

Decerto, quando se é jovem, na idade que eu tinha por ocasião de meus passeios para os lados de Méséglise, o nosso desejo, a nossa crença conferem ao vestido de uma mulher uma particularidade individual, uma irredutível essência. Persegue a gente a realidade. Mas, à força de deixá-la escapar, acaba por observar que através de todas essas vãs tentativas em que encontramos o nada, subsiste algo sólido, e é o que se buscava. Começa a gente a saber aquilo a que ama; trata de consegui-lo ainda que seja à custa de um artifício. Então, na falta da crença desaparecida, o traje significa o suprimento dessa crença com uma ilusão voluntária. De sobra sabia eu que não ia encontrar a meia hora de casa a Bretanha. Mas ao passear enlaçado

des mélancolies amoureuses [...] situé hors de l'univers géographique (comme si) [...] on apprenait que, si à Versailles, au haut de la terrasse, observatoire autour duquel les nuages s'accumulent contre le ciel bleu dans le style de Van der Meulen, après s'être élévé en dehors de la nature, on apprenait que, là où elle recommence, au bout du grand canal, les villages qu'on ne peut distinguer, à l'horizon éblouissant comme la mer, s'appellent Fleurus ou Nimègue" (*CG*, p. 679).

16. *Idem*, p. 348: "En tout cas, le brouillard qui depuis la veille s'était élevé même à Paris, non seulement me faisait songer sans cesse au pays natal de la jeune femme que je venais d'inviter, mais comme il était probable que, bien plus épais encore que dans la ville, il devait le soir envahir le Bois, surtout au bord du lac, je pensais qu'il ferait pour moi de l'île des Cygnes un peu l'île de Bretagne dont l'atmosphère maritime et brumeuse avait toujours entouré pour moi comme un vêtement la pâle silhouette de Mme de Stermaria" (*CG*, p. 680).

com a Sra. de Stermaria pelas trevas da ilha, à margem das águas, faria como outros que, já que não podem entrar num convento, pelo menos, antes de possuir uma mulher, a vestem de freira[17].

A vestimenta feita de vento e de névoa na qual o herói verá a Sra. de Stermaria será a isca da posse, mas foi primeiro a essência do ser desejado, em seguida o suprimento ao desejo assimilado a uma crença. O caminho percorrido, que vai do desejo provocado pelo traje ao não-desejo substituído por esse mesmo traje que levaria à posse é bastante engenhoso. A vestimenta no sentido amplo do termo, pois também se trata de um clima, é central, mas, mantendo-se como signo de um desejo passado, já morto, tem o poder de ressuscitar o desejo. É não só o signo metonímico ou a causa do desejo, mas também o substituto do desejo ao preço de uma "ilusão voluntária". O traje proustiano vai, assim, além do que Lacan chamará de semblante. O herói desejará a ilha da Bretanha que envolverá o traje que desencadeará o desejo sexual. São três camadas do desejo que, partindo do imaginário, desembocam na pessoa desejada passando pelo traje.

Que é que o narrador proustiano forneceu a mais ou propôs que a teoria articulou em seguida?

O narrador proustiano não fala explicitamente de fantasma, mas como destacamos, o herói situa a Sra. de Stermaria em seu

---

17. *Idem*, pp. 348-349: "Certes quand on est jeune, à l'âge que j'avais dans mes promenades du côté de Méséglise, notre croyance confèrent au vêtement d'une femme une particularité individuelle, une irréductible essence. On poursuit la réalité. Mais à force de la laisser échapper, on finit par remarquer qu'à travers toutes ces vaines tentatives où on a trouvé le néant, quelque chose de solide subsiste, c'est ce qu'on cherchait. On commence à dégager, à connaître ce qu'on aime, on tâche à se le procurer, fût-ce au prix d'un artifice. Alors, à défaut de la croyance disparue, le costume signifie la suppléance à celle-ci par le moyen d'une illusion volontaire. Je savais bien qu'à une demi-heure de la maison je ne trouverais pas la Bretagne. Mais en me promenant enlacé à Mme de Stermaria dans les ténèbres de l'île, au bord de l'eau, je ferais comme d'autres qui, ne pouvant pénétrer dans un couvent, du moins, avant de posséder une femme, l'habillent en religieuse" (*CG*, pp. 680-681).

imaginário e num halo vestimentário que é uma outra maneira de fazer do traje o signo do desejo de quem olha. Diferentemente da teoria psicanalítica, no entanto, o desejo proustiano necessita de uma paisagem romântica por excelência, o país das brumas onde o herói encontrou pela primeira vez aquela que ainda era Srta. de Stermaria. Foi em Balbec:

E, num mês em que ela ficasse sozinha sem os pais, em seu castelo romanesco, talvez passeássemos ao crepúsculo, quando suavemente produzissem as flores róseas das sarças sobre a água ensombrecida, debaixo dos carvalhos onde vinham morrer as ondas. Juntos, percorreríamos essa ilha imaginada por mim com tanto encanto porque teria enfeixado a vida habitual da Srta. Stermaria e que repousava na memória de seus olhos. Pois parecia-me que não a possuiria de verdade senão ali, quando tivesse atravessado aqueles lugares que a rodeavam de tantas recordações – véu que meu desejo queria arrancar, desses que a natureza interpõe entre a mulher e algumas criaturas [...] a fim de que, enganados pela ilusão de possuí-la assim de modo mais completo, sejam forçados a se apoderar primeiro das paisagens em que ela vive, e que, mais úteis para sua imaginação que o prazer sensual, não teriam contudo, sem ele, força bastante para atrair os homens[18].

O narrador não conseguia separar a mulher que desejava de seu meio e de suas lembranças que constituíam uma espécie de

18. *À Sombra das Moças em Flor*, p. 234: "Et, un mois où elle serait restée seule sans ses parents dans son château romanesque, peut-être aurions-nous pu nous promener seuls le soir tous deux dans le crépuscule où luiraient plus doucement au-dessus de l'eau assombrie les fleurs roses des bruyères, sous les chênes battus par le clapotement des vagues. Ensemble nous aurions parcouru cette île empreinte pour moi de tant de charme parce qu'elle avait enfermé la vie habituelle de Mlle de Stermaria et qu'elle reposait dans la mémoire de ses yeux. Car il me semblait que je ne l'aurais possédée vraiment que là, quand j'aurais traversé ces lieux qui l'enveloppaient de tant de souvenirs – voile que mon désir voulait arracher et de ceux que la nature interpose entre la femme et quelques êtres [...] afin que trompés par l'illusion de la posséder ainsi plus entière ils soient forcés de s'emparer d'abord des paysages au milieu desquels elle vit qui plus utiles pour leur imagination que le plaisir sensuel, n'eussent pas suffi pourtant, sans lui, à les attirer" (*A l'ombre des jeunes filles en fleurs*, II, p. 49).

1 4 5

muralha num primeiro momento, e, em seguida, de passagem para o desejo. Nesse sentido, o objeto de arte proustiano não tem lugar nos museus. O herói tem que pegar tudo se quiser a Srta. de Stermaria. Naquele momento, o desejo ainda não estava morto, mas esse texto permite compreender o lugar dos "lugares da lembrança" no desejo proustiano. Intermediário obrigatório no começo, tal como um vestido, com o tempo ele se torna o depositário obrigatório do desejo e sua metonímia em sua ausência.

Eugénie Lemoine-Luccioni refletiu particularmente sobre o vestido e traz elementos que podem nos ajudar a compreender o que o narrador proustiano coloca em jogo:

> [...] a vestimenta é algo que se olha. Só serve para isso: atrair o olhar e fixá-lo em outro lugar que não na falha, mas assim mesmo perto o suficiente; nas bordas. Assim, controla-se, por pouco que seja, a angústia. É sua função fálica. [...] A vestimenta responde a uma necessidade bem mais radical que as necessidades (de proteção): aquela que faz com que o homem fabrique o um[19].

Luccioni apresenta os pontos de vista daquele que olha e da que se veste. No primeiro, quem olha pode conduzir sua angústia e diminuí-la diante do corpo feminino graças ao vestido que ao mesmo tempo esconde e mostra o sexo vazio que, por evocar a castração, provoca a angústia; no segundo, a pessoa olhada se constitui ou reforça o eu e "desempenha então a mesma função que a própria imagem especular", fabricar para si um um[20] ou se construir como sujeito imaginário.

No narrador de *À Sombra das Moças em Flor*, os lugares da lembrança e o prazer sensual caminham juntos, mas a espera do segundo obriga o desejante a percorrer esses lugares; no do *Caminho de Guermantes*, o traje e a paisagem são necessários para o desejo pois o fazem existir, mas, ao contrário do sentido destacado

19. Lemoine-Luccioni, *La robe*, Paris, Seuil, 1983, p. 31.
20. *Idem*, p. 111.

por Lemoine, nenhum dos casos parece provocar angústia, e sim apaziguá-la.

Estamos novamente diante de um problema de identidade como no primeiro capítulo. Parece impossível o herói desejar apenas um corpo, é preciso ou ele tem que pegar tudo o que está ligado à pele da mulher desejada segundo seu imaginário: a paisagem, as lembranças, a roupa e o corpo. É uma identidade global que compreende o *idem*, o *ipse*, o espaço-temporal e o conceitual, mas que amplia consideravelmente o espaço-temporal até a névoa da ilha a partir da identidade conceitual. Se o desejo desaparece, cada uma das partes em que está ou esteve depositado o mantém. Será possível pensar em termos de castração num todo sem nenhuma brecha? O herói não fabrica de um em um como se fosse a Sra. de Stermaria e não reconstitui por meio dela um mundo em que pudesse entrar e se sentir parte dele?[21] Busca ele, como diz o narrador em *À Sombra das Moças em Flor*, apenas um prazer sensual ou ele quer realmente a satisfação do desejo sexual?

Ficamos sabendo na seqüência da narrativa que Sra. de Stermaria não virá[22] e que mais uma vez nada acontecerá, como quando o herói não conseguira beijar Albertina. A percepção telescópica do herói parece afastá-lo das mulheres desejadas. A isso o narrador acrescenta aqui a falta de resposta da personagem.

---

21. "A roupa recria para o indivíduo o invólucro perdido: é a placenta reconstituída, 'esse véu com que a criança nasce envolta' " (*CG*, p. 73).
22. Proust, *O Caminho de Guermantes*, p. 353.

9

O Nevoeiro da Amizade e a
Vida Espiritual

Ó, meus amigos, não existem amigos.
ARISTÓTELES, *Ética a Nicômaco.*

Pode-se entrar? Françoise me disse que devias estar aqui. Vinha ver se não querias jantar comigo nalguma parte, se é que isto não te faz mal, pois está um nevoeiro de cortar a faca[1].

Após a imensa decepção provocada pelo encontro fracassado com a Sra. de Stermaria no qual depositara tanta esperança, o herói reflete sobre a amizade, outra vertente do desejo, o que lhe permite opor duas classes sociais, os jovens aristocratas do Jockey e os intelectuais judeus que se encontram no mesmo restaurante, um dia de intensa neblina.

Era, chegado pela manhã, quando eu o julgava ainda em Marrocos ou no mar, Robert de Saint-Loup.

Já disse (e justamente fora, em Balbec, Robert de Saint-Loup quem, mau grado seu, me havia ajudado a adquirir consciência disso) o que penso da amizade, a saber: que é tão pouca coisa que me custa compreender que homens de algum gênio, como por exemplo um Nietzsche, tenham tido a ingenuidade de atribuir-lhe certo valor intelectual e, por conseguinte, esquivar-se a amizades a que não estivesse unida a estima intelectual. Sim, sempre foi para mim um espanto ver que um homem

---

1. Proust, *O Caminho de Guermantes*, p. 355: "Tout d'un coup j'entendis une voix: 'Peut-on entrer? Françoise m'a dit que tu devais être dans la salle à manger. Je venais voir si tu ne voulais pas que nous allions dîner quelque part ensemble, si cela ne te fait pas mal, car il fait un brouillard à couper au couteau'" (*CG*, p. 688).

149

A EDUCAÇÃO SENTIMENTAL EM PROUST

que extremava a sinceridade consigo mesmo até o ponto de afastar-se por escrúpulo de consciência da música de Wagner, tenha imaginado que a verdade possa realizar-se nesse modo de expressão confuso e inadequado por natureza que são em geral os atos e em particular as amizades...[2] .

O caso de Nietzsche e Wagner é evocado, diz la Pléiade, num "artigo publicado por Daniel Halévy, o amigo de Proust, no *Journal des dêbats* de 18 de agosto de 1909, [...] Nietzsche tinha rompido com muitos camaradas: julgava 'a amizade viril sem acordo espiritual indigna'". Não mais de acordo com a obra de Wagner a quem recriminava "seu pangermanismo e a grandiloqüência da forma destinada a mascarar a indigência de fundo", Nietzsche ataca violentamente o compositor em 1876. Comentando o fato, Proust anotou no *Carnet I*: "Que pode nos fazer o que não está em nós [...] Nenhuma ação exterior a si tem importância. [...] a realidade existe em si"[3] .

No episódio que iremos analisar, o narrador despreza essa afeição que é "tão pouca coisa", "confusa e inadequada" e não consegue entender como se pode unir a ela a estima intelectual como fazia Wagner. Contrapõe-lhe, em troca, a realidade que existe em si, o que ele já afirmara no segundo volume[4]. Entre essas duas posições, o narrador vai modificar sua apreciação?

2. *Idem*, pp. 355-356: "C'était, arrivé du matin, quand je le croyais encore au Maroc ou en mer, Robert de Saint-Loup. J'ai dit , (et précisément c'était, à Balbec, Robert de Saint-Loup qui m'avait, bien malgré lui, aidé à en prendre conscience) ce que je pense de l'amitié : à savoir qu'elle est si peu de chose que j'ai peine à comprendre que des hommes de quelque génie, et par exemple un Nietzsche, aient eu la naïveté de lui attribuer une certaine valeur intellectuelle et en conséquence de se refuser à des amitiés auxquelles l'estime intellectuelle n'eût pas été liée. Oui, cela m'a toujours été un étonnement de voir qu'un homme qui poussait la sincérité avec lui-même jusqu'à se détacher, par scrupule de conscience, de la musique de Wagner, se soit imaginé que la vérité peut se réaliser dans ce mode d'expression par nature confus et inadéquat que sont, en général, des actions et, en particulier, des amitiés ..." (*CG*, pp. 688-689).
3. *CG*, p. 1732.
4. Proust, *À Sombra das Moças em Flor*, p. 274.

O NEVOEIRO DA AMIZADE E A VIDA ESPIRITUAL

Em Balbec, eu acabara achando o prazer de brincar com moças menos funesto à vida espiritual, à qual pelo menos se conserva estranho, do que a amizade, cujo esforço inteiro consiste em fazer-nos sacrificar a única parte real e incomunicável (a não ser por meio da arte) de nós mesmos, a um eu superficial que não acha, como o outro, alegria em si mesmo, mas sente um confuso enternecimento de sentir-se sustentado por estacas exteriores, hospedado numa individualidade estranha, onde, feliz com a proteção que lhe proporcionam, irradia seu bem-estar em aprovação e se extasia com qualidades que chamaria defeitos e trataria de corrigir em si mesmo[5].

Dois temas se enfrentam nessa passagem: a amizade e a vida espiritual.

Já desconfiado da amizade que falseia a visão das coisas por estar vinculada a um eu superficial, o narrador continuará a duvidar dela no último volume:

O sinal da irrealidade dos outros revela-se de sobejo, quer em sua impossibilidade de nos satisfazer, como, por exemplo, no caso dos prazeres mundanos, geradores quando muito do mal-estar comparável ao produzido pela ingestão de alimentos abjetos, ou no dos da amizade, simples simulação, já que, ainda quando o faz por motivos éticos, o artista que renuncia a uma hora de trabalho para conversar com um amigo sabe ter sacrificado uma realidade a algo inexistente (os amigos só o sendo graças à doce loucura que nos acompanha ao longo de toda a vida, à qual nos prestamos, mas que no fundo de nossa inteligência sabemos ser o desvario de um demente imaginando vivos os móveis e com eles conversando)[6].

5. *O Caminho de Guermantes*, p. 356: "J'en étais arrivé, à Balbec, à trouver le plaisir de jouer avec des jeunes filles moins funeste à la vie spirituelle à laquelle du moins il reste étranger, que l'amitié dont tout l'effort est de nous faire sacrifier la partie seule réelle et incommunicable (autrement que par le moyen de l'art) de nous-même, à un moi superficiel, qui ne trouve pas comme l'autre de joie en lui-même, mais trouve un attendrissement confus à se sentir soutenu sur des étais extérieurs, hospitalisé dans une individualité étrangère, ou, heureux de la protection qu'on lui donne, il fait rayonner son bien-être en approbation et s'émerveille de qualités qu'il appellerait défauts et chercherait à corriger chez soi-même" (*CG*, p. 689).
6. *O Tempo Redescoberto*, pp. 155-156: "Le signe de l'irréalité des autres ne se montre-t-il pas assez, soit dans leur impossibilité à nous satisfaire, comme par exemple [les plaisirs mondains qui causent tout au plus le

Uma doce loucura, a inexistência, uma simulação qualificam a amizade. O eu artificial com ela se envolve e, acreditando conversar com um amigo, na verdade só encontra um móvel. Comparação muito forte e bastante cínica sobre a amizade. Quer o narrador dizer que o amigo não tem nem olhos nem ouvidos, não vê nem escuta o outro e que não existe nenhum diálogo entre esses dois "móveis"? Um móvel pode ser belo, embelezar o ambiente, aquecer a atmosfera e no máximo fazer companhia, o que reforça o "tão pouca coisa", os significantes "confuso, inadequado" e incompreensível do texto de *O Caminho de Guermantes*.

Quanto à vida espiritual, o narrador dela já falara no capítulo precedente a respeito de Albertina quando, imaginando uma verdadeira cartografia do desejo, distinguia:

> Esses desejos mais espirituais e menos saciáveis que [...] pela posse de toda uma região de recordações de que se sentiam nostalgicamente exilados, se erguem procelosos a seu lado (do desejo carnal), aumentam-no, sem poder segui-lo até a consumação, até a assimilação, impossível sob a forma de realidade imaterial com que é desejada[7].

Em *O Tempo Redescoberto*, o narrador traça uma retrospectiva desse conceito:

malaise provoqué par l'ingestion d'une nourriture abjecte], l'amitié qui est une simulation puisque, pour quelques raisons morales qu'il le fasse, l'artiste qui renonce à une heure de travail pour une heure de causerie avec un ami, sait qu'il sacrifie une réalité pour quelque chose qui n'existe pas (les amis n'étant des amis que dans cette douce folie que nous avons au cours de la vie, à laquelle nous nous prêtons, mais que du fond de notre intelligence nous savons l'erreur d'un fou qui croirait que les meubles vivent et causeraient avec eux (*Le Temps Retrouvé*, p. 454).

7. Proust, *O Caminho de Guermantes*, p. 327: les "désirs plus spirituels et moins assouvissables [...] qui, pour la possession de toute une région de souvenirs d'où ils se sentaient nostalgiquement exilés, s'élèvent en tempête à côté du (du désir de la chair), le grossissent, ne peuvent le suivre jusqu'à l'accomplissement jusqu'à l'assimilation, impossible sous la forme où, elle est souhaitée, d'une réalité immatérielle" (*CG*, p. 657).

E talvez, se há pouco me parecera ter Bergotte errado outrora ao aludir às alegrias da vida espiritual, fosse porque eu dava então o nome de vida espiritual a raciocínios lógicos sem ligação com ela, com o que em mim já existia – exatamente como se achasse fastidiosos o mundo e a vida por julgá-los através de falsas recordações, quando, ao contrário, tinha tanta sede de viver, agora que, por três vezes, renascera em mim um verdadeiro momento passado[8].

E, repensando nas lembranças involuntárias, ele precisava:

Em suma, num como noutro caso, quer se tratassem de impressões como as que me provocara a vista dos campanários de Martinville, quer de reminiscências como a da desigualdade de dois passos ou o gosto da *madeleine*, era mister tentar interpretar as sensações como signos de outras tantas leis e idéias, procurando pensar, isto é, fazer sair da penumbra o que sentira, convertê-lo em seu equivalente espiritual. Ora, esse meio que se me afigurava o único, que era senão a feitura de uma obra de arte?[9].

O único meio de fazer falar o eu profundo e de dar a interpretação adequada das sensações não será portanto a amizade, mas sim a obra de arte.

8. Proust, *O Tempo Redescoberto*, p. 153: "Et peut-être, si tout à l'heure je trouvais que Bergotte avait dit faux en parlant des joies de la vie spirituelle, c'était parce que j'appelais "vie spirituelle", à ce moment-là, des raisonnements logiques qui étaient sans rapport avec elle, avec ce qui existait en moi en ce moment – exactement comme j'avais pu trouver le monde et la vie ennuyeux parce que je les jugeais d'après des souvenirs sans vérité, alors que j'avais un tel appétit de vivre maintenant que venait de renaître en moi, à trois reprises, un véritable moment du passé" (*Le Temps Retrouvé*, p. 450).
9. *Idem*, p. 158: "En somme, dans un cas comme dans l'autre, qu'il s'agît d'impressions comme celle que m'avait donnée la vue des clochers de Martinville, ou de réminiscences comme celle de l'inégalité des deux marches ou le goût de la madeleine, il fallait tâcher d'interpréter les sensations comme les signes d'autant de lois et d'idées, en essayant de penser, c'est-à-dire de faire sortir de la pénombre ce que j'avais senti, de le convertir en un équivalent spirituel. Or, ce moyen qui me paraissait le seul, qu'était-ce autre chose que faire une oeuvre d'art?" (*CG*, p. 457).

A EDUCAÇÃO SENTIMENTAL EM PROUST

Quanto ao mais, os que desprezam a amizade podem, sem ilusões e não sem remorsos, ser os melhores amigos do mundo, da mesma sorte que um artista que traz em si uma obra-prima e sabe que seu dever seria viver para trabalhar, apesar disso para não parecer egoísta ou não correr o risco de sê-lo, dá a sua vida por uma causa inútil, e tanto mais afoitamente a dá quanto as razões porque preferia não dá-la eram razões desinteressadas[10].

Primeira restrição do narrador, um artista dividido entre seu ideal e uma causa a defender muitas vezes preferirá a segunda posição para "salvar a cara", como bem diz a expressão. Estará o narrador falando da guerra ou de outros acontecimentos? Não sabemos, mas a decisão tomada marca claramente a força da opinião pública, do espírito gregário ou ainda do "mexerico" que, servindo de regulador social, com freqüência sufoca aspirações singulares. É preciso escolher entre o talento ou o social, entre a devoção à obra ou aos deserdados, numa tradução para os termos atuais?

Valéry já evocara essa situação quando, em plena Primeira Guerra e sem poder lutar, trabalhava em *A Jovem Parca* apoiando-se na lembrança daqueles monges escribas que, em plena barbárie, recopiavam a Bíblia e outros tratados nos incunábulos do século V.

Também Freud abordara o problema e, desconfiado da devoção das pessoas que geralmente encobrem uma neurose[11], preco-

10. Proust, *O Caminho de Guermantes*, p. 356: "D'ailleurs les contempteurs de l'amitié peuvent, sans illusions et non sans remords, être les meilleurs amis du monde, de même qu'un artiste portant en lui un chef d'oeuvre et qui sent que son devoir serait de vivre pour travailler, malgré cela, pour ne pas paraître ou risquer d'être égoïste, donne sa vie pour une cause inutile, et la donne d'autant plus bravement que les raisons pour lesquelles il eût préféré ne pas la donner étaient des raisons désinteressées" (*CG*, p. 689).

11. "[...] aquilo que nos impede de fazer mal ao outro [...], o precioso *Mitleid*, o altruísmo não passa da cobertura de uma outra coisa [...]. Aquele que o desamparo (a piedade) sufoca é uma obsessão [...], o que ele respeita, o que ele não quer tocar, na imagem do outro, é sua própria imagem. Se a intatilidade, a intocabilidade dessa imagem não fosse cuidadosamente preservada, o que surgiria seria simplesmente a angústia. E a angústia diante do quê? – não diante do outro onde ele se mira, aquela a quem

154

nizara antes o desenvolvimento dos talentos pessoais, mais "rentáveis" para a humanidade em longo prazo que o sacrifício imediato a causas humanitárias.

Lacan não exagera quando afirma que "A morte de Deus e o amor ao próximo são historicamente solidários" ou também quando enuncia:

> Recuo de amar meu próximo como a mim mesmo na medida em que nesse horizonte há algo que participa de não sei qual crueldade intolerável. Nessa direção, amar meu próximo pode ser a via mais cruel[12].

Um pouco mais adiante, o narrador, ainda em consonância com Freud e Lacan, insiste mais uma vez sobre a inutilidade da companhia de amigos:

> Entre esse ano, aliás incerto, de Combray, e os crepúsculos de Rivebelle, que momentos antes tinha tornada a ver por cima das cortinas – que diferenças! Sentia eu ao percebê-las um entusiasmo que poderia ser fecundo se estivesse sozinho, e teria evitado o rodeio de muitos anos inúteis por que ainda havia de passar antes que se declarasse a vocação invisível de que esta obra é a história[13].

Obstáculo ao surgimento das idéias e à vocação até aqui invisível, a companhia dos outros não é muito prezada. O narrador ou o

chamei há pouco a *pobre garota* [...]. Ele tem angústia diante da *pobre garota* enquanto *a*, não a imagem de si mesmo, mas como objeto de seu desejo" (Lacan, Livro 8, *A Transferência*, p. 352.).

12. *A Ética da Psicanálise*, pp. 236-237: "O homem é mesmo assim mais próximo de si em seu ser que em sua imagem no espelho, [...] o que leva a odiar não o seu próximo mas o seu semelhante [...] há algo que se ama melhor ainda para todos que a sua imagem" (*A Terceira*, trad. Élide Valarini, *Lettres* 16, nov. 1975), São Paulo, Escola Freudiana de São Paulo, 1981. p. 19.

13. Proust, *O Caminho de Guermantes*, p. 358: "Entre cette année, d'ailleurs incertaine, de Combray, et les soirs à Rivebelle revus tout à l'heure au-dessus des rideaux quelles différences! J'éprouvais à les percevoir un enthousiasme qui aurait pu être fécond si j'étais resté seul et m'aurait évité ainsi le détour de bien des années inutiles par lesquelles j'allais encore passer avant que se déclarât la vocation invisible dont cet ouvrage est l'histoire" (*CG*, p. 691).

eu se contando distancia-se claramente do herói nessa passagem. Ele conhece a resposta para a pergunta sobre a amizade, conhece o rumo que tomará, compreende que o herói ainda vai perder muitos anos e traça um caminho de Combray a Rivebelle, o pequeno vilarejo perto de Balbec.

Será porque não revivemos nossos anos em sua sucessão contínua, dia por dia, mas na recordação fixada no frescor ou na insolação de uma noite ou de uma manhã, recebendo a sombra de algum lugar isolado, cercado, imóvel, parado e perdido, longe de tudo o mais, e que assim, ao se suprimirem as mudanças graduadas, não só no exterior, mas também em nossos sonhos e em nosso caráter em evolução, mudanças que nos conduziram insensivelmente pela vida, de um tempo a um outro muito diferente, se revivemos uma recordação colhida de um ano diverso, encontramos entre eles, graças a lacunas, a imensos muros de olvido, algo assim como o abismo de uma diferença de altura, como a incompatibilidade de duas qualidades incomparáveis de atmosfera respirada e de colorações ambientes?[14]

O narrador constata que a mente ou nossa memória não revivem a história seguindo gradualmente os fatos no sonho ou no caráter, mas saltando fatias de vida, isolando outras e ligando-as apesar da distância do tempo. Pergunta-se no entanto como é que essas duas recordações se associam, já que vêm de universos tão diferentes; ele não dá uma resposta, mas afirma que a memória agiu de modo diferente no caso de Combray e de Rivebelle:

14. *Idem*, pp. 358-359: "Est-ce parce que nous ne revivons pas nos années dans leur suite continue, jour par jour, mais dans le souvenir figé et dans la fraîcheur où l'insolation d'une matinée ou d'un soir, recevant l'ombre de tel site isolé, enclos, immobile, arrêté et perdu, loin de tout le reste, et qu'ainsi les change-ments gradués, non seulement au-dehors, mais dans nos rêves et notre caractère évoluant, lesquels nous ont insensiblement conduit dans la vie d'un temps à tel autre très différent, se trouvant supprimés, si nous revivons un autre souvenir prélevé sur une année différente, nous trouvons entre eux, grâce à des lacunes, à d'immenses pans d'oubli, comme l'abîme d'une différence d'altitude, comme l'incompatibilité de deux qualités incomparables d'atmosphère respirée et de colorations ambiantes?" (*CG*, p. 692).

O NEVOEIRO DA AMIZADE E A VIDA ESPIRITUAL

Mas, entre as recordações que insensivelmente acabava de ter, sucessivamente, de Doncières, de Combray e de Rivebelle, sentia eu naquele momento muito mais do que uma distância no tempo: a distância que havia entre universos diferentes em que a matéria não fosse a mesma. Se quisesse imitar numa obra aquela em que se me apresentavam cinzeladas as minhas mais insignificantes recordações de Rivebelle, teria que veiar de rosa, tornar de repente translúcida, refrescante e sonora a substância até então análoga ao barro obscuro e tosco de Combray[15].

Espanta-se com essa diferença que teria exigido dele um imenso trabalho de pintor para manter a comparação entre Combray e Rivebelle. Em outras palavras, a qualidade da lembrança não depende do detalhes das cores nem da precisão das recordações, o barro tosco do vilarejo de tia Léonie podendo ser tão "translúcido" como o rosa de Rivebelle.

Mas Roberto, que acabara de fazer suas recomendações ao cocheiro, veio sentar-se ao meu lado no carro. As idéias que me haviam surgido desvaneceram-se. São deusas que às vezes se dignam tornar-se visíveis a um mortal solitário, na volta de um caminho, até mesmo em seu quarto enquanto ele dorme e elas de pé, no vão da porta, lhe trazem a anunciação. Mas logo que há duas pessoas juntas, desaparecem; os homens em sociedade não as distinguem nunca. E vi-me lançado à amizade[16].

---

15. *Idem*, p. 359: "Mais entre les souvenirs que je venais d'avoir successivement, de Combray, de Doncières et de Rivebelle, je sentais en ce moment bien plus qu'une distance de temps, la distance qu'il y aurait entre des univers différents où la matière ne serait pas la même. Si j'avais voulu dans un ouvrage imiter celle dans laquelle m'apparaissaient ciselés mes plus insignifiants souvenirs de Rivebelle, il m'eût fallu veiner de rose, rendre tout d'un coup translucide, compacte, fraîchissante et sonore, la substance jusque-là analogue au grès sombre et rude de Combray" (*CG*, p. 692).

16. "Mais Robert, ayant fini de donner ses explications au cocher, me rejoignit dans la voiture. Les idées qui m'étaient apparues s'enfuirent. Ce sont des déesses qui daignent quelquefois se rendre visibles à un mortel solitaire, au détour d'un chemin, même dans sa chambre pendant qu'il dort, alors que debout dans le cadre de la porte elles lui apportent leur annonciation. Mais dès qu'on est deux, elles disparaissent, les hommes en société ne les aperçoivent jamais. Et je me trouvai rejeté dans l'amitié" (*CG*, p. 692).

A EDUCAÇÃO SENTIMENTAL EM PROUST

Insistindo uma vez mais no acaso da invenção e na sua origem que não precisa necessariamente da consciência, introduz um significante empregado essencialmente em contexto bíblico, a anunciação. Não é mais o anjo exterminador de Sodoma que é laicizado, mas o anjo Gabriel, aquele que, nos mistérios cristãos, anunciou para Maria a vinda de Cristo ou o Verbo transformado em carne. Comparando, portanto, o herói à virgem e as sensações e idéias novas ao anjo, o narrador vê literalmente a escritura como a encarnação do verbo ou da palavra escutada, o que poderia dar margem a muitos comentários, se eu tivesse tempo para isso, que girariam em torno de dois eixos. O primeiro, em torno da pulsão de ouvir, via por excelência do inconsciente, e o segundo em torno da história da inspiração que, do Espírito que sopra a escritura para os evangelistas, aterrissa nos manuscritos, signos exemplares do trabalho exigido do escritor pouco apoiado em sua tarefa e mais inclinado a se tornar artesão da escritura, como propunha Flaubert, que escriba de um deus qualquer.

Apesar desses inconvenientes, contudo, o herói vive uma experiência que lhe possibilitará compreender um pouco melhor ainda a amizade. Antes de chegar a isso, no entanto, o narrador desfila diversos tipos de relações entre os homens que podem ou não levar à amizade. Jovens nobres e partidários de Dreyfus que vivem a mesma aventura no nevoeiro aproximam-se, embora habitualmente sejam inimigos, o bando dos doze a quinze aristocratas que disputam as mesmas mulheres, o círculo mais restrito de quatro de que fazia parte Saint-Loup, as amizades por raça, judeus ou franceses, a maledicência a respeito do grão-duque herdeiro de Luxemburgo. Enfim, Robert de Saint-Loup, preocupado com a saúde de seu amigo, lhe traz, não sem destreza, por entre as mesas "a capa de vicunha[17] do príncipe de Foix"[18]. Verdadeira prova de amizade, esse gesto abre a noite entre os dois homens, mas também um comentá-

17. Pequeno lhama selvagem dos Andes de pelame lanoso.
18. *Idem*, p. 370.

I 5 8

rio mais que longo como de hábito sobre a raça revelada pela agilidade de seu amigo.

Para ele, como para mim, foi aquela a noite da amizade. No entanto, a que eu sentia naqueles momentos (e, por causa disso, não sem algum remorso) não era absolutamente, como eu receava, a que ele gostaria de inspirar. Cheio ainda do prazer que tivera em vê-lo avançar em leve galope e alcançar graciosamente a meta, sentia eu que esse prazer provinha de que cada um dos movimentos desenvolvidos ao longo da parede tinha a sua significação, a sua causa, talvez na natureza individual de Saint-Loup, mas ainda mais naquela que por nascimento e educação havia ele herdado de sua raça. [...] tais eram as qualidades, todas essenciais à aristocracia, que por trás daquele corpo, não opaco e obscuro, como o teria sido o meu, mas significativo e límpido, transpareciam, como através de uma obra de arte o poder industrioso, eficiente que a criou, e faziam com que os movimentos da rápida carreira que desenvolvera Roberto ao longo da parede fossem inteligíveis e encantadores como os de cavaleiros esculpidos num friso"[19].

Elogio à raça aristocrática na qual se insere Saint-Loup, que estende a disposição do corpo à do espírito. Sem ter de se preocupar com dinheiro, gastando à profusão, faz de seu corpo um objeto maleável em qualquer circunstância, digno de uma obra de arte por sua qualidade, oposto ao corpo "opaco e obscuro" do herói.

19. *Idem*, p. 372: "Nos rares tête-à-tête, et celui-là surtout, ont fait depuis épisode dans ma mémoire. Pour lui, comme pour moi, ce fut le soir de l'amitié. Pourtant celle que je ressentais en ce moment (et à cause de cela non sans quelque remords) n'était guère, je le craignais, celle qu'il lui eût plu d'inspirer. Tout rempli encore du plaisir que j'avais eu à le voir s'avancer au petit galop et toucher gracieusement au but, je sentais que ce plaisir tenait à ce que chacun des mouvements développés le long du mur sur la banquette, avait sa signification, sa cause, dans la nature individuelle de Saint-Loup peut-être, mais plus encore dans celle que par la naissance et par l'éducation, il avait hérité de sa race [...] telles étaient les qualités toutes essentielles à l'aristocratie qui, derrière ce corps non pas opaque et obscur comme eût été le mien, mais significatif et limpide, transparaissaient comme à travers une oeuvre d'art la puissance industrieuse, efficiente qui l'a créée et rendaient les mouvements de cette course légère que Robert avait déroulée le long du mur aussi intelligibles et charmants que ceux de cavaliers sculptés sur une frise" (*CG*, pp. 706-707).

A EDUCAÇÃO SENTIMENTAL EM PROUST

Objeto de um treinamento distribuído não ao longo de alguns anos, mas de várias gerações, Saint-Loup é herdeiro desse trabalho de mestria que lhe permitiu transpor sem dificuldade o espaço cheio de obstáculos até o herói. Referência indubitável à lanterna mágica, o amigo recria o movimento que um friso na parede teria imobilizado.

O narrador, retomando o pensamento de Saint-Loup, opõe o eu aqui e agora ou sua vontade àquilo de que provém, seu passado aristocrata do qual nada mais seria senão o reflexo e a aplicação de uma lei. Tem-se a impressão de escutar Roudinesco comentando a passagem de Édipo a Narciso em nossos dias[20]:

Ah! – teria pensado Roberto – vale a pena que tenha passado a minha juventude a desprezar a linhagem, honrando unicamente a justiça e o talento, a escolher, fora dos amigos que me eram impostos, companheiros desajeitados e mal vestidos quando possuíam eloqüência, para que o único ser que apareça em mim, de que guardem uma preciosa lembrança, seja, não o que a minha vontade esforçando-se e merecendo, modelou à minha semelhança, mas um ser que não é obra minha, que sem sequer sou eu, que sempre desprezei e procurei vencer; vale a pena que eu tenho amado o meu amigo predileto como o fiz, para que o maior prazer que ele encontre em mim seja o de descobrir algo de muito mais geral que eu próprio, um prazer que não é absolutamente, como ele diz e não pode sinceramente crê-lo, um prazer de amizade, mas um prazer intelectual e desinteressado, uma espécie de prazer de arte?[21]

20. No entanto, não devemos confundir o dilema dedicar-se ao próximo ou desenvolver os próprios talentos com aquele evocado por Roudinesco, Édipo ou Narciso, o peso do passado e da genealogia ou a vontade individual, dilema que permite sublinhar a mudança de mentalidade em relação à psicanálise e às terapias de todo tipo em que "a análise dos problemas de identidade e de relação consigo mesmo passou progressivamente a preponderar na década seguinte, em detrimento da questão do distúrbio neurótico ligado à sexualidade" (Elizabeth Roudinesco, *L'analyse, l'archive*, Paris, BNF, 2001, p. 43).

21. Proust, *O Caminho de Guermantes*, p. 373: "Hélas, eût pensé Robert, est-ce la peine que j'aie passé ma jeunesse à mépriser la naissance, à honorer seulement la justice et l'esprit, à choisir, en dehors des amis qui m'étaient imposés, des compagnons gauches et mal vêtus s'ils avaient de l'éloquence, pour que le seul être qui apparaisse en moi, dont on garde

À queixa de Saint-Loup, dialética e elaborada, o narrador responde:

Eis o que eu temo hoje que Saint-Loup haja algumas vezes pensado. Enganou-se, neste caso. Se não houvesse, como o fez, amado alguma coisa de mais elevado do que a elasticidade inata do seu corpo, se não estivesse desde tanto alheio ao orgulho nobiliárquico, haveria mais aplicação e pesadez na sua própria agilidade, uma vulgaridade pomposa nas suas maneiras[22].

Saint-Loup é antes objeto de sua própria mestria ou de seu pensamento que de seu passado:

Como à Sra. de Villeparisis fora preciso muito de seriedade para que ela desse, na sua conversação e nas suas Memórias, a impressão de frivolidade, impressão que é intelectual, assim, para que o corpo de Saint-Loup fosse habitado por tanta aristocracia, era mister que essa houvesse desertado de seu pensamento, erguido para mais altos objetivos, e, reabsorvida em seu corpo, se fixasse nele em linhas inconscientes e nobres. Por isso a sua distinção de espírito não era divorciada de uma distinção física que, se faltasse a primeira, não seria completa. Um artista não tem necessidade de expressar diretamente seu pensamento em sua obra para que esta reflita a qualidade desse pensamento; também se pode dizer que o louvor mais alto de Deus está na negação do ateu, que acha a criação assaz

un précieux souvenir, soit non celui que ma volonté, en s'efforçant et en méritant, a modelé à ma ressemblance, mais un être qui n'est pas mon oeuvre, qui n'est même pas moi, que j'ai toujours méprisé et cherché à vaincre? Est-ce la peine que j'ai aimé mon ami préféré comme je l'ai fait pour que le plus grand plaisir qu'il trouve en moi soit celui d'y découvrir quelque chose de bien plus général que moi-même, un plaisir qui n'est pas du tout, comme il le dit et comme il ne peut sincèrement le croire, un plaisir d'amitié, mais un plaisir intellectuel et désintéressé, une sorte de plaisir d'art?" (*CG*, pp. 707-708).

22. "Voilà ce que je crains aujourd'hui que Saint-Loup ait quelquefois pensé. Il s'est trompé, dans ce cas. S'il n'avait pas, comme il avait fait, aimé quelque chose de plus élevé que la souplesse innée de son corps, s'il n'avait pas été si longtemps détaché de l'orgueil nobiliaire, il y eût eu plus d'application et de lourdeur dans son agilité même, une vulgarité importante dans ses manières" (*CG*, p. 708).

A EDUCAÇÃO SENTIMENTAL EM PROUST

perfeita para que possa prescindir de um criador. E bem sabia eu, igualmente, que não era apenas uma obra de arte que admirava naquele jovem cavaleiro que desenhava ao longo do muro a frisa de sua corrida[23].

Argumentando a união do físico e do mental, o narrador despreza a distinção habitual e só consegue explicar o agir de Saint-Loup pelo acesso ou pela submissão, do passado ao presente, do corpo ao espírito ou da hereditariedade à sua vontade. Dessa forma o narrador supera a primeira impressão que poderia dar a Saint-Loup sobre a razão de sua amizade, que não é a busca de leis profundas, mas a preferência que Saint-Loup manifesta em relação a ele:

O jovem príncipe (descendente de Catarina de Foix, rainha de Navarra e neta de Carlos VII) que ele acabava de abandonar em meu proveito, a situação de nascimento e de fortuna que ele curvava diante de mim, os antepassados altivos e desenvoltos que sobreviviam na segurança e agilidade, a cortesia com que vinha acomodar em torno de meu corpo friorento a capa de vicunha, não era tudo isso como amigos mais antigos do que eu na sua vida, pelos quais eu acreditaria que devêssemos estar sempre separados, e que ele pelo contrário me sacrificava por uma escolha que só se pode fazer nos cimos da inteligência, com essa liberdade soberana de que seus movimentos eram a imagem e na qual se realiza a perfeita amizade?[24]

23. *Idem*, pp. 373-374: "Comme à Mme de Villeparisis, il avait fallu beaucoup de sérieux pour qu'elle donnât dans sa conversation et dans ses Mémoires le sentiment de la frivolité, lequel est intellectuel, de même, pour que le corps de Saint-Loup fût habité par tant d'aritocratie, il fallait que celle-ci eût déserté sa pensée, tendue vers de plus hauts objets, et, résorbée dans son corps, s'y fût fixée en lignes inconscientes et nobles. Par là, sa distinction d'esprit n'était pas absente d'une distinction physique qui, la première faisant défaut, n'eût pas été complète. Un artiste n'a pas besoin d'exprimer directement sa pensée dans son ouvrage pour que celui-ci en reflète la qualité ; on a même pu dire que la louange la plus haute de Dieu est dans la négation de l'athée qui trouve la Création assez parfaite pour se passer d'un créateur. Et je savais bien aussi que ce n'était pas qu'une oeuvre d'art que j'admirais en ce jeune cavalier déroulant le long du mur la frise de sa course" (*CG*, p. 708).
24. *Idem*: "le jeune prince (descendant de Catherine de Foix, reine de Navarre et petite-fille de Charles VII) qu'il venait de quitter à mon profit, la

O amigo será portanto aquele que deixará para trás os antigos vínculos, sejam eles do presente como o príncipe de Foix, ou do passado como a fortuna, o nascimento ou os ancestrais. Essa amizade entre o herói e Saint-Loup nasceu em Balbec como expus acima, mas, desde o começo, esse filho de grande aristocrata, embora leitor de Nietzche e de Proudhon, "só estimava e se mostrava curioso pelos assuntos do espírito"[25], julgava "todas as coisas apenas pela inteligência que possuem"[26], o que era seu erro segundo o narrador. Grande amigo do herói, mas considerando-se muito inferior a ele, Saint-Loup não era correspondido já que o herói confessava experimentar mais felicidade estando só que com um companheiro qualquer: "Sozinho, sentia às vezes afluir do fundo de mim mesmo uma daquelas impressões que me proporcionavam um delicioso bem estar"[27], o que confirma as alegrias provocadas pelas lembranças involuntárias. Por outro lado, desde o começo, o herói, de modo bastante narcíseo, diz para si mesmo que afinal de contas:

> [...] ninguém é inteligente só para si, que os espíritos mais dotados apreciaram ser tidos em boa consideração, que eu não podia dar como perdidas as horas que passara a erguer uma alta idéia de mim no espírito de meu amigo, convencia-me facilmente que deveria estar feliz por isso, dese-

situation de naissance et de fortune qu'il inclinait devant moi, les ancêtres dédaigneux et souples qui survivaient dans l'assurance, l'agilité et la courtoisie avec lesquelles il venait de disposer autour de mon corps frileux le manteau de vigogne, tout cela n'était-ce pas comme des amis plus anciens que moi dans sa vie, par lesquels j'eusse cru que nous dussions toujours être séparés, et qu'il me sacrifiait au contraire par un choix que l'on ne peut faire que dans les hauteurs de l'intelligence, avec cette liberté souveraine dont les mouvements de Robert étaient l'image et dans laquelle se réalise la parfaite amitié?" (*CG*, p. 708).

25. *À Sombra das Moças em Flor*, p. 271: "n'ayant d'estime que et de curiosité que pour les choses de l'esprit" (*A l'ombre des jeunes filles en fleurs*, p. 92).

26. *Idem*, p. 273: "chaque chose au poids de l'intelligence" (*CG*, p. 93).

27. *Idem*, p. 274: "Seul, quelquefois, je sentais affluer du fond de moi quelqu'une de ces impressions qui me donnaient un bien-être délicieux" (*CG*, p. 95).

jando com vivo ardor que semelhante felicidade jamais me fosse arrebatada porque não a sentira de fato[28].

De Aristóteles a Lacan ou da *Ética a Nicômaco* ao *Seminário sobre a Transferência*, é este o percurso traçado por Jean-Louis Blaquier[29] que não posso reproduzir aqui, mas que mostra como, embora tenha sempre tido necessidade de um lugar do Outro, o homem pouco a pouco eliminou seus ocupantes: os deuses, Deus, o próximo, a linguagem, para "se contentar" no fim com o impossível Real da psicanálise. O amigo é um de seus ocupantes, que Proust substituirá facilmente pela arte, como indica a análise precedente.

28. *Idem*, p. 275: "qu'on n'est pas intelligent que pour soi-même, que les plus grands ont désiré d'être appréciés, que je ne pouvais pas considérer comme perdues des heures où j'avais bâti une haute idée de moi dans l'esprit de mon ami, je me persuadais facilement que je devais en être heureux et je souhaitais d'autant plus vivement que ce bonheur ne me fût jamais enlevé que je ne l'avais pas ressenti" (*CG*, p. 95).
29. *Le dernier oxymore de Lacan: l'Autre qui n'existe pas*, de Jean-Louis Blaquier Intervenção dedicada a L.E.W. e sua filha. *Lista Lutecium sur internet.*.

10

◆

A Tradição no Aristocrata
e no Artista

Enquanto isto (o duque de Guermantes) agarrando-me familiarmente pela mão, dispôs-se a guiar-me e introduzir-me nos salões. Tal ou qual expressão corrente pouco clara pode agradar na boca de um camponês, quando denota a sobrevivência de uma tradição local, os traços de algum acontecimento histórico, talvez ignorados daquele que lhes faz alusão; da mesma forma a polidez do Sr. de Guermantes, e que ele ia testemunhar-me durante todo o serão, me encantou como um resto de hábitos várias vezes seculares, de hábitos, em particular, do século XVIII. As gentes dos tempos passados nos parecem infinitamente longe de nós. Não nos atrevemos a atribuir-lhes intenções profundas além do que expressam formalmente; ficamos espantados quando encontramos um sentimento semelhante ao que nós mesmos experimentamos em um herói de Homero, ou uma hábil manobra tática de Aníbal durante a batalha de Cannes, onde deixou o inimigo penetrar em seu flanco para envolvê-lo de surpresa; dir-se-ia que imaginamos esse poeta épico e esse general tão alheios a nós como um animal que vimos num jardim zoológico. O mesmo com certos personagens da corte de Luís XIV, quando encontramos demonstrações de cortesia em cartas por eles escritas a algum homem de condição inferior e que não lhes podem ser úteis em coisa alguma, deixam-nos surpresos, porque nos revelam de súbito nesses grandes senhores todo um mundo de crenças que jamais exprimem diretamente, mas que os governam, e em particular a crença de que é preciso fingir por polidez certos sentimentos e exercer com o maior escrúpulo certas funções de amabilidade"[1].

---

1. Proust, *O Caminho de Guermantes*, p. 375: "Cependant me saisissant familiè-rement par la main, il (le duc de Guermantes) se mit en devoir de me guider et de m'introduire dans les salons. Telle expression courante peut plaire dans la bouche d'un paysan si elle montre la survivance d'une

O herói espanta-se com a polidez do duque de Guermantes, pois este é conhecido pela brutalidade com que trata a esposa, mas, comparando-a a uma expressão lingüística cuja origem esquecemos e que não reflete de forma alguma um sentimento profundo, a polidez assim como a expressão revelam-se puramente formais.

Crer que fingir faz parte da polidez ou da estratégia é um hábito constatado tanto no duque como em Homero, Aníbal e nos cortesãos de Luís XIV. O código ou o ritual escrupulosamente observado pelo duque é, como veremos mais adiante, entre outras na passagem de um salão a outro, a culminação ou a auto-organização de séculos de hábitos que transcendem o indivíduo. Essa atitude não decorreria nem mesmo de uma estratégia para vencer um inimigo, como Aníbal deve ter feito em relação aos romanos, ou para dominar uma classe inferior, como poderia supor uma teoria sociológica, pois os cortesãos de Luís XIV respeitavam-na em sua correspondência sem qualquer contrapartida. Essas marcas de polidez testemunhariam tão-somente a posição social desses personagens. Os Réveillon, ancestrais dos Guermantes na gê-

> tradition locale, la trace d'un événement historique, peut-être ignorées de celui qui y fait allusion; de même cette politesse de M. de Guermantes et qu'il allait me témoigner pendant toute la soirée me charma comme un reste d'habitudes plusieurs fois séculaires, d'habitudes en particulier du XVIIº siècle. Les gens des temps passés nous semblent infiniment loin de nous. Nous n'osons pas leur supposer d'intentions profondes au-delà de ce qu'ils expriment formellement; nous sommes étonnés quand nous rencontrons un sentiment à peu près pareil à ceux que nous éprouvons chez un héros d'Homère ou une habile feinte tactique chez Hannibal pendant la bataille de Cannes où il laissa enfoncer son flanc pour envelopper son adversaire par surprise; on dirait que nous nous imaginons ce poète épique et ce général aussi éloignés de nous qu'un animal vu dans un jardin zoologique. Même chez tels personnages de la cour de Louis XIV quand nous trouvons des marques de courtoisie dans des lettres écrites par eux à quelque homme de rang inférieur et qui ne peut leur être utile à rien, elles nous laissent surpris parce qu'elles nous révèlent tout à coup chez ces grands seigneurs tout un monde de croyances qu'ils n'expriment jamais directement mais qui les gouvernent, et en particulier la croyance qu'il faut par politesse feindre certains sentiments et exercer avec le plus grand scrupule, certaines fonctions d'amabilité" (*CG*, p. 710).

nese da escritura, já se caracterizavam pelo mesmo "código hereditário de saber-viver"[2].

O passado não só não é fugaz, como também é imóvel. Não só meses após o início de uma guerra é que leis votadas sem pressa podem agir eficazmente sobre ela; não somente quinze anos após um crime que permaneceu obscuro é que um magistrado pode ainda encontrar elementos que sirvam para esclarecê-lo; após séculos e séculos, um sábio que estuda numa região remota a toponímia, os costumes dos habitantes, poderá recolher ainda neles uma ou outra lenda muito anterior ao cristianismo, já incompreendida, talvez até esquecida nos tempos de Heródoto e que, na denominação dada a uma rocha, num rito religioso permanece no meio do presente como uma emanação mais densa, imemorial e estável[3].

Não só os hábitos, mas as lendas e os ritos religiosos de outrora permanecem implantados no presente e, sem que o saibamos, agem eficazmente dando estabilidade às coisas, isto é, regularidades ou critérios que permitem a observadores como o narrador situá-los numa classe, numa raça e até na sociedade.

O mesmo vale para o manuscrito e o duque de Guermantes. O que chamo de memória da escritura ou inconsciente genético nada mais é a não ser o passado transcrito nos manuscritos que continua, se não a agir, pelo menos a estar ali, no texto publicado, sob uma forma metonímica. Sobre o duque, o narrador prossegue:

2. *CG*, p. 1740.
3. *O Caminho de Guermantes*, p. 376: "Le passé non seulement n'est pas fugace, il reste sur place. Ce n'est pas seulement des mois après le commencement d'une guerre que des lois votées sans hâte peuvent agir efficacement sur elle, ce n'est pas seulement quinze ans après un crime resté obscur qu'un magistrat peut encore trouver les éléments qui serviront à l'éclaircir; après des siècles et des siècles, le savant qui étudie dans une région lointaine la toponymie, les coutumes des habitants, pourra saisir encore en elles telle légende bien antérieure au christianisme, déjà incomprise, sinon même oubliée au temps d'Hérodote et qui dans l'appellation donnée à une roche, dans un rite religieux, demeure au milieu du présent, comme une émanation plus dense, immémoriale et stable" (*CG*, p. 711).

A EDUCAÇÃO SENTIMENTAL EM PROUST

Havia também uma emanação, muito menos antiga, da vida de corte, senão nas maneiras muita vez vulgares do Sr. de Guermantes, pelo menos no espírito que as dirigia. Devia eu ainda saboreá-la, como um aroma antigo, quando a encontrei um pouco mais tarde no salão. Pois não fora até lá imediatamente[4].

O narrador sente ou, melhor, respira a lenda que faz o duque agir e que não seria outra senão um hábito da vida de corte de seus ancestrais. É como se o simbólico no qual se insere o duque remontasse não mais a quatro gerações como afirmava Freud, mas a mais de dois séculos ou, em outras palavras, é como se o duque fosse o portador em seu discurso e em seus gestos, ciente ou não disso, da vida de corte descrita por Saint-Simon ou Madame de Sévigné. Muito perspicaz ou perspicaz em excesso, o narrador quer sem dúvida aproximar o século XIX do século XVII tomado como modelo, e nisso, o duque, bem diferente de seu sobrinho, se deixaria levar pela lenda ao passo que o segundo desejaria ignorá-la como vimos no capítulo sobre a amizade. É um dos inúmeros mitos denunciados pelo narrador que perdura na aristocracia do romance.

Manifestando seu desejo de ver os quadros de Elstir que o duque possuía, o herói, perdido na contemplação e em sua reflexão, esquece a hora da ceia: "de novo, como em Balbec, tinha diante de mim os fragmentos desse mundo de cores desconhecidas que não era mais que a projeção, a maneira-de-ver peculiar a esse grande pintor e que as suas palavras absolutamente não traduziam"[5].

O narrador dá prosseguimento à formação do herói e, depois de ter distinguido bem claramente Saint-Loup e a marquesa de

4. *Idem*, p. 377: "Il y en avait une (légende) aussi, bien moins antique, émanation de la vie de cour, sinon dans les manières souvent vulgaires de M. de Guermantes, du moins dans l'esprit qui les dirigeait. Je devais la goûter encore, comme une odeur ancienne, quand je la retrouvai un peu plus tard au salon. Car je n'y étais pas allé tout de suite" (*CG*, p. 711).
5. "[...] de nouveau comme à Balbec j'avais devant moi les fragments de ce monde aux couleurs inconnues qui n'était que la projection, la manière de voir particulière à ce grand peintre et que ne traduisaient nullement ses paroles" (*CG*, p. 712).

Villeparisis dos outros aristocratas, retrata o duque de Guermantes como a encarnação dessa classe exaltada pela História e imersa em seu passado. Se avaliarmos os três personagens por seu apego ao passado, o duque representa sem dúvida nenhuma o ponto mais forte, ao passo que a Sra. de Villeparisis e Saint-Loup, cada qual à sua maneira, conseguem aliviar o peso dessa influência.

A marquesa, embora tão apegada à tradição quanto o duque, escreve suas *Memórias*, ou seja, produz uma obra que exige certo afastamento do vivido ou um sentimento intelectual, como diz o narrador. Roberto de Saint-Loup, por sua vez, conseguira distanciar-se da tradição nobiliária e reivindicar outra postura bem mais fina e adaptada ao tempo presente por meio de suas leituras e de seus contatos com outra classe. Revelara-se sem dúvida um artista no manejo de seu corpo por ocasião do episódio da capa de vicunha, mas nada produzira como obra.

Elstir, ao contrário, oferece uma visão singular do mundo em seus quadros, o que provoca a admiração do herói, não sem uma leve restrição quanto ao discurso do pintor que não sabia traduzir em palavras o que tão bem exprimia em cores. Estará o narrador ou o herói fazendo referência a uma de suas inúmeras conversas com Elstir? Sem dúvida por antecipação, pois nada o indica no texto precedente e sim um pouco mais adiante, o que colocaria um pequeno problema de gênese se não soubéssemos que o narrador ordena sua narrativa como bem entende.

Os trechos de parede cobertos de pinturas suas, homogêneas todas entre si, eram como as imagens luminosas de uma lanterna mágica, a qual seria, no caso presente, a cabeça do artista e cuja estranheza não se poderia suspeitar se apenas se conhecesse o homem, isto é, enquanto apenas se visse a lanterna cobrindo a lâmpada, antes que lhe houvessem colocado algum vidro de cor[6].

---

6. "Les parties du mur couvertes de peintures de lui, toutes homogènes les unes aux autres, étaient comme les images lumineuses d'une lanterne magique laquelle eût été dans le cas présent, la tête de l'artiste et dont on n'eût pu soupçonner l'étrangeté tant qu'on n'aurait fait que connaître

Embora a lanterna mágica só surja treze vezes na obra[7], parece no entanto ser uma referência e uma metáfora constantes. Aqui, serve para separar o homem de sua obra. O homem, a carcaça, a lanterna ou a aparência não permitem suspeitar a riqueza visível tão-somente sob o efeito da lâmpada iluminando os vidros coloridos. É como se o artista tivesse reproduzido em quadros as imagens que povoam sua mente. A luz que ilumina progressivamente a imagem simboliza o trabalho que o artista aplica em reproduzir o que se desvela, mas indica também que qualquer objeto precisa de uma fonte luminosa para ser percebido por inteiro. Em outras palavras, nesse caso a forma não é simplesmente, como afirma a morfodinâmica, a auto-organização da matéria; para existir necessita de uma fonte luminosa ou de seu equivalente, um olhar ou uma energia qualquer que atravesse a primeira superfície, o que supõe que os objetos tenham várias camadas, várias formas e vários sistemas auto-organizacionais.

Compreendemos agora um pouco melhor por que o narrador insiste no conhecimento interior contrário à amizade comentado no capítulo precedente: ele raciocina como se toda a obra já estivesse no artista ou, como escreverá um pouco mais adiante, no olhar do artista. Não estará esquecendo a ação da matéria trabalhada, seja ela as cores e as linhas para o pintor ou a linguagem para o escritor?

Entre esses quadros, alguns dos que pareciam mais ridículos à gente mundana me interessavam mais que os outros pelo fato de recriarem essas ilusões ópticas que nos provam que não identificaríamos os objetos se não fizéssemos intervir o raciocínio. Quantas vezes, de carro, não descobrimos uma longa rua clara que começa a alguns metros de nós, quando não temos à nossa frente senão um trecho de muro violentamente iluminado que nos deu a miragem da profundidade? Não será portanto lógico, não

l'homme, c'est-à-dire tant qu'on n'eût fait que voir la lanterne coiffant la lampe, avant qu'aucun verre coloré eût encore été placé" (*CG*, p. 712).

7. A ferramenta de busca do CDRom das *Oeuvres romanesques complètes* publicado pela editora Champion facilita esta constatação.

por artifício de simbolismo, mas por um retorno sincero à própria raiz da impressão, representar uma coisa por essa outra que, no relâmpago de uma ilusão primeira, havíamos tomado por ela? As superfícies e os volumes são na realidade independentes dos nomes de objetos que a nossa memória nos impõe depois de os termos reconhecido. Elstir procurava extirpar o que ele sabia do que acabava de sentir; seu esforço consistira muita vez em dissolver esse conglomerado de raciocínios a que chamamos visão[8].

A ilusão de ótica nos engana sobre os objetos vistos a não ser que raciocinemos, mas era ela que Elstir pintava pelo fato de representar e subentender num primeiro momento esses objetos, aos quais conduzia em seguida. "Extirpar um saber de um sentir", expressão fantástica do objetivo da arte, condizente com o que Rancière escreverá muito mais tarde sobre o crítico que deve extrair o pensamento do não pensamento contido no objeto artístico. Nossos autores, como de costume, precedem em muito nossos filósofos! Portanto, não é a linguagem ou os nomes dos objetos que desencadearão os primeiros momentos de uma obra no artista, mas sim o sentir ou a impressão. É esta a força de Elstir.

Expressa em outros termos, não seria esta a idéia contida no conceito de "texto móvel" por mim proposto e que mais uma vez

8. *Idem*, pp. 377-378: "Parmi ces tableaux, quelques-uns de ceux qui semblaient le plus ridicules aux gens du monde m'intéressaient plus que les autres en ce qu'ils recréaient ces illusions d'optique qui nous prouvent que nous n'identifierions pas les objets si nous ne faisions pas intervenir le raisonnement. Que de fois en voiture ne découvrons-nous pas une longue rue claire qui commence à quelques mètres de nous, alors que nous n'avons que devant nous un pan de mur violemment éclairé qui nous a donné le mirage de la profondeur. Dès lors n'est-il pas logique non par artifice de symbolisme, mais par retour sincère à la racine même de l'impression, de représenter une chose par cette autre que dans l'éclair d'une illusion première nous avons prise pour elle? Les surfaces et les volumes sont en réalité indépendants des noms d'objets que notre mémoire leur impose quand nous les avons reconnus. Elstir tâchait d'arracher à ce qu'il venait de sentir ce qu'il savait, son effort avait souvent été de dissoudre cet agrégat de raisonnements que nous appelons vision" (*CG*, pp. 712-713).

A EDUCAÇÃO SENTIMENTAL EM PROUST

ressalta a dianteira dos autores, desta vez em relação à crítica?[9] Neste conceito, texto designa o gozo contínuo e estável, desencadeante do objeto artístico e que se mantém durante sua elaboração, o adjetivo "móvel" expressa a instabilidade da escritura ou das cores durante a própria construção do objeto.

Mas o verbo "extirpar" pode querer dizer duas coisas: ou o sentir contém um saber em suas dobras que é preciso revelar ou o sentir engloba um saber como uma casca a ser descascada para descobrir a maçã. Revelar ou descobrir, é essa a questão! A impressão nos atinge misturada de saber ou exige ser esquecida e ultrapassada para que o saber se leia. A lembrança involuntária da madalena está, na verdade, a meio caminho entre ambas, pois o herói retorna várias vezes à sensação antes de abandoná-la definitivamente. A primeira leitura tem a vantagem de integrar os dois elementos, ao passo que a segunda supõe duas etapas que poderiam ser estanques.

De qualquer modo, Elstir empenha-se em dissolver a visão racional que temos das coisas, como se as víssemos a partir de palavras estabelecidas ou de preconceitos, e não adere, longe disso, ao simbolismo ao qual, no entanto, Proust adere com muita facilidade[10]. Essa distinção não é sem importância pois faz do pintor não um discípulo que aplica uma doutrina, aquela inaugurada por Baudelaire em *Correspondances*, mas um artista que aderiria antes aos impressionistas tal como os descreve Huygue.

Olhemos para *Vue de la Tamise* que Monet pintou em sua primeira estada em Londres, em 1871; comparemo-lo em seguida a um *Westminster Bridge* da viagem de 1901-1902: assistiremos, como que numa experiência *in vitro*, à diluição das referências de forma, de volume, de con-

---

9. Willemart, *Além da Psicanálise: A Literatura e As Artes*, p. 102, e "Como se Constitui a Escritura Literária?", *Criação em Processo. Ensaios de Crítica Genética*, São Paulo, Iluminuras, 2002 (no prelo).
10. Otto M. Carpeaux, *História da Literatura Ocidental. O Cruzeiro*, 1964, vol. 6, pp. 2963-2972.

sistência. No segundo, onde termina a água, onde começa o céu, sobre o que repousa e onde reside a pedra do monumento?[11]

Não poderíamos estar lendo a descrição de um Elstir?

As pessoas que detestavam aqueles "horrores" estranhavam que Elstir admirasse Chardin, Perroneau, tantos pintores a quem eles, os mundanos, apreciavam. Não viam que Elstir tornara a fazer por sua conta, diante do real (com o indício particular de seu gosto por certas pesquisas) o mesmo esforço de um Chardin ou um Perroneau e que, por conseguinte, quando deixava de trabalhar por si mesmo, admirava neles tentativas do mesmo gênero, espécies de fragmentos antecipados de obras suas. Mas os mundanos não acrescentavam pelo pensamento à obra de Elstir essa perspectiva do Tempo que lhes permitia apreciar ou pelo menos contemplar sem inquietação a obra de Chardin. No entanto, os mais velhos podiam refletir que no curso de sua vida tinham visto, à medida que os anos os afastavam dela, que a distância intransponível que mediava entre o que eles julgavam uma obra-prima de Ingres e o que eles julgavam devesse permanecer um horror para todo o sempre (por exemplo a *Olympia* de Manet) até que as duas telas tivessem um ar de gêmeas. Mas não há lição que se aproveite, porque não sabemos descer até o geral e sempre imaginamos encontrar-nos em presença de uma experiência que não tem precedentes no passado[12].

---

11. René Huygue, *Dialogue avec le visible*, Paris, Flammarion, 1955, p. 158.
12. Proust, *O Caminho de Guermantes*, p. 378: "Les gens qui détestaient ces "horreurs" s'étonnaient qu'Elstir admirât Chardin, Perroneau, tant de peintres, qu'eux, les gens du monde, aimaient. Ils ne se rendaient pas compte qu'Elstir avait pour son compte refait devant le réel (avec l'indice particulier de son goût pour certaines recherches) le même effort qu'un Chardin ou un Perroneau, et qu'en conséquence quand il cessait de travailler pour lui même, il admirait en eux des tentatives du même genre, des sortes de fragments anticipés d'œuvres de lui. Mais les gens du monde n'ajoutaient pas par la pensée à l'œuvre d'Elstir cette perspective du Temps qui leur permettait d'aimer ou tout au moins de regarder sans gêne la peinture de Chardin. Pourtant les plus vieux auraient pu se dire qu'au cours de leur vie, ils avaient vu au fur et à mesure que les années les en éloignaient, la distance infranchissable entre ce qu'ils jugeaient un chef-d'œuvre d'Ingres, et ce qu'ils croyaient devoir rester à jamais une horreur (par exemple l'Olympia de Manet) diminuer jusqu'à ce que les deux toiles eussent l'air jumelles. Mais on ne profite d'aucune leçon parce qu'on ne sait pas descendre jusqu'au général et qu'on se figure toujours se trouver en présence d'une expérience qui n'a pas de précédents dans le passé" (*CG*, p. 713).

Também o artista é fruto de uma tradição como o aristocrata, e é isso que cria a unidade ou a lógica desta passagem e deste capítulo. Mas ali onde ninguém vê essa filiação, o artista nela se sente inserido, estuda-a e distingue em seus predecessores anúncios de sua obra. A diferença entre os aristocratas e os artistas não está tanto na consciência da tradição, mas na atitude em relação a ela. Se os primeiros dão continuidade à tradição geralmente sem o saber como o duque de Guermantes, os segundos empenham-se em detectar a maneira de tornar visível o real de seus "pais" ou de compreendê-lo para nele penetrar e para inovar. Repetir, por um lado, ou criar a partir da repetição, por outro, bastaria para distinguir as duas classes. O narrador, no entanto, não insiste na hereditariedade de sangue no que se refere aos aristocratas, o denominado sangue azul, mas nos costumes, nos ritos e na cultura transmitidos de geração em geração, filiação que os une aos artistas e que o público e os críticos costumam ignorar. Os espectadores ávidos de novidade se deixam tomar pela "distância intransponível" entre um artista e outro, esquecendo que eles não só estão vinculados a uma mesma tradição, como estão submetidos a uma mesma lei.

Em seguida, o narrador dá uma verdadeira aula de crítica de arte numa página. Não vai procurar as influências, as circunstâncias ou a história do quadro, geralmente fornecidas como explicação para os visitantes da maioria dos museus, mas, limitando-se ao quadro e partindo de suas impressões, leva-nos a saboreá-lo fazendo com que se mova sob nossos olhos:

Aquela festa a beira-rio tinha qualquer coisa de encantador. O rio, os vestidos das mulheres, as velas dos barcos, os reflexos inumeráveis de uns e outras achavam-se em vizinhança naquele quadrado de pintura que Elstir havia recortado de uma tarde maravilhosa. O que encantava no vestido de uma mulher que deixara um momento de dançar por causa do calor e da sufocação era igualmente cambiante, e, da mesma maneira, no pano de uma vela parada, na água do pequeno porto, no pontão de madeira, nas folhagens e no céu[13].

13. *Idem*, p. 379: "Cette fête au bord de l'eau avait quelque chose d'enchanteur. La rivière, les robes des femmes, les voiles des barques, les

Encantado e enlevado, o narrador situa o quadro no espaço e no tempo já "maravilhoso" e descreve não o movimento das personagens, mas o das cores que impregnam os objetos enumerados traçando assim a unidade do quadro.

Da mesma forma, num dos quadros que eu tinha visto em Balbec, o hospital, tão belo sob o céu de lápis-lazúli como a própria catedral, parecia, mais atrevido que Elstir teórico que Elstir homem de gosto e enamorado da Idade Média, clamar: "Não há gótico, não há obra-prima, o hospital sem estilo vale o glorioso portal". Da mesma forma eu ouvia: "A dama um tanto vulgar que um diletante em passeio evitaria olhar, excluiria do quadro poético que a natureza compõe diante dele, essa mulher é bela também, seu vestido recebe a mesma luz que a vela do barco, e não há coisas mais ou menos preciosas, o vestido comum e a vela por si mesma linda são espelhos do mesmo reflexo; todo o valor está no olhar do pintor"[14].

Os objetos pintados, um hospital, uma catedral famosa ou uma mulher vulgar, importam pouco em si mesmos; seu valor não decorre de sua origem histórica ou de seu contexto estético, mas da maneira como esses objetos receberam a mesma luz no quadro ou, em outras palavras, do olhar do pintor. A singularidade

reflets innombrables des unes et des autres voisinaient parmi ce carré de peinture qu'Elstir avait découpé dans une merveilleuse après-midi. Ce qui ravissait dans la robe d'une femme cessant un moment de danser à cause de la chaleur et de l'essoufflement, était chatoyant aussi, et de la même manière, dans la toile d'une voile arrêtée, dans l'eau du petit port, dans le ponton de bois, dans les feuillages et dans le ciel" (*CG*, pp. 713-714).

14. *Idem*, 379: "Comme dans un des tableaux que j'avais vus à Balbec, l'hôpital aussi beau sous son ciel de lapis que la cathédrale elle-même, semblait plus hardi qu'Elstir théoricien, qu'Elstir homme de goût et amoureux du moyen âge, chanter: "Il n'y a pas de gothique, il n'y a pas de chef-d'œuvre, l'hôpital sans style vaut le glorieux portail", de même j'entendais: La dame un peu vulgaire qu'un dilettante en promenade éviterait de regarder, excepterait du tableau poétique que la nature compose devant lui, cette femme est belle aussi, sa robe reçoit la même lumière que la voile du bateau, et il n'y a pas de choses plus ou moins précieuses, la robe commune et la voile en elle-même jolie sont deux miroirs du même reflet, tout le prix est dans les regards du peintre" (*CG*, p. 714).

A EDUCAÇÃO SENTIMENTAL EM PROUST

desse olhar elimina as teorias, as preferências pelas escolas ou pelos estilos. O bom crítico saberá discernir a unidade do quadro, que aqui é provocada pela luz comum que ilumina os objetos e de certa forma os iguala desprezando assim suas características próprias. Bastante estrutural nesse sentido, o narrador no entanto não se restringe a isso pois também quer ver aí a continuação de uma tradição. Seja como for, o quadro descreve apenas um instante:

Pois bem, este soubera imortalmente deter o movimento das horas naquele instante luminoso em que a dama sentira calor e deixara de dançar, em que a árvore estava cercada de um contorno de sombra, em que as velas pareciam deslizar sobre um verniz de ouro. Mas justamente porque o instante pesava sobre nós com tamanha força, aquela tela tão fixa dava a impressão mais fugitiva, sentia-se que a dama ia em breve voltar-se, os barcos desaparecerem, a sombra mudar de lugar, a noite descer, que o prazer acaba, que a vida passa e que os instantes, mostrados ao mesmo tempo por tantas luzes que se lhes avizinham, não tornamos a encontrálos. Eu reconhecia ainda um aspecto muito diverso, na verdade, do que é o instante, em algumas aquarelas de assuntos mitológicos, que datavam dos inícios de Elstir e de que também estava ornado aquele salão[15].

Com um olhar unificador e fazendo "tábula rasa" do pintor, o narrador acrescenta um dado temporal extremamente precioso: a condensação do tempo ou a precisão do instante, palavra que ganha importância e cuja força penetra e perturba o espectador a ponto de ele sentir a fragilidade e o caráter efêmero do representa-

---

15. *Idem*, p. 379: "Or celui-ci avait su immortellement arrêter le mouvement des heures à cet instant lumineux, où la dame avait eu chaud et avait cessé de danser, où l'arbre était cerné d'un pourtour d'ombre, où les voiles semblaient glisser sur un vernis d'or. Mais justement parce que l'instant pesait sur nous avec tant de force, cette toile si fixée donnait l'impression la plus fugitive, on sentait que la dame allait bientôt s'en retourner, les bateaux disparaître, l'ombre changer de place, la nuit venir, que le plaisir finit, que la vie passe et que les instants, montrés à la fois par tant de lumières qui y voisinent ensemble, ne se retrouvent pas. Je reconnaissais encore un aspect, tout autre il est vrai, de ce qu'est l'Instant, dans quelques aquarelles à sujets mythologiques, datant des débuts d'Elstir et dont était aussi orné ce salon" (*CG*, p. 714).

A TRADIÇÃO NO ARISTOCRATA E NO ARTISTA

do. O narrador provavelmente se recorda da "arte veneziana (século XV) [...] (que) com essa sensualidade que a distingue do resto da Itália registra as palpitações do dia (e) mostra como a aurora e o crepúsculo colorem e infletem os raios luminosos"[16].

Não era por certo o que Elstir havia feito de melhor, mas já a sinceridade com que o assunto fora pensado lhe tirava a frieza. É assim que, por exemplo, as Musas eram representadas como o seriam criaturas pertencentes a uma espécie fóssil, mas que não seria raro, nos tempos mitológicos, ver passarem ao entardecer, de duas em duas ou de três em três, ao longo de algum caminho montanhoso. Algumas vezes um poeta, de uma raça que tivesse também uma individualidade particular para um zoologista (caracterizada por certa insexualidade), passeava com uma Musa, como, na natureza, criaturas de espécies diferentes mas amigas e que seguem em companhia. Numa das aquarelas via-se um poeta, esgotado por uma longa caminhada na montanha, que um Centauro, que ele encontrou, penalizado da sua fadiga, toma sobre o lombo e o transporta. Em mais de outra, a imensa paisagem (em que a cena mítica, os heróis fabulosos, ocupam um lugar minúsculo e estão como que perdidos) é reproduzida, dos píncaros ao mar, com uma exatidão que indica mais ainda que a hora, até o minuto que é, graças ao grau preciso do declínio do sol, à fidelidade fugitiva das sombras. Com isso dá o artista, instantaneizando-o, uma espécie de realidade histórica vivida ao símbolo da fábula, o pinta e o relata no pretérito perfeito[17].

Apesar do contexto mitológico e da intemporalidade que disso decorre, o pintor foi tão realista no jogo de sombras e de luz que o espectador consegue determinar a hora do momento retratado,

16. Huygue, *op. cit.*, p. 147.
17. Proust, *op. cit.*: "Ce n'était certes pas ce qu'Elstir avait fait de mieux, mais déjà la sincérité avec laquelle le sujet avait été pensé ôtait sa froideur. [...] Dans plus d'une autre (toile), l'immense paysage (où la scène mythique, les héros fabuleux, tiennent une place minuscule et sont comme perdus) est rendu des sommets à la mer, avec une exactitude qui donne plus que l'heure, jusqu'à la minute qu'il est, grâce au degré précis du déclin du soleil, à la fidélité fugitive des ombres. Par là l'artiste donne, en l'instantanéisant, une sorte de réalité historique vécue au symbole de la fable, le peint, et le relate au passé défini" (*CG*, p. 715).

A EDUCAÇÃO SENTIMENTAL EM PROUST

como se a introdução desse jogo preciso de matizes manifestasse o desejo de humanizar a cena e de assim misturar os deuses aos homens. Não era próprio da estética de Elstir criar a indistinção entre a terra, o mar e o céu, como recordei acima, ou entre os diferentes mundos, como se a passagem de um a outro não fosse mais uma questão de fronteiras, mas de ideologia? Com isso quero dizer que o mundo inventado a partir da impressão não se preocupa com distinções racionais decorrentes da ciência, da educação, da inserção dos homens no Simbólico, de prejulgamentos. Rompendo nossas categorias e nossa vontade de compreender que o mundo artístico pode "saber" bem mais que o primeiro sobre os fenômenos que regem nossa vida, o que demonstra mais uma vez a hipótese de Rancière sobre o saber impensado dos artistas.

11

O Capacho dos Guermantes:
Limiar ou Término do Mundo
Encantado dos Nomes

Se o Sr. de Guermantes se apressara tanto em apresentar-me é porque o fato de que haja numa reunião alguém desconhecido a uma Alteza Real é intolerável e não pode prolongar-se um segundo. Idêntica pressa mostrara Saint-Loup em ser apresentado a minha avó. Aliás, por um resquício herdado da vida das cortes, que se chama polidez mundana e que não é superficial, mas em que, por uma conversação de fora para dentro, é a superfície que se torna essencial e profunda, o duque e a duquesa de Guermantes consideravam como um dever mais essencial do que os, tantas vezes negligenciados no mínimo por um deles, da caridade, da castidade, da piedade e da justiça, essoutro, muito mais inflexível, de nunca falar à princesa de Parma senão na terceira pessoa[1].

O herói acaba, por fim, de entrar no salão Guermantes com uma hora de atraso; mas antes de soar o sinal para servir o jantar, o

---

1. Proust, *O Caminho de Guermantes*, pp. 383-384: "Si M. de Guermantes avait mis tant de hâte à me présenter, c'est que le fait qu'il y ait dans une réunion quelqu'un d'inconnu à une Altesse royale est intolérable et ne peut se prolonger une seconde. C'était cette même hâte que Saint-Loup avait mise à se faire présenter à ma grand'mère. D'ailleurs, par un reste hérité de la vie des cours qui s'appelle la politesse mondaine et qui n'est pas superficiel, mais où par un retournement du dehors au dedans, c'est la superficie qui devient essentielle et profonde, le duc et la duchesse de Guermantes considéraient comme un devoir plus essentiel que ceux, assez souvent négligés au moins par l'un d'eux, de la charité, de la chasteté, de la pitié et de la justice, celui, plus inflexible, de ne guère parler à la princesse de Parme qu'à la troisième personne" (*CG*, p. 719).

A EDUCAÇÃO SENTIMENTAL EM PROUST

duque apressa-se em apresentá-lo à princesa de Parma pelos motivos que acabamos de ler. A polidez mundana dirige o comportamento dos aristocratas como se fizesse parte de seu ser íntimo em detrimento de qualquer outra qualidade. O duque é sua representação extrema, o que já fora sublinhado no capítulo precedente. A expressão do narrador: "inversão de fora para dentro" (e não uma conversação), muito eloqüente, supõe uma cultura da etiqueta cujo objetivo era não só organizar a sociedade, mas hierarquizá-la. Ou seja, a falta de apresentação teria mantido o herói na inexistência "social". Ao apresentá-lo à Alteza, o duque o introduz no círculo de conhecidos da Alteza e, portanto, permite que exista.

Resquício do cerimonial da Corte de Versailles em que, imitando Luís XIV que, por sua vez, plagiava a posição de Deus, os cortesãos faziam da apresentação o primeiro passo indispensável para qualquer ascensão na sociedade. O "Não o conheço" do soberano condenava qualquer ambição à Corte de Versailles. "A obsessão por aparecer, por se aproximar do rei e se fazer notar por ele passava a ser a principal preocupação dessa ordem naturalmente inclinada à turbulência" (*Enciclopédia*).

O próprio Saint-Loup não escapa a essa regra mas aplica-a de uma maneira estranha à avó, como se, é o que supomos, ela pudesse não fazê-lo existir mas sim fazê-lo progredir na amizade com o herói. Com efeito, o episódio de Doncière mostra ao leitor o quanto ele o aprecia, o que sem dúvida explicaria "essa pressa em lhe ser apresentado" em Balbec e a hierarquia em função da inteligência que ele assim cria.

Arrastado, pode-se dizer, por suas relações com a duquesa de Guermantes, logo no entanto o herói se põe a separar a história e a literatura da pessoa da princesa de Parma:

> Em compensação, logo que vi a princesa, que até então estaria convencido de que era pelo menos a Sanseverina, iniciou-se uma nova operação que, a falar verdade, só terminou alguns meses mais tarde e que consistiu, com auxílio de novas malaxações químicas, em expulsar todo óleo essencial de violetas e todo perfume stendhaliano do nome da princesa e incorporar-lhe, em troca, a imagem de uma mulherzinha morena, ocupada

1 8 0

em obras de caridade, de uma amabilidade de tal modo humilde que logo se compreendia em que altaneiro orgulho tinha origem[2].

O narrador empenha-se então em analisar com bastante ironia as duas causas de sua amabilidade. "Uma, geral, era a educação que recebera essa filha de soberanos"[3]. Superior a todos tanto por sua descendência como pela fortuna embora não o manifestasse, generosa com todos, sem contudo convidá-los para as recepções. "Assim, mesmo nos momentos em que não podia fazer bem, a princesa procurava mostrar, ou antes, fazer crer, por todos os sinais exteriores da linguagem muda, que não se julgava superior às pessoas entre as quais se encontrava"[4].

É o mesmo "fazer crer" de que falávamos acima ao comentar Legendre e Bourdieu a respeito da marquesa de Villeparisis que, apesar das aparências, tem o mesmo objetivo da etiqueta, a submissão das classes ditas inferiores, mas aqui sob a máscara da falsa humildade. Depois da revolução francesa, é preciso fazer de conta que se acredita na igualdade dos cidadãos. Esse fazer de conta ou esse fazer crer faz parte do Imaginário que convence o público em geral, mas não o narrador, que refere seu segundo motivo um pouco mais adiante:

2. *Idem*, p. 384: "En revanche dès que je vis la princesse que j'aurais été jusque-là convaincu être au moins la Sanseverina, une seconde opération commença, laquelle ne fut à vrai dire parachevée que quelques mois plus tard et qui consista à l'aide de nouvelles malaxations chimiques à expulser toute huile essentielle de violettes et tout parfum stendhalien du nom de la princesse et à y incorporer à la place l'image d'une petite femme noire, occupée d'œuvres, d'une amabilité tellement humble qu'on comprenait tout de suite dans quel orgueil altier cette amabilité prenait son origine" (*CG*, pp. 719-720).
3. *Ibidem*,"L'une générale était l'éducation que cette fille de souverains avait reçue" (*CG*, p. 720).
4. *Idem*, p. 385: "Aussi même dans les moments où elle ne pouvait pas faire de bien la princesse cherchait à montrer ou plutôt à faire croire par tous les signes extérieurs du langage muet qu'elle ne se croyait pas supérieure aux personnes au milieu de qui elle se trouvait" (*CG*, p. 721).

A outra razão da amabilidade que me dispensou a princesa de Parma era mais particular. É que estava de antemão persuadida de que tudo quanto via em casa da duquesa de Guermantes, coisas e pessoas, era de qualidade superior a tudo que tinha ela em sua própria casa[5].

A educação da mãe e a admiração pela amiga suscitam portanto essa amabilidade, que nem por isso eu diria ser factícia mas que se pretendia verdadeira porque correspondia a um só desejo, o de se inserir na estrutura aristocrática repetindo uma tradição familiar que, sem dúvida considerada insuficiente, buscava seu complemento na imitação da amiga idealizada.

É então que o narrador, convencido da defasagem entre os nomes e seu conteúdo, mas ainda assim admirador dos Guermantes como a princesa de Parma, tenta caracterizar o espírito dessa família que reconhece ser diferente de todas as outras.

Físico singular, qualidade social mais fina desde antes de Luís XIV, "um modo de andar, de saudar, de olhar antes de apertar a mão, de apertar a mão"[6] que segundo genealogistas servis remontava à "fecundação mitológica de uma ninfa por um divino Pássaro"[7], apreço pela inteligência e pelo talento acima de qualquer outra qualidade, idéias socialistas, pois diminuíam a importância de sua nobreza – embora se fizessem chamar duque e duquesa – ousavam falar de moral, tinham um olhar de serpente, eram insolentes com pessoas de raça antiga, exerciam uma arte infinita de marcar as distâncias, julgavam-se psicólogos de primeira ordem, diziam coisas consideradas escandalosas etc.

---

5. *Idem*, p. 393: "L'autre raison de l'amabilité que me montra la princesse de Parme était plus particulière. C'est qu'elle était persuadée d'avance que tout ce qu'elle voyait chez la duchesse de Guermantes, choses et gens, était d'une qualité supérieure à tout ce qu'elle avait chez elle" (*CG*. p. 729).

6. *Idem*, p. 394: "manières de se tenir, de marcher, de saluer, de regarder avant de serrer la main, de serrer la main" (*CG*, p. 731).

7. *Idem*, p. 395: "la fécondation mythologique d'une nymphe par un divin Oiseau" (*CG*. p. 732).

Após longas páginas descrevendo os convidados, as boas palavras da duquesa, seus discursos sobre os artistas, o herói parece ter por fim compreendido a pequenez do casal:

> Assim os via eu a ambos, retirados desse nome de Guermantes no qual os imaginava outrora a levar uma vida inconcebível, semelhantes agora aos outros homens e às outras mulheres, apenas um tanto retardados em relação aos contemporâneos, mas de modo desigual, como tantos casais do faubourg Saint-Germain, em que a mulher teve a arte de parar na idade (e não cidade) de ouro e o homem a má sorte de descer à idade ingrata do passado, permanecendo ela ainda Luís XV quando o marido é pomposamente Luís-Filipe[8].

Mais uma vez o narrador constrói seus personagens de maneira bastante extraordinária e singularmente pouco realista. Mas por que a idade de ouro de Luís XV e a idade ingrata do passado para Luís-Filipe?

O método correto de leitura não exige que folheemos os manuais dos historiadores, mas que procuremos os trechos do *Em Busca do Tempo Perdido* onde esses personagens são citados e caracterizados, se possível, em relação aos Guermantes.

Ora, com efeito, a personagem da marquesa de Villeparisis e os Guermantes parecem aglutinar as poucas citações sobre o rei burguês, exceto uma: "o espírito de conversação de Luís Filipe"[9], as genealogias e as heranças que primam sobre os grandes fatos históricos para os Guermantes[10], o Rei-Cidadão e sua família que

---

8. *Idem*, p. 470: "Tels je les voyais tous deux retirés de ce nom de Guermantes dans lequel, jadis, je les imaginais menant une inconcevable vie, maintenant pareils aux autres hommes et aux autres femmes, retardant seulement un peu sur leurs contemporains, mais inégalement, comme tant de ménages du faubourg Saint-Germain où la femme a eu l'art de s'arrêter à l'âge d'or, l'homme, la mauvaise chance de descendre à l'âge ingrat du passé, l'une restant encore Louis XV quand le mari est pompeusement Louis-Philippe" (*CG*, p. 814).

9. Proust, *À Sombra das Moças em Flor*, p. 251: "l'esprit de conversation de Louis-Philippe" (*A l'ombre des jeunes filles en fleurs II*, p. 69).

10. *O Caminho de Guermantes*, p. 481 e p. 483.

não quisera freqüentar a tia da Sra. de Villeparisis, a famosa duquesa de ***[11], Swann desprezando Odette que "extasia-se ante as dejeções de Luís-Filipe e as de Viollet-le-Duc!"[12].

Rejeitado pela tia da marquesa de Villeparisis por ser de casa inferior e por Swann por seu mau gosto, "a idade ingrata do passado" que é a de Luís-Filipe faz do duque um personagem que gosta da conversação, das heranças, das genealogias e dos valores burgueses, pouco conhecedor em matéria de arte, mas que encanta o herói, como veremos mais adiante, por seu saber genealógico.

Luís XV é evocado por três personagens. Por Odette: "cor-de-rosa pálido como a seda Luís XV de suas poltronas"[13], "trazia à memória as 'anquinhas' Louis XV"[14]. Por Oriana: "julgando-se a Sra. de Guermantes na obrigação de tratar por 'minha tia' as pessoas com quem não lhe encontrariam um antepassado comum sem remontar ao menos até Luís XV"[15], "Sim, é como se chamava um costume Luís XV no Segundo Império, ao tempo da mocidade de Ana de Mouchy ou da mãe do caro Brigode"[16]. E com mais freqüência pelo narrador:

A verdade é que a semelhança dos trajes e também a reverberação, pela fisionomia, do espírito da época ocupam numa pessoa um lugar sensivelmente mais importante que o de sua casta, a qual só tem papel considerável no amor-próprio do interessado e na imaginação dos outros, de forma que não é preciso percorrer as galerias do Louvre para

11. *A Prisioneira*, p. 267: "s'extasie successivement devant les déjections de Louis-Philippe et devant celles de Viollet-le-Duc!" (*La Prisonnière*, p. 797).
12. *No Caminho de Swann*, p. 283: "rose pâle comme la soie Louis XV de ses fauteuils, blanc de neige comme sa robe de chambre en crêpe de chine ..." (*Du côté de chez Swann*, p. 288).
13. *À Sombra das Moças em Flor*, p. 151: "Sous la jupe aux 'paniers' Louis XV" (*A l'ombre des jeunes filles en fleurs I*, p. 585).
14. *Idem*, p. 173: "Sous la jupe aux 'paniers' Louis XV" (*CG*, p. 610).
15. *No Caminho de Guermantes*, p. 479: "Mais non, c'est comme ce qu'on appelait un costume Louis XV sous le second Empire, dans la jeunesse d'Anna de Mouchy ou de la mère du cher Brigode" (*CG*. p. 811).
16. *Idem*, p. 467: "Mme de Guermantes se faisait un devoir de dire 'ma tante' à des personnes avec qui on ne lui eût trouvé un ancêtre commun sans remonter au moins jusqu'à Louis XV" (*CG*, p. 824).

perceber que um grão-senhor do tempo de Luís Filipe é menos diferente de um burguês do tempo de Luís Filipe que de um grão-senhor do tempo de Luís XIV[17].

Um simples *croissant*, comido por nós, causa-nos mais prazer que todos os verdelhões, filhotes de coelho e perdizes vermelhas, servidos a Luís XV[18].

Albertina, como essas mulheres durante muito tempo amadas em si mesmas, que mais tarde, sentindo enfraquecer-se a emoção do amante, conservavam o prestígio contentando-se com o papel de alcoviteiras, ornava para mim, como a Pompadour para Luís XV, novas mocinhas[19].

[...] valor de certo modo histórico e de curiosidade, como aquele que o retrato de Carlos I, da autoria de Van Dyck, já tão lindo em si mesmo, adquire pelo fato de haver entrado nas coleções nacionais graças ao desejo de impressionar o rei, que animava a Sra. du Barry[20].

17. Proust, *Sodoma e Gomorra*, p. 72: "La vérité est que la ressemblance des vêtements et aussi la réverbération par le visage de l'esprit de l'époque tiennent, dans une personne, une place tellement plus importante que sa caste, qui en occupe une grande seulement par l'amour propre de l'intéressé et l'imagination des autres, que pour se rendre compte qu'un grand seigneur du temps de Louis-Philippe est moins différent d'un bourgeois du temps de Louis-Philippe que d'un grand seigneur du temps de Louis XV, il n'est pas nécessaire de parcourir les galeries du Louvre" (*Sodome et Gomorrhe,* LivroII, Parte I, p. 81).
18. *A Fugitiva*, p. 77: "un simple croissant, mais que nous mangons, nous fait éprouver plus de plaisir que tous les ortolans, lapereaux et bartavelles qui furent servis à Louis XV" (*Albertine disparue*, I, p. 79).
19. *Idem*, p. 125: "Albertine, comme ces femmes longtemps aimées pour elles-mêmes qui plus tard, sentant le goût de leur amant s'affaiblir, conservent leur pouvoir en se contentant du rôle d'entremetteuses, paraît pour moi comme la Pompadour pour Louis XV de nouvelles fillettes" (*Albertine disparue*, I, p. 134).
20. *Idem*, p. 135: "un prix en quelque sorte historique et curieux comme celui que le tableau de Charles Iº par Van Dyck, déjà si beau par lui-même, acquiert encore de plus, du fait qu'il soit entrer dans les collections nationales par la volonté de Mme du Barry d'impressionner le roi" (*Albertine disparue*, I, p. 140).

A EDUCAÇÃO SENTIMENTAL EM PROUST

[...] uma fatura desse Petit Dunkerque [...] e que é, na verdade, uma daquelas volantes obras-primas de papel destinadas às contas no reinado de Luís XV[21].

A idade de ouro de Luís XV é circunscrita em *Em Busca do Tempo Perdido* pelas cortesãs, a Pompadour e a du Barry, as flores, os trajes, sejam eles de poltronas, saias ou costumes, a arte de comer e de agradar mesmo contando dinheiro e o necessário parentesco entre os nobres.

O passado é do mesmo século que o duque, ao passo que a idade de ouro tem outro teor. Esta expressão já foi empregada acima, num outro contexto, por ocasião da visita ao vilarejo de Raquel, quando o narrador via nas pereiras em flor anjos tutelares, texto comentado no capítulo 4:

Guardiães das lembranças da idade de ouro, fiadores da promessa de que a realidade não é o que se acredita, que o esplendor da poesia, o fulgor maravilhoso da inocência podem resplandecer nela, e poderão constituir a recompensa que nos esforçamos por merecer, as grandes criaturas brancas maravilhosamente inclinadas acima da sombra propícia à sesta, à pesca, à leitura não seriam acaso anjos?[22].

A expressão vai além de todas as passagens sobre Luís XV e permite dizer que a duquesa vive num mundo em que "a realidade não é o que parece", ao passo que o duque, mais pé no chão, exprime apenas o discurso do passado ingrato. Mas a continuação desmente um pouco essas afirmações:

21. *O Tempo Redescoberto*, p. 21: "une facture de ce Petit Dunkerque [...] et qui est bien un des volants chefs-d'oeuvre de papier ornementé sur lequel le règne de Louis XV faisait ses comptes" (*Le Temps Retrouvé*, p. 288).
22. Proust, *O Caminho de Guermantes*, p. 144: "Gardiens des souvenirs de l'âge d'or, garants de la promesse que la réalité n'est pas ce qu'on croit, que la splendeur de la poésie, que l'éclat merveilleux de l'innocence peuvent y resplendir et pourront être la récompense que nous nous efforcerons de mériter, les grandes créatures blanches merveilleusement penchées au-dessus de l'ombre propice à la sieste, à la pêche, à la lecture, n'était-ce pas plutôt des anges?" (*CG*, p. 459).

O CAPACHO DOS GUERMANTES

Que a Sra. de Guermantes fosse igual às outras mulheres e isso tenha sido uma decepção para mim no princípio, agora, por reação, e com o auxílio de vinhos tão bons, era quase um maravilhamento. [...] Depois de galgar as alturas inacessíveis do nome de Guermantes, quando descia a vertente interna da vida da duquesa, ao encontrar ali os nomes, familiares em outras partes, de Victor Hugo, de Frantz Hals e até de Vibert, eu experimentava o mesmo espanto que um viajante, depois de levar em conta, para estudar a singularidade dos costumes num vale da América Central ou da África do Norte, o afastamento geográfico e a estranheza das denominações da flora, experimenta ao descobrir, uma vez atravessada uma cortina de aloés gigantes ou de mancenilhas, habitantes que (às vezes até diante das ruínas de um teatro romano ou de uma coluna dedicada a Vênus) estão a ler Mérope ou Alzire[23].

O narrador retorna para o que o inquieta desde o começo do terceiro romance, o nome de Guermantes, e descobre que, apesar do que imaginava sobre o exotismo dos costumes da duquesa, ela de fato pertence à cultura francesa, se não ocidental, mas deleita-se com muito pouco discernimento na leitura de peças hoje abandonadas de Voltaire.

E tão longe, tão à parte, tão acima das burguesas instruídas que eu conhecera, a cultura similar com que a Sra. de Guermantes se esforçava, sem interesse, sem motivos de ambição, por descer ao nível daquelas a quem jamais conheceria, tinha o caráter meritório, quase tocante à força de

---

23. *Idem*, pp. 470-471: "Que Mme de Guermantes fût pareille aux autres femmes, ç'avait été pour moi d'abord une déception, c'était presque, par réaction, et tant de bons vins aidant, un émerveillement. [...] Après avoir gravi les hauteurs inaccessibles du nom de Guermantes, en descendant le versant interne de la vie de la duchesse, j'éprouvais à y trouver les noms, familiers ailleurs, de Victor Hugo, de Frantz Hals et, hélas, de Vibert, le même étonnement qu'un voyageur après avoir tenu compte pour imaginer la singularité des mœurs dans un vallon sauvage de l'Amérique Centrale ou de l'Afrique du Nord, de l'éloignement géographique, de l'étrangeté des dénominations de la flore, éprouve à découvrir, une fois traversé un rideau d'aloès géants ou de mancenilliers, des habitants qui (parfois même devant les ruines d'un théâtre romain et d'une colonne dédiée à Vénus) sont en train de lire Mérope ou Alzire" (*CG*, p. 815).

187

A EDUCAÇÃO SENTIMENTAL EM PROUST

inutilizável, de uma erudição em matéria de antiguidades fenícias num homem político ou num médico[24].

Depreciando cada vez mais a duquesa, o narrador revela a enorme distância ou mesmo a inutilidade da erudição acumulada que não serve para absolutamente nada por carecer de critérios de avaliação e não estar conectada a nenhum ponto da realidade. Não é este o mesmo problema evocado por Flaubert em *Bouvart et Pécuchet* e que marca mais uma filiação entre Flaubert e Proust? O saber pouco estruturado ou acumulado dos dois bons homens impede-os de contextualizá-lo e de empregá-lo adequadamente. Também a duquesa parece ser de outro mundo, a idade de ouro, muito distante daquele em que vive, mas será ele o mesmo que o da estupidez humana?

O narrador retoma em seguida o fenômeno da memória por intermédio do nome:

Se o nome de duquesa de Guermantes era para mim um nome coletivo, não era só na História, pela adição de todas as mulheres que o tinham usado, mas também ao longo de minha curta juventude que eu já vira se superporem, naquela única duquesa de Guermantes, tantas mulheres diferentes, desaparecendo cada uma quando a seguinte havia tomado maior consistência. As palavras não mudam tanto de significação durante séculos como para nós os nomes no espaço de alguns anos. Nossa memória e nosso coração não são bastante grandes para que possam ser fiéis. Não temos suficiente lugar, em nosso pensamento atual, para guardar os mortos ao lado dos vivos. Somos obrigados a construir sobre o que precedeu e que só tornamos a encontrar ao acaso de uma escavação[25].

24. *Idem*: "Et, si loin, si à l'écart, si au-dessus des bourgeoises instruites que j'avais connues, la culture similaire par laquelle Mme de Guermantes s'était efforcée, sans intérêt, sans raison d'ambition, de descendre au niveau de celles qu'elle ne connaîtrait jamais, avait le caractère méritoire, presque touchant à force d'être inutilisable, d'une érudition en matière d'antiquités phéniciennes chez un homme politique ou un médecin" (*CG*, p. 815).
25. *Idem*, p. 476: "Si le nom de duchesse de Guermantes était pour moi un nom collectif, ce n'était pas que dans l'histoire, par l'addition de toutes les femmes qui l'avaient porté, mais aussi au long de ma courte jeunesse

188

A metáfora arqueológica – "a adição", "superpor", "os mortos ao lado dos vivos" – trabalha tanto a história universal como a pessoal, mas nossa memória atual, dividida entre o desejo (o coração) da última imagem e a manutenção desse desejo (fidelidade) que compartilham tão pouco espaço, não consegue lembrar os componentes históricos de um nome, salvo sob o efeito do acaso. Retenhamos as palavras "construção" e "maior consistência", que mostram que a imagem que temos de alguém exige um tempo de emergência e um tempo de consolidação, o que explica o dilema do herói até o fim dividido entre a imagem "histórica" da duquesa e a que ele encontra no jantar.

Encantado no entanto pelas genealogias, ao contrário da duquesa, o herói sublinha de novo, mas desta vez generalizando, a diferença entre os nomes sonhados e a pessoa que os porta:

> O que a Sra. de Guermantes julgava desenganar a minha expectativa era pelo contrário o que, no fim – pois o duque e o general não deixaram de falar em genealogia – salvava a minha noite de uma completa decepção. Como não a deveria ter sentido até então? Cada um dos convivas do jantar, enfarpelando-se do nome misterioso sob o qual somente eu o havia conhecido e sonhado à distância, com um corpo e uma inteligência iguais ou inferiores aos de todas as pessoas que eu conhecia, me dava a impressão de mera vulgaridade que a entrada no porto dinamarquês de Elsinor pode dar a todo leitor apaixonado de Hamlet[26].

---

qui avait déjà vu en cette seule duchesse de Guermantes tant de femmes différentes se superposer, chacune disparaissant quand la suivante avait pris assez de consistance. Les mots ne changent pas tant de signification pendant des siècles que pour nous les noms dans l'espace de quelques années. Notre mémoire et notre cœur ne sont pas assez grands pour pouvoir être fidèles. Nous n'avons pas assez de place, dans notre pensée actuelle, pour garder les morts à côté des vivants. Nous sommes obligés de construire sur ce qui a précédé et que nous ne retrouvons qu'au hasard d'une fouille..." (*CG*, p. 821).

26. *Idem*, pp. 476-477: "Ce que Mme de Guermantes croyait décevoir mon attente, était, au contraire ce qui, sur la fin - car le duc et le général ne cessèrent plus de parler généalogies – sauvait ma soirée d'une déception complète. Comment n'en eussè-je pas éprouvé une jusqu'ici? Chacun des convives du dîner, affublant le nom mystérieux sous lequel je l'avais

O narrador explica então por que esse encanto:

Sem dúvida essas regiões geográficas e esse passado antigo que punham fustes e campanários góticos em seu nome lhes tinham em certa medida formado o rosto, o espírito e os preconceitos, mas aí só subsistiam como a causa no efeito, isto é, talvez discerníveis pela inteligência, mas nada sensíveis à imaginação[27].

A relação entre causa e efeito foi muitas vezes alvo de preocupação do narrador. Em *A Prisioneira*, o efeito esconde a causa:

[...] sucede que a Sra. de Sévigné, como Elstir, como Dostoievski, em vez de apresentar as coisas em ordem lógica, isto é, começando pela causa, mostra-nos primeiro o efeito, a ilusão que nos impressiona. É desse modo que Dostoievski apresenta seus personagens. As ações destes surgem-nos tão enganadoras como aqueles efeitos de Elstir em que o mar parece estar no céu[28].

Na passagem de *O caminho de Guermantes*, a causa ou a presença das florestas e das catedrais góticas no nome dos convivas é visível para quem quiser sobre elas refletir, não há engano. Tanto seu físico como seu espírito e suas idéias feitas ou recebidas o atestam.

seulement connu et rêvé à distance, d'un corps, et d'une intelligence, pareils ou inférieurs à ceux de toutes les personnes que je connaissais, m'avait donné l'impression de plate vulgarité que peut donner l'entrée dans le port danois d'Elseneur à tout lecteur enfiévré d'Hamlet" (*CG*, p. 821).

27. *Idem*, p. 477: "Sans doute ces régions géographiques et ce passé ancien qui mettaient des futaies et des clochers gothiques dans leur nom, avaient dans une certaine mesure formé leur visage, leur esprit et leurs préjugés, mais n'y subsistaient que comme la cause dans l'effet, c'est-à-dire peut-être possibles à dégager pour l'intelligence, mais nullement sensibles à l'imagination" (*CG*, p. 822).

28. *A Prisioneira*, p. 346: "Il est arrivé que Mme de Sévigné, comme Elstir, comme Dostoïevski, au lieu de présenter les choses dans l'ordre logique, c'est-à-dire en commençant par la cause, nous montre d'abord l'effet, l'illusion qui nous frappe. C'est ainsi que Dostoïevski présente ses personnages. Leurs actions nous apparaissent aussi trompeuses que ces effets d'Elstir où la mer a l'air d'être dans le ciel" (*La Prisonnière*, p. 880).

É Taine aplicado aos convidados do duque que o narrador propõe? Não, longe disso, é a diferença entre os devaneios do herói ou a fada que punha nos nomes e o que os nobres com que convive agora lhe mostram:

> E esses preconceitos de outrora restituíram de súbito aos amigos do Sr. e da Sra. de Guermantes a sua poesia perdida. Por certo, as noções possuídas pelos nobres e que os tornam os letrados, os etimologistas da língua, não das palavras, mas dos nomes [...], essas noções, se queremos permanecer na verdade, isto é, no espírito, não tinham sequer para aqueles grão-senhores o encanto que teriam para um burguês. Sabiam talvez melhor do que eu que a duquesa de Guise era princesa de Cleves, de Orléans e de Porcien etc., mas haviam conhecido, antes mesmo de todos esses nomes, o rosto da duquesa de Guise que esse nome desde então lhes refletia. Eu tinha começado pela fada embora em breve devesse ela perecer; eles pela mulher[29].

O burguês em que o narrador se retrata, só tendo conhecido esses nobres de início pelos livros, pelas catedrais e pela história, percorrera o caminho inverso ao do aristocrata. Não via a causa no efeito, ou seja, no rosto dos convivas; por isso tinha que aplicar sua inteligência na escuta de seus preconceitos. Quer seja o nascimento, o parentesco ou a antiguidade, os preconceitos giram em torno da mesma origem que é a linhagem ou as genealogias, saber este no qual o duque é imbatível. O caminho que conduz dos preconceitos à poesia opõe-se portanto àquele, inverso, dos aristocratas, que vão do rosto ao saber e que também poderia levá-los à poesia embora o narrador duvide:

29. *O Caminho de Guermantes*, p. 477: "Et ces préjugés d'autrefois rendirent tout à coup aux amis de M. et Mme de Guermantes leur poésie perdue. Certes, les notions possédées par les nobles et qui font d'eux les lettrés, les étymologistes de la langue non des mots mais des noms [...] ces notions, si nous voulons rester dans le vrai, c'est-à-dire dans l'esprit, n'avaient même pas pour ces grands seigneurs le charme qu'elles auraient eu pour un bourgeois. Ils savaient peut-être mieux que moi que la duchesse de Guise était princesse de Clèves, d'Orléans et de Porcien, etc., mais ils avaient connu, avant même tous ces noms, le visage de la duchesse de Guise que dès lors ce nom leur reflétait. J'avais commencé par la fée, dût-elle bientôt périr; eux par la femme" (*CG*, p. 822).

A EDUCAÇÃO SENTIMENTAL EM PROUST

Mas pouco me importava o que era o 'nascimento' para o Sr. de Guermantes e o Sr. de Beauserfeuil; nas conversações que tinham eles a esse respeito eu só buscava um prazer poético. Sem que eles próprios o conhecessem, propinavam-me contudo esse prazer, como teriam feito lavradores ou marinheiros, ao falar em culturas e marés, realidades muito pouco desligadas de suas pessoas para que pudessem apreciar nelas a beleza que eu me encarregava de extrair[30].

Não é suficiente conhecer as diversas linhagens para saborear seu prazer poético ou sua beleza, ainda é preciso saber delas se desligar para sonhar. É sem dúvida nenhuma o que caracteriza o artista e que o clã Guermantes não vive. Nem Saint-Loup que possui um saber diferente, nem a marquesa de Villeparisis que no entanto escreve, mas não se deixa tomar o bastante pelo sonho, são modelos suficientes para o aprendiz de escritor.

Associando a partir de um nome um fato particular ou uma data, o herói tem como que alucinações visuais, julgou ver [...] sob a camisa vulgar de simples botões de pérola, sangrarem em dois globos de cristal estas augustas relíquias: o coração da Sra. de Praslin[31] e do duque de Berri[32]; outras eram mais voluptuosas, os finos e longos cabelos da Sra. Tallien ou da Sra. de Sabran [33, 34].

30. *Idem*, p. 480: "Mais peu n'importait ce qu'était la 'naissance' pour M. de Guermantes et M. de Beauserfeuil; dans les conversations qu'ils avaient à ce sujet, je ne cherchais qu'un plaisir poétique. Sans le connaître euxmêmes, ils me le procuraient comme eussent fait des laboureurs ou des matelots, parlant de culture et de marées, réalités trop peu détachées d'euxmêmes pour qu'ils puissent y goûter la beauté que personnellement je me chargeais d'en extraire" (*CG*, p. 825).
31. Sra. de Praslin, esposa de Ch. Choiseul, duque de Praslin, foi assassinada pelo marido que, acusado, se suicidou.
32. O duque de Berri, Ch. Bourbon, foi assassinado em 1820.
33. A Sra. Tallien, Thérésa de Cabarrus, conhecida como "Notre-Dame de Thermidor". Nos tempos do Diretório foi uma das mulheres mais marcantes. A Sra. de Sabran foi uma das amantes de Filipe de Orléans, Regente da França.
34. Proust, *op. cit.*, p. 480.

Assassinatos e erotismo povoam as lembranças, ou melhor, as alucinações do herói que vê neles corações e cabelos[35].

Portanto, mais uma vez o autor empresta a seu personagem características flaubertianas. Tal como a Sra. Bovary, Julien, Félicité, Frédéric Moreau, Saint-Antoine, o herói alucina[36]. Mas ele de certa forma se distancia delas uma vez que se sabe que o que ele percebe são coisas realmente ocorridas, como se a camisa do duque de Guermantes fosse apenas a superfície desses fatos históricos ou o desencadeante das associações que só um artista consegue ver ou fazer. A percepção extremamente aguçada do herói-narrador, que não conseguia beijar Albertina porque coisas demais lhe apareciam antes de tocar as faces da picarda, continua a se manifestar, o que me leva a dizer que o personagem está construído à imagem daquele telescópio mencionado no último volume que era capaz de visualizar mundos até então ignorados[37]. Poderíamos chamar o narrador de homem-telescópio?

Cabe ainda formular outra questão: por que o burguês e sem dúvida muitos leitores ficam tão fascinados por esse mundo aristocrático? Será uma tradição balzaquiana que carregamos em nossas mentes? Era ela que construía o universo, sem dúvida sobre bases reais, mas sobretudo sobre uma concepção da sociedade que, ávida de prazer e de dinheiro, tem como única aspiração subir para a classe socialmente superior? Ou será simplesmente o mundo das

35. Lembranças que Marcel Proust tinha lido nas *Mémoires* da Sra. de Boigne, segundo o editor de La Pléiade (*CG*, p. 1802).
36. Verónica Galindez Jorges, *Alucinações, Memória e Gozo Místico: Dimensões dos Manuscritos de* Un coeur simple *e de* Hérodias *de Flaubert*, Faculdade de Filosofia, Letras e Ciências Humanas da Universidade de São Paulo, 2000 (inédito).
37. "Até os que me aprovavam a percepção das verdades que tencionava gravar depois no templo felicitaram-me por as haver descoberto ao "microscópio", quando, ao contrário, eu me servira de um telescópio para distinguir coisas efetivamente muito pequenas, mas porque situadas a longas distâncias, cada uma num mundo. Procurara as grandes leis, e tachavam-me de rebuscador de pormenores" (*O Tempo Redescoberto*, p. 286). "Même ceux qui furent favorables à ma perception des vérités que je voulais ensuite graver dans le temple, me félicitèrent de les avoir

A EDUCAÇÃO SENTIMENTAL EM PROUST

lendas e dos contos de fadas que envolvem a infância do herói e a dos leitores?

Escutando a conversa do duque e do general, o narrador compara esse conhecimento da genealogia que minimiza os grandes fatos históricos em prol das alianças e das heranças à arquitetura romana; é algo sólido, mas destituído de arrojo, clara referência à arte gótica preferida pelo escritor:

> Assim, a aristocracia, na sua construção pesada, fendida de raras janelas, deixando entrar pouca luz, mostrando a mesma falta de arrojo, mas também a mesma força maciça e cega da arquitetura romana, encerra em si toda a História, cerca-a de muralhas, a torna austera.
>
> Assim os espaços de minha memória pouco a pouco se cobriam de nomes que, ordenando-se, compondo-se em relação uns aos outros, entrelaçando correspondências cada vez mais numerosas, imitavam essas acabadas obras de arte, onde não há nenhum toque que seja isolado, onde cada parte recebe sucessivamente das outras a sua razão-de-ser como lhes impõe a sua[38].

No entanto, a capacidade de escuta é tal que o narrador consegue ordenar esses nomes numa verdadeira obra de arte em que todos os elementos têm sua função, o que é a definição de uma obra provavelmente aplicável a *Em Busca do Tempo Perdido*.

> découvertes au "microscope", quand je m'étais au contraire servi d'un télescope pour apercevoir des choses, très petites en effet, mais parce qu'elles étaient situées à une grande distance, et qui étaient chacune un monde. Là où je cherchais les grandes lois, on m'appelait fouilleur de détails" (*Le Temps Retrouvé*, p. 618).

38. Proust, *O Caminho de Guermantes*, p. 481: "Telle l'aristocratie, en sa construction lourde, percée de rares fenêtres, laissant entrer peu de jour, montrant le même manque d'envolée, mais aussi la même puissance massive et aveuglée que l'architecture romane, enferme toute l'histoire, l'emmure, la renfrogne.

"Ainsi les espaces de ma mémoire se couvraient peu à peu de noms qui en s'ordonnant, en se composant les uns relativement aux autres, en nouant entre eux des rapports de plus en plus nombreux, imitaient ces œuvres d'art achevées où il n'y a pas une seule touche qui soit isolée, où chaque partie tour à tour reçoit des autres sa raison d'être comme elle leur impose la sienne" (*CG*, p. 826).

A conversa sobre as genealogias leva o narrador a uma conclusão no mínimo estranha:

> Os nomes citados tinham por efeito desencarnar os convidados da duquesa, que não adiantava se chamassem o príncipe de Agrigento ou de Cystira, pois a sua máscara de carne e de ininteligência ou inteligência vulgares os havia transformado em uns homens quaisquer, tanto que eu, afinal de contas, fora dar na esteira (capacho) do vestíbulo, não no umbral, como julgara, mas no fim do mundo encantado dos nomes[39].

O mundo das fadas não pode coexistir com aqueles que levam esses nomes lendários. Evocando novamente o limiar do hotel dos Guermantes, o máximo que o herói faz é reter os discursos escutados e não "a sua máscara de carne e de ininteligência ou inteligência vulgares", para voltar a dar brilho aos nomes tantas vezes empregados, como o de Guermantes, sem sua dimensão poética:

> Cada nome deslocado pela atração de outro, com o qual eu não lhe suspeitara a mínima afinidade, deixava o lugar imutável que ocupava em meu cérebro, onde o hábito o havia embaciado, e, indo unir-se aos Mortemart, aos Stuarts ou aos Bourbons, desenhava com eles ramos do mais gracioso efeito e de um colorido cambiante. O próprio nome de Guermantes recebia dos belos nomes extintos e com tanto maior ardor reacendidos, a que eu acabava de saber que se achava ligado, uma nova determinação, puramente poética[40].

39. *Idem*, p. 481: "Les noms cités avaient pour effet, de désincarner les invités de la duchesse, lesquels avaient beau s'appeler le prince d'Agrigente ou de Cystira, que leur masque de chair et d'inintelligence ou d'intelligence communes, avait changé en hommes quelconques, si bien qu'en somme j'avais atterri au paillasson du vestibule, non pas comme au seuil, ainsi que je l'avais cru, mais au terme du monde enchanté des noms" (*CG*, p. 831).

40. *Idem*, p. 486: "Chaque nom déplacé par l'attirance d'un autre avec lequel je ne lui avais soupçonné aucune affinité, quittait la place immuable qu'il occupait dans mon cerveau où l'habitude l'avait terni, et allant rejoindre les Mortemart, les Stuart ou les Bourbon, dessinait avec eux des rameaux du plus gracieux effet et d'un coloris changeant. Le nom même de Guermantes recevait de tous les beaux noms éteints et d'autant plus ardemment rallumés, auxquels j'apprenais seulement qu'il était attaché, une détermination nouvelle, purement poétique" (*CG*, pp. 831-832).

A EDUCAÇÃO SENTIMENTAL EM PROUST

O contato com o mundo dos salões, ao contrário do que chegamos a pensar no primeiro capítulo, não provoca no herói o esquecimento do conteúdo lendário dos nomes nem alguma inserção no mundo realista e cotidiano. O capacho do vestíbulo do hotel dos Guermantes não é o limiar, mas o término do mundo encantado dos nomes. *O Caminho de Guermantes* retraça um percurso extremamente longo que apenas intensifica a crença inicial do herói. As várias provas por que passou apenas serviram para testar sua "fé". Embora repita seu discurso, a "sublimação" não se dá no sentido de o significante "Guermantes" manter toda a sua magia e não se esvaziar, como gostaria uma psicanálise lacaniana. Assim como a boneca interior ou a silhueta incrustada no olho do barão, o nome permanece, mas, diferentemente dos dois outros mecanismos, não encontra um equivalente no exterior a despeito de todos as esperanças depositadas na entrada nos salões.

A leitura dos signos mundanos desanima o herói e o remete aos das artes, diria Deleuze. Preferimos dizer que a lenda vinculada ao nome passa do registro imaginário ao registro da arte. Qual a diferença entre esses dois registros aparentemente iguais? Uma das qualidades deste último é a de ter passado pela escritura e ter conseguido enumerar o que vai constituí-lo. No capítulo 9, esse registro recebe também o nome de "vida espiritual", de que o narrador também fala em *O Tempo Redescoberto*. Ali, o narrador destaca, como mencionei acima, que ela não comporta raciocínios lógicos, como acreditava Bergotte no começo, mas interpretações de sensações consideradas "como signos de outras tantas leis e idéias"[41]. Encarregada, portanto, de encontrar uma verdade, a arte da escritura o faz por meio de seu próprio exercício[42]. Mas não só. Também é preciso um escritor com talento para isso e que saiba fazer seu herói viver as experiências amorosas enumeradas nos textos que precedem.

41. *O Tempo Redescoberto*, p. 158: "comme les signes d'autant de lois et d'idées" (*Le Temps Retrouvé*, p. 457).
42. Willemart, "Como se Constitui a Escritura Literária?"

12

Mitos e Inconscientes

Na introdução aventei a hipótese de Rancière, que propunha um novo modo de ler as obras de arte, à qual sugeri como contraponto o conceito de inconsciente genético que inclui o de inconsciente do texto. Como Balzac e Cuvier, que a partir de indícios construíam um mundo, esse filósofo propunha concentrar-se nas coisas comuns para descobrir até que ponto elas estão "mitologizadas"[1]. Retomando este conceito em Lacan, para quem mitologizar quer dizer "incorporar numa história elementos que pareciam contraditórios porque pertencem a registros diferentes", mas sabendo também que para Rancière isso subentendia objetos que aliam dois tipos de saber, o sabido e o não sabido, analisei onze passagens mais ou menos extensas de *O Caminho de Guermantes*. Relendo o que foi escrito, constato no entanto que me deixei levar pelo texto proustiano ao sabor de seus significantes sem me preocupar muito em comprovar a hipótese inicial. Em outras palavras, não impus uma estrutura ao texto, mas me deixei guiar bem mais pelo Simbólico inerente a *O Caminho de Guermantes* e certamente menos por minhas estruturas ou pelos axiomas formulados no princípio.

Falta portanto destacar e constituir três categorias de elementos. A primeira consistirá em discernir não tanto as coisas banais

---

1. Rancière, *op.cit.*, p. 38.

A EDUCAÇÃO SENTIMENTAL EM PROUST

tratadas pelo narrador proustiano, mas os elementos contraditórios que, embora referidos a registros diferentes, estão enlaçados no romance. A segunda retomará as descobertas proustianas relativas ao conhecimento das paixões da alma que se somam às teorias psicanalíticas ou as completam. A terceira consistirá em situar os dois inconscientes um em relação ao outro.

A Mitologia Guermantiana

Desde o começo, o herói se exprime pelos nomes e particularmente pelo nome de Guermantes que lhe permite misturar forma e matéria, o imaginado e o real, a lenda e sua percepção. Contudo, no momento em o leitor espera que o herói se renda à realidade, é forçado a constatar que não é nada disso que acontece. O herói se dava conta de que o capacho do hotel dos Guermantes não era o limiar do mundo maravilhoso, mas seu limite, o que lhe permitia manter o paradoxo do nome encantado, apesar do saber realista. Esse vil objeto sobre o qual todos os visitantes limpam os pés ou deixam suas marcas, como Gobseck na casa da condessa de Restaud, fará portanto parte dos mitos de *Em Busca do Tempo Perdido*. Encontrará sua contrapartida no nome, também ambíguo e funcionando nos dois registros. Um irá remeter ao outro como o saber ao não saber. Sintomaticamente, eu poderia dizer que um limpa seu saber no outro que lho devolve com sinal invertido: "Não, não é o que você pensa". Mas os objetos nem sempre agem em pares, cada um deles contém um não saber e um saber.

O capacho em mau estado desde o começo do romance[2] já designava o que o herói só compreenderá centenas de páginas de-

2. "[a esteira] estendida do outro lado daquele Equador e da qual minha mãe se atrevera a dizer, tendo-a visto como eu, no dia em que se achava aberta a porta dos Guermantes, que se achava em péssimo estado" (*O Caminho de Guermantes*, p. 28). [...] "étendu de l'autre côté de cet équateur et dont ma mère avait osé dire, l'ayant aperçu comme moi, un jour que leur porte était ouverte, qu'il était en bien mauvais état" (*CG*, p. 330).

pois. O tempo lógico transcorrido entre o enunciado do objeto e sua interpretação é bem mais longo que em Sófocles, mas do mesmo tipo; com efeito, a fala de Tirésias, embora anunciasse a Édipo que ele era o assassino de Laio, só será entendida com a confirmação do pastor. O objeto que fala a quem (ou para quem) quiser ouvi-lo é para os outros personagens apenas um capacho. Ele contém um não saber ou um insabido que ilustra o inconsciente estético definido por Rancière.

O Nome, embora intimamente ligado ao capacho, dele se distingue porque desde as primeiras páginas parece indicar o caminho inverso, ou seja, sua redução a uma identidade qualquer que volta a ganhar força no final da narrativa, reativado, ao que parece, por sua contrapartida, o capacho.

O pião, outro mito, reúne em seu jogo o Tempo plenamente vivido, que no movimento lento permite distinguir a estrutura das cores, as quais, pelo contrário, elimina a toda velocidade. Paralelo ao nome, o pião todavia não reaparece e pode facilmente ser assimilado a uma fala profética que anuncia o que vai acontecer.

O eu proustiano é outro conceito que entra sem problemas na categoria de mito no sentido lacaniano da palavra. O narrador insiste na multiplicidade de "eus" que constitui seu personagem, como ocorre com cada um de nós na sucessão de segundos, minutos e dias. Queremos o tempo todo recuperar nossa identidade, o *idem* de Ricoeur, e deparamos constantemente com essa multiplicidade que nos lança para fora de nosso narcisismo.

A colocação em escritura, isto é, a operação que engloba o *scriptor* e o autor e na qual o primeiro se submete à rasura de inúmeras páginas sob a direção do segundo que age o "só depois", não é ela também, sem ser muito original, uma maneira de conciliar real e imaginário e de indicar um saber que vem à tona?

O rosto dos personagens, assim como o de Raquel, amante e prostituta, não concilia, assim como a pereira, ao mesmo tempo anjo e árvore, o amor romântico de Roberto de Saint-Loup e o amor venal do herói, o que o narrador caracterizou como um encontro de atmosferas? O rosto da avó visto pelo herói ou pelo fotógrafo não entra na mesma categoria? O herói-narrador percebe em ambos os casos o saber subjacente aos rostos de Roberto e da avó.

Os excrementos evocados por ocasião da proximidade da morte da avó não simbolizariam o fracasso do pensamento e a relatividade da vida? Associados à morte eles contêm para quem souber interpretá-los um insabido que iguala todos os homens, sejam eles Verdurin ou Guermantes como ressalta a avó.

A explicação da vida desejante pelos mecanismos habilmente montados pelo narrador – a boneca e a silhueta – não seriam maneiras de mostrar as contradições desses personagens dilacerados entre as mulheres ou os homens reais que encontram e o efetivo desejo? Objetos banais, porém posicionados num lugar estratégico e original, o cérebro ou a pupila, a boneca e a silhueta contêm um saber surpreendente e inédito.

A falta de fronteiras entre os diversos campos artísticos, geográficos, históricos, sociais, sexuais etc., além de revelar um dos invariantes estruturantes de *Em Busca do Tempo Perdido* e um modo de romper os limites impostos pela sociedade e pela educação, não seria também uma forma adequada de resolver os conflitos nesses terrenos? O objeto banal também pode ser um não objeto, uma falha, uma ausência que, em sua falta, é reveladora.

A aproximação histórica e pouco verídica dos séculos XIX e XVII, este último tomado como modelo e encarnado no duque de Guermantes, não é uma maneira de expor uma continuidade antes literária que social ou psíquica entre o duque de Saint-Simon, Madame de Sévigné e os personagens-aristocratas? Ao contrário do precedente, o objeto pula um século e cria uma outra história literária.

O modo como Elstir retraça a impressão, a combinação do saber com o sentir, a busca do real em seus predecessores, não indicam uma nova estética que alia continuidade e inovação e um outro olhar sobre a história das artes?

O casal Guermantes "em que a mulher teve a arte de parar na idade de ouro e o homem a má sorte de descer à idade ingrata do passado"[3] não é o retrato de uma aliança difícil e impossível, mas que, retomando a atmosfera de Luís XV e a de Luís-Filipe, cria um mito da aristocracia?

Em suma, o capacho, o nome, o pião, os excrementos, o eu proustiano, a pereira anjo e árvore, o rosto, a boneca interior, a fronteira imprecisa, a história literária descontínua, a estética do indício nos predecessores, o casal Guermantes, constituem um conjunto de objetos banais mitologizados que constroem *O Caminho de Guermantes* e revelam uma maneira diferente de detectar o trabalho do inconsciente no texto e de relacionar a literatura com a teoria psicanalítica.

Além da Psicanálise

Qual a contribuição da análise dessas passagens para o conhecimento das paixões da alma?

As distinções de Thom e de Ricoeur sobre a identidade permitem compreender que a sublimação é também abandono de uma identidade conceitual que ocupa a mente para dar lugar à identidade espaço-temporal.

O conceito de fantasma, mais bem descrito que na teoria psicanalítica, comporta três elementos: a ternura, as imagens e as idéias. O primeiro supõe uma espécie de mar que envolve os seres que se amam e que circulam entre si formando sistema; o segundo, uma multidão de imagens que se acumulam e chegam aos nossos olhos não segundo o critério da verdade, mas segundo o da ternura; o terceiro, enfim, é "a idéia que tínhamos de alguém desde sempre". O passado e a ternura que emolduram o presente minimizam ou se opõem ao verídico que este representa. O herói só vê o mundo daqueles que ama através de um campo de ternura que só lhe envia boas imagens do passado. O que faz o herói agir não é o recalca-

---

3. *Idem*, p. 470: "où la femme a eu l'art de s'arrêter à l'âge d'or, (et) l'homme, la mauvaise chance de descendre à l'âge ingrat du passé" (*CG*, p. 814).

A EDUCAÇÃO SENTIMENTAL EM PROUST

mento do passado, mas sim o do presente. O desacordo entre duas pessoas que se amam teria como fonte a diminuição desse campo de ternura e a invasão do presente ou do verídico em sua relação. Seria este o fundamento da separação de Swann e Odette no fim de *No Caminho de Swann*, bem como a de tantos casais atualmente.

A espera da Sra. de Stermaria e a visita de Albertina dão ao narrador ocasião para aprofundar as relações entre espera, apetência, desejo e amor. A espera suscita a angústia que se multiplica proporcionalmente às vezes que o herói imagina o prazer realizado e sempre adiado. É como se o espaço entre a espera e a realização do desejo se ampliasse num tempo galáctico[4] em vez de diminuir, apesar do tempo que passa. Ter vontade de alguém não será algo instantâneo e dependerá tanto da evocação de uma lembrança como do caráter, portanto de elementos do passado e de um espaço presente disponível. Combinatória, pois, do tempo e do espaço, o desejo relaciona-se essencialmente com a pulsão e divide-se em três: o desejo imaginativo que se inspira tanto nas artes da cozinha como na escultura, os desejos espirituais e o desejo carnal. O desejo sexual ou carnal será desencadeado sob o efeito de um desejo do passado contido numa roupa ou numa paisagem e não precisará de amor. No entanto, também será suscitado por algo de dentro que o narrador denominou boneca interior, que, por sua vez, reunirá esboços rapidamente abandonados até que o objeto do desejo lhe corresponda.

O que dizer do Inconsciente Genético e do Inconsciente Estético depois destas análises de textos?

Mantenho as diferenças destacadas na introdução, mas, como por um lado pouco recorri aos manuscritos e, por outro, como ressaltou Bernard Brun, o escritor Proust "se recopia e se reescreve ele próprio sem cessar e de modo vertiginoso, sem descanso, como

---

4. Willemart, *Proust, Poeta e Psicanalista*, p. 192.

na digestão de uma boa"[5], o material consultado é praticamente o mesmo que Rancière estudaria. Portanto, a diferença entre ambos os conceitos não reside tanto no objeto analisado, mas na maneira de ler o texto. O geneticista verá no inconsciente genético a lógica da gênese, como bem diz o adjetivo, mas numa leitura "après-coup"; o filósofo, por sua vez, lerá no inconsciente estético a mitologização do banal que revela um outro saber.

Por isso, se quiser trabalhar com ambas as noções, terei que estudar a gênese dos objetos banais mitologizados, o que pode ser feito em duas etapas: primeiro, me perguntar qual é este outro mundo descrito pelos objetos banais destacados acima e, em seguida, detectar, na medida em que haja *Cadernos* acessíveis, como caminha a lógica desse mundo.

Para descrever esse outro saber, tenho que articular o capacho, o nome, o pião, os excrementos, o eu proustiano, a pereira anjo e árvore, o rosto, a boneca interior, a fronteira imprecisa, a história literária descontínua, a estética do indício do novo nos predecessores, o casal Guermantes. Esses objetos devem ser vistos como pontos de intersecção entre dois mundos, o mundo imaginado e o mundo dito realista, mundos que, embora construídos nos *Cadernos*, estão muito próximos dos mundos imaginário e realista que os leitores conhecem. A originalidade do narrador proustiano está na elaboração desse mundo intermediário, interface dos dois outros mundos e parte deles.

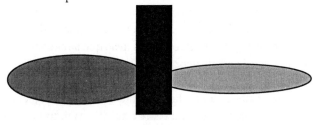

mundo realista   objetos banais   mundo imaginário

---

5. Bernard Brun, "Citations, références et allusions dans deux cahiers Sainte-Beuve", *Bulletin d'Informations Proustiennes* 27, Paris, Presses de l'Ecole Normale Supérieure, 1966, p. 30 e p. 39.

Os objetos contidos no retângulo descrevem o narrador herói
ou o exprimem como os mitos revelam o mapa psíquico do ser falante.

O umbral constituído pelo capacho é um local de passagem
obrigatório para conhecer o mundo dos Guermantes, mas esse
mesmo objeto tem o dom não só de remeter o herói ao mundo imaginário, mas de forçá-lo desta maneira a entrar no mundo das artes.
Embora os objetos banais provenham dos mundos imaginário e
realista, eles suscitam o mundo proustiano, como indica a flecha do
segundo esquema, mas não o constituem.

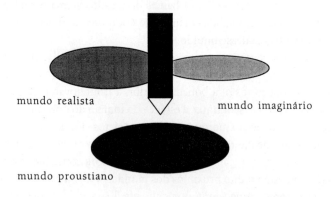

O último objeto percebido, o capacho, permite refazer a leitura de todos os objetos devido à sua posição. Diante do capacho, o
herói detém seu movimento, como o pião que diminuindo drasticamente sua velocidade deixa adivinhar suas cores, como o eu *idem*
diante de seus múltiplos comparsas, como o *scriptor* diante do autor, como Saint-Loup e o herói diante do rosto de Raquel, como o
olhar retrospectivo de Elstir sobre a história da pintura, como, enfim, a morte, simbolizada pelos excrementos que imobiliza a vida.
O mundo fictício do hotel de Guermantes, a vida colorida, o passado e a morte são preferíveis ao mundo real desse mesmo hotel e
também à vida cinzenta do pião em plena velocidade e no presente.

Portanto, é a partir de uma parada da flecha do tempo simbolizada pelos objetos mitologizados que se constitui o mundo da arte, também chamado mundo espiritual pelo narrador. Contudo, a parada não é passiva. O capacho remete ao mundo encantado dos nomes que apaga o presente, mundo em que Elstir procura o futuro anterior nas obras que o precedem, em que o eu identitário se multiplica, em que o rosto de Raquel reporta os personagens ao infinito e em que o narrador evoca a parada definitiva que significa a vida. Em suma, a volta ao passado é apenas uma maneira de ampliar o presente, mas não qualquer presente já que as paradas são selecionadas no passado, ou ainda, uma maneira de suprimir as fronteiras, outro não-objeto destacado, e assim poder elevar o mundo espiritual ou o mundo proustiano acima das marcas do tempo e dos mundos realista e imaginário.

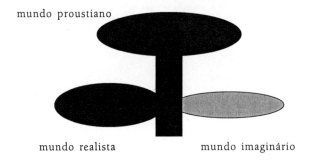

A seqüência dos objetos anuncia o inconsciente estético que serve de base para o mundo encantado dos nomes. A leitura deles segundo a lógica do *après-coup*, ou seja, o percurso do capacho ao nome, retoma os objetos observados na análise e revela o inconsciente genético. Ambos os conceitos são distintos, apóiam-se um no outro e não se opõem.

Creio ter entrevisto dessa maneira algo diferente do que aquilo que a simples leitura de *O Caminho Guermantes* fornece ao leitor. Os objetos banais revalorizados por Balzac, Cuvier e Rancière oferecem simultaneamente uma nova possibilidade de leitura no contexto das relações entre literatura e psicanálise e uma ampliação do conceito de inconsciente genético inventado em 1990, pelo que agradeço a Jacques Rancière.

Quero também agradecer a meus alunos de doutorado e de graduação que vibraram junto comigo na leitura do texto de *O Caminho Guermantes* em 2001 e que com sua escuta atenta suscitaram estas páginas.

Bibliografia

Obras de Marcel Proust

L'Indifférent. Paris, Gallimard, 1987 (1896).
Contre Sainte-Beuve precedido de *Pastiches et Mélanges*, e seguido de *Essais et articles.* Paris, Gallimard, 1954.
Jean Santeuil. Paris, Gallimard, (Pléiade), 1971.
Du côté de chez Swann. A la recherche du temps perdu. Ed. J-Y Tadié, Paris, Gallimard, Pléiade,1987-1989.
Du côté de chez Swann. A la recherche du temps perdu. Ed. Jean Milly, Paris, GF- Flammarion, 1984.
Correspondance de *Marcel Proust.* Ed. Philip Kolb. Paris, Plon, 1970-1993 (21 vols.).

Traduções

No Caminho de Swann. 18. ed. Trad. Mário Quintana. São Paulo, Globo, s/d.
À Sombra das Moças em Flor. Trad. Fernando Py. São Paulo, Ediouro, 1993, vol. II.
O Caminho de Guermantes. 12. ed. Trad. Mario Quintana. São Paulo, Globo.
Sodoma e Gomorra. Trad. Fernando Py. São Paulo, Ediouro, 1994, vol. II.
A Prisioneira. Trad. de Fernando Py. São Paulo, Ediouro, 1994, vol. V.
A Fugitiva, 8. ed. Trad. Carlos Drummond de Andrade. São Paulo, Globo, 1989.

O Tempo Redescoberto. 12. ed. Trad. Lúcia Miguel Pereira. São Paulo, Globo, s/d.

Livros e artigos dedicados à obra de Marcel Proust

AGOSTINI, Daniela de. "L'Ecriture du rêve dans *A la recherche du temps perdu*". *Cahier Marcel Proust*. Paris, Gallimard, 1984, vol. 12, p. 188.

AUERBACH, Eric. "Le bas couleur de bruyère". *Mimesis*. Gallimard, 1968, pp. 539-542.

BAYARD, Pierre. *Le hors-sujet*. Paris, Minuit, 1997.

BARDÈCHE, Maurice. *Marcel Proust, romancier*. Paris, Les Sept Couleurs, 1971.

BECKETT, Samuel. *Proust*. Paris, éd. de Minuit, 1990.

BELLEMIN-NOËL, Jean. "Psychanalyser le rêve de Swann". *Vers l'inconscient du texte*. Paris, PUF, 1979, pp. 29-64.

BEM, Jeanne. "Le juif et l'homosexuel dans la *Recherche*, fonctionnement textuel". *Le texte traversé*. Paris, Librairie Honoré Champion, 1991, pp. 167-180.

BENJAMIM, Walter. "A Imagem de Proust". *Magia e Técnica, Arte e Política*. São Paulo, Brasiliense, pp. 36-49.

BIZUB, Edward. "La Venise intérieure (Proust et la poétique de la traduction)". Neuchâtel, La Baconnière, 1991.

BERTHO, Sophie (org.). *Proust contemporain*. Amsterdã. Atlanta, GA. CRIN, 1994, vol. 28.

"Ruskin contre Sainte-Beuve: le tableau dans l'esthé-tique proustienne. *Littérature*, 103. Paris, Larousse, 1996, p. 94.

BOUILLAGUET, Annick. *Marcel Proust. Bilan critique*. Paris, Nathan Université, 1995.

BRUN, Bernard. "Le dormeur éveillé, genèse d'un roman de la mémoire". *Cahier Marcel Proust*, 11. Paris, Gallimard, 1982, pp. 241-316.

——. "Citations, références et allusions dans deux cahiers Sainte-Beuve. *Bulletin d'Informations Proustianones* 27. Paris, Presses de l'Ecole Normale Supérieure, 1966.

BUTOR, Michel. "Les moments de Marcel Proust". *Répertoire I*. Minuit, 1963, pp. 163-172.

——. "Les oeuvres d'art imaginaires chez Proust". *Répertoire II*. Minuit, 1964, pp. 252-292.

——. "*Les sept femmes de Gilbert le Mauvais*". Fata Morgana, 1972.

CATTAUI, Georges. *Proust et ses métamorphoses*. Paris, Nizet, 1972.

CHABOT, Jacques. *L'autre et le moi chez Proust*. Paris, Champion, 1999.

CHEVRIER, Jean-François et LEGARS, Brigitte. "Pour un ensemble des pratiques artistiques dans la *Recherche*". *Cahiers Critiques de la littérature* 3-4. Paris, éd. Contraste, 1977, pp. 29-30.

CZONICZER, Elizabeth. *Quelques antécédents de "A la recherche du temps perdu"*. Paris, Minard, 1957.

COMPAGNON. Antoine. "Ce que l'on ne peut plus dire de Proust". *Littérature* 88, déc. 1992, p. 54-61.

――――. "La dernière victime du narrateur.*Critique*". Mars 1997.

COUDERT, Raymonde. *Proust au féminin*. Paris, Grasset- Le Monde, 1998.

DÄLLENBACH, Lucien. "A l'origine de *La Recherche* ou 'La raie du jour'". *Proust contemporain*. Sophie Bertho (org.). Amsterdã Atlanta, GA. CRIN, 1994, vol. 28, pp. 51-59.

DEBRAY-GENETTE, Raymonde. "Hapax et paradigmes". *Genesis*. Paris, éd. Jean-Michel Place, 1994, vol. 6, pp. 79-92.

DELEUZE, Gilles. *Proust et les signes*. PUF, 1983.

DESCOMBES, Vincent. *Proust (Philosophie du roman)*. Paris, Minuit, 1987.

DOUBROVSKY. *La place de la Madeleine*. Mercure de France, 1974.

DUREN, Brian. "Deuil, Fétichisme, écriture: la Venise de Proust". *Littérature* 37, 1980, pp. 113-126.

FRAISSE, Luc. *Le processus de la création chez Marcel Proust (Le fragment experimental)*. Paris, Corti, 1988.

――――. *L'esthétique de Marcel Proust*. Paris, Sedes, 1995.

GENETTE, Gérard. "Raisons de la critique purê". *Les chemins de la critique*. pp. 187-202.

――――. "Proust, palimpseste". *Figures I*. Paris, Seuil, 1966, pp. 39-68.

――――. "Proust et le langage indirect". *Figures II*. Paris, Seuil, 1966, pp. 223-294.

――――. *Figures III*, Paris, Seuil, 1972.

――――. *Palimpsestes*, Paris, Seuil, 1982.

GRÉSILLON, Almuth; LEBRAVE, Jean-Louis e VIOLLET, Catherine. *Proust à la lettre*. Tusson, Du Lérot, 1990.

HERSCHBERG PIERROT, Anne. "Les notes de Proust". *Genesis*. Paris, éd. Jean-Michel Place, 1994, vol. 6, pp. 61-78.

HUBERT, Anne. *Proust romancier, le tombeau égyptien*. Flammarion, 1983.

IROSHI, Iwasaki. "Le côté de Madeleine. *Le détail et son incons-cient*". *Littérature* 37. éd. Larousse, fev. 1980, pp. 86-99.

JULLIEN, Dominique. *Proust et ses modèles*. Paris, Corti, 1989.

KELLER, Luzius. *Les avant-textes de l'épisode de la madeleine*. Paris, éd. Jean-Michel Place, 1978.

KRISTEVA, Julia. *Le Temps sensible*. Paris, Gallimard, 1994.

LATTRE, Alain de. *La doctrine de la réalité chez Proust II Les réalités individuelles et la mémoire*. Paris, José Corti, 1981.

LECLERC, Yvan . "Proust, Flaubert: Lectures". *Colloque d'Illiers-Combray* 4 setembro 1988. *Bulletin de la Société des amis de Proust* 39. Paris, Institut Marcel Proust International, 1989, pp. 127-143.

LEJEUNE, Philippe. "Ecriture et sexualité". *Europe*, fevereiro-março 1971, pp. 113-143.

LERICHE, Françoise. "La musique et le système des arts dans la genèse de la Recherche". *Bulletin d'informations proustiennes* 18. Paris, Presses de l'École Normale Supérieure, 1978, p. 73.

_____. "Pour en finir avec 'Marcel' et 'le Narrateur'". Questions de narratologie proustienne. *Marcel Proust 2. Nouvelles Directions de la recherche proustienne*. Paris, Lettres Modernes, Minard, 2000, p. 39.

MAINGUENEAU, Dominique. "Proust critique": la méthode inactuelle. *Proust contemporain* Sophie Bertho (org.). Amsterdã Atlanta, GA. CRIN, 1994, vol. 28, pp. 41-49.

MARC-LIPLANSKY, Mireille. *La naissance du monde proustien dans Jean Santeuil*. Paris, Librairie Nizet, 1974.

MILLY, Jean. *La phrase de Proust*. Paris, Larousse, 1975.

_____. *Proust dans le texte et l'avant-texte*. Paris, Flammarion, 1985.

_____. "Préface in Proust". *Du côté de chez Swann. A la recherche du temps perdu*. Paris, GF – Flammarion, 1987.

_____. "Postface". Écrire sans fin sur Proust. *Marcel Proust, (Ecrire sans fin)*. Paris, éd. CNRS, (Textes et Manuscrits), 1996, pp. 205-215.

MINGELGRÜN, Albert. *Thèmes et structures bibliques dans l'oeuvre et Marcel Proust*. Lausanne, L'Age d'Homme, 1978.

MULLER, Marcel. "Charlus dans le métro ou pastiche et cruauté chez Proust". *Cahier Marcel Proust. Etudes Proustiennes 9*. Paris, Gallimard, 1979, p. 17.

BIBLIOGRAFIA

_____. *Préfiguration et structure romanesque dans "A la Recherche du Temps perdu" avec un inédit de Marcel Proust.* Lexington, Kentucky, 1979.

_____. *Les voix narratives dans la Recherche.* Genebra, Droz, (1965) 1983.

_____. Incohérence narrative et cohérence mythique dans '*A la Recherche du Temps perdu*'. *Cahiers de L'Association Internationale des Etudes Françaises* 36. Michigan, 1984, pp. 35-51.

NATUREL, Mireille. *Proust et Flaubert, un secret d'écriture.* Amsterdã, Rodopi, 1999.

NICOLE, Eugène. "'*La Recherche*' et les noms". *Cahiers Marcel Proust 14.* Paris, Gallimard, 1987.

POULET, George. *Etudes sur le temps humain.* Paris, Plon, 1952-1968. t.1, pp. 400-438 et t.IV, pp. 299-335.

QUÉMAR, Claudine. "Hypothèses sur le classement des premiers cahiers Swann". *Bulletin d'Informations Proustiennes* 13. Paris, Presses de l'Ecole Normale Supérieure, 1966, pp. 19.

RAIMOND, Michel. *Le roman depuis la révolution.* Paris, Colin, 1969.

RAINER, Warning. *Escrire sans fin. La Recherche à la lumière de la critique textuelle. Marcel Proust Ecrire sans fin (Textes et Manuscrits).* Paris, CNRS, 1996.

RICHARD, J. P. *Proust et le monde sensible.* Paris, Seuil, 1974.

RICOEUR, Paul. *La configuration du temps dans le récit de fiction. Temps et récit.* Paris, Seuil, 1984, II, pp. 195-225.

_____. *Le temps raconté. Temps et récit, III.* Paris, Seuil, 1985, pp. 184-202.

RIVIÈRE, Jacques. *Quelques progrès dans l'étude du coeur humain. Cahiers Marcel Proust.* Paris, Gallimard, 1985, vol. 13.

ROUSSET, Jean. *Forme et signification.* Paris, Corti, 1962, pp. 135-170.

SILVA, Guilherme Ignácio da. *Art du fragment – Processus de création dans le Cahier 28 de Marcel Proust".* FFLCH-USP, 2000.

SOLLERS, Philippe. "Paradoxes créateurs". *Proust contemporain.* BERTHO, Sophie (org.). Amsterdã Atlanta, GA. CRIN, 1994, vol. 28, p. 138.

SPRENGER, Ulrike. *Genèse et genèse textuelle. Abraham à Combray. Marcel Proust. (Ecrire sans fin).* Paris, CNRS (Textes et Manuscrits), 1996, pp. 161-180.

SUSUKI, Michihiko. "Le Je proustiano". *Bulletin de la Société des amis de Marcel Proust* 9, 1959, pp. 75-81.

TADIÉ, Yves. *Proust et le roman*. Paris, NRF, 1971.

VOLKER, Roloff. *François le Champi* et le texte retrouvé. *Cahier Marcel Proust* 9. Paris, Gallimard, 1979, pp. 259-348.

WARNING, Rainer. "Ecrire sans fin. *La Recherche* à la lumière de la critique textuelle". *Marcel Proust (Ecrire sans fin)*. Paris, CNRS (Textes et Manuscrits), 1996, pp. 13-32.

WILLEMART, Philippe. "Les sources de l'art et de la jouissance selon Proust". *Littérature* 89, éd. Larousse, fevereiro 1993, pp. 33-43.

_____. *Proust, poète et psychanalyste*. Paris, L'Harmattan, 1999.

_____. "De *l'Histoire de Zobéide* à *La Recherche*: de la dérive des formes aux processus de création". In: *Bulletin d'Informations Proustiennes* 31. Paris, Ed. Rue d'Ulm / Presses de l'Ecole Normale Supérieure, 2001, pp. 131-142.

Livros e Artigos Dedicados à Crítica Genética

ALMEIDA SALLES, Cecília. *Crítica Genética.Uma introdução*. São Paulo, Educ., 1992.

_____. *Gesto Inacabado. Processo de criação artística*. São Paulo, Annablume-Fapesp, 1998.

BELLEMIN-NOËL, Jean. *Le Texte et l'Avant-Texte*. Paris, Larousse, 1972.

CERQUIGLINI, Bernard. *Eloge de la variante. (Histoire critique de la philologie)*. Paris, Seuil, 1989.

FERRER, Daniel. "La Toque de Clementis". *Genesis* 6. Paris, Jean-Michel Place, 1994. p. 100.

GRÉSILLON, Almuth. *Eléments de critique génétique*. Paris, PUF, 1994.

HAY, Louis. *La littérature des écrivains. Questions de critique génétique*, Paris, Corti, 2002.

VALÉRY, Paul. *La Jeune Parque. Manuscrit autographe*. Ed. Octave Nadal. Paris, Club du meilleur livre, 1957.

WILLEMART Philippe. *Universo da criação literária*. São Paulo, Edusp, 1993.

_____. *Dans la chambre noire de l'écriture,"Hérodias" de Flaubert*. Toronto, Paratexte, 1996.

_____. *Bastidores da Criação Literária*. São Paulo, Iluminuras, 1999, p. 51.

BIBLIOGRAFIA

_____. "Comment se constitue l'écriture littéraire?" *Genesis*. 17-18. Paris, Jean Place, 2002. pp. 91-98.

Les manuscrits des écrivains. Ed. Louis Hay, Hachette/CNRS, 1993.

Littérature. Paris, Larousse, 3, 1973. 37, 1980. 52, 1983. 89,90, 1993.

Manuscrítica. São Paulo, APML, 1, 1990. 2, 1991. 3, 1992. 4, 1993.

Manuscrítica. São Paulo, APML, Annablume, 5, 1994. 6, 1996. 7, 1998. 8, 1999. 9, 2000. 10, 2001.

Marcel Proust. Ecrire sans fin. Paris, CNRS (col. Textes et Manuscrits), 1996.

Penser, classer, Ecrire. Saint-Denis, PUV, 1990.

Poétique 62. Paris, Seuil, abril 1985.

Romans d'Archives. Lille, PUL, 1987.

Sur la génétique textuelle. Amsterdã, Rodopi, 1990.

Texte 7. "Ecriture-Réécriture. La Genèse du Texte". Toronto, Trintexte, 1988.

Texte 10. "Texte et Psychanalyse". Toronto, Trintexte, 1990.

Bibliografia Geral

APULÉE. *Les métamorphoses ou L'âne d'or*. Texte établi par D.S. Robertson. Trad. Paul Vallette). Paris, Les Belles Lettres, 1946, t. II.

BALZAC, Honoré de. *La peau de chagrin* (1831). Paris, Garnier-Flammarion, 1971.

_____. *La fille aux yeux d'or* (1835-36). Paris, Gallimard, 1958 (Poche).

BACKÈS-CLÉMENT. "Literaterre". *Littérature* 3. Paris, Larousse, 1971.

BARTHES, Roland. *Mythologies*. Paris, Seuil, 1957 (Points).

BAUDELAIRE, Charles. *Conseils aux jeunes littérateurs*. Paris, Seuil, 1968 (L'Intégrale), p. 265.

BELLEMIN-NOËL, Jean. *Psychanalyse et littérature*. Paris, PUF, 1978.

BENJAMIN, Walter. *Oeuvres complètes*. Trad. de Maurice de Gandillac. Paris, Gallimard, 2000 (folio Essais).

BIBLE, La Sainte. Trad. Ecole Biblique de Jérusalem. Paris, Ed. du Cerf, 1956.

BLAQUIER, Jean-Louis. L'*antiphilosophie* de J. Lacan (tese inédita).

BOURDIEU, Pierre. *Les règles de l'art*. Paris, Seuil, 1992.

BOUTOT, Alain. L'*invention des formes*. Paris, Odile Jacob,1993.

2 I 3

CAMUS-WALTER, Pascale. *Liste Lutécium sur internet 22*. Strasbourg, mai. 2001.

CARPEAUX, Otto Maria. *História da Literatura Ocidental*. O Cruzeiro, 1964. vol. 6.

CHARLES, Michel. *Introduction à l'étude des textes*. Seuil, 1995.

DERRIDA, Jacques. "La scène de l'écriture". *L'écriture et la différence*. Paris, Seuil, 1967

DESCOMBES, Vincent. *Le Même et l'Autre*. Paris, Corti, 1979.

DUPEUX, Georges. *La société française (1789-1960)*. Paris, Armand Colin, 1964.

ESPAGNE, Michel. "La référence allemande dans la fondation d'une philologie française". In: ESPAGNE, Michel e WERNER, Michael (ed.). *Philologique I*. Paris, Ed. de la Maison des Sciences de l'Homme. Paris, 1990, p. 86.

FREUD, Sigmund. *La naissance de la psychanalyse*. Paris, PUF,1973.

FRIEDLER, Julien. *Psychanalyse et neurosciences*. Paris, PUF, 1995.

GASPARD, Lorand. "Tenter d'y voir clair". *Genesis* 8. Paris, éd. Jean-Michel Place, 1995, p. 140.

GOETHE, Johan Wolfgang von. *Les Années de pèlerinage de Wilhelm Meister* Trad. Jacques Porchat. Paris, Carrousel, 1999.

GOULD, Stephen Jay. *Dedo Mindinho e seus Vizinhos*. São Paulo, Companhia das Letras, 1993.

HEGEL. *La Phénoménologie de l'Esprit* Trad. Jean Hyppolite. Paris, Aubier, t. II.

HUYGUE, René. *Dialogue avec le visible*. Paris, Flammarion, 1955.

JORGE, Verónica Galindez . *Hallucinations, mémoire et jouissance mystique: Dimensions des manuscrits d'*Un coeur simple *et d'*Hérodias *de Flaubert*. São Paulo, FFLCH-USP, 2000 (dissertação).

LACAN, Jacques. *Ecrits*. Paris, Seuil, 1966.

_____. *Escritos*. Trad. Inês Oseki-Depré. São Paulo, Perspectiva, 1978.

_____. "La troisième. *Lettres de l'Ecole"*, nov. 1975.

_____. *Le Séminaire.Livre XXI. Les non-dupes errent*, 1973-74(inédito).

_____. "Littératerre". *Litterature* 3. Paris, Larousse, 1971.

_____. "Premiers écrits sur la paranoïa". *De la psychose paranoïaque dans ses rapports avec la personnalité*. Paris, Seuil, 1975.

_____. *Le Séminaire.Livre XXII. RSI*. 1974-75 (inédito).

_____. *O Seminário. Livro 1.Os Escritos Técnicos de Freud*. (trad.Betty Milan). Rio de Janeiro, Zahar, 1994.

BIBLIOGRAFIA

_____. *O Seminário. Livro 2. O Eu na Teoria de Freud e na Técnica da Psicanálise*. Trad. Marie Christine Laznik Penot. Rio de Janeiro, Zahar, 1985.

_____. *O Seminário. Livro 3. As Psicoses*. Trad. Aluísio Menezes. Rio de Janeiro, Zahar, 1992.

_____. *O Seminário. Livro 4. A relação de Objeto*. Trad. Dulce Duque Estrada. Rio de Janeiro, Zahar, 1995.

_____. *O Seminário. Livro 7. A Ética da Psicanálise*. Trad. Antônio Quinet. Rio de Janeiro, Zahar, 1988.

_____. *O Seminário. Livro 8. A Transferência*. Trad. Dulce Duque Estrada. Rio de Janeiro, Zahar, 1992.

_____. *O Seminário. Livro 11. Os Quatro Conceitos Fundamentais da Psicanálise*. Trad. M-D Magno. Rio de Janeiro Zahar, 1979.

_____. *O Seminário. Livro 17. O Avesso da Psicanálise*. Trad. Ari Roitman, Rio de Janeiro, Zahar, 1994.

_____. *O Seminário. Livro 20. Ainda*. Trad. M-D Magno. Rio de Janeiro, Zahar 1996.

_____. *La Troisième*. Lettres 16, nov. 1975.

LEGENDRE, Pierre. *L'amour du censeur*. Paris, Seuil, 1974.

LEJEUNE, Philippe. *La Mémoire et l'Oblique. Georges Perec autobiographe*. Paris, P.O.L. 1991.

LEMOINE-LUCCIONI, Eugénie. *La robe*. Paris, Seuil, 1983.

_____. *L'histoire à l'envers. Pour une politique de la psychanalyse*. Paris, Defrenne, 1993.

LÉVI-STRAUSS, Claude. *Anthropologie structurale*. Paris, Plon, 1958.

LHERMITTE, François. *Cerveau et pensée. Fonctions de l'esprit. 13 savants redécouvrent Paul Valéry*. Textes recueillis par Judith Robinson-Valéry. Paris, Hermann, 1983, pp.113-158.

LYOTARD, François. *Moralités postmodernes*. Paris, Galilée, 1993.

MAULPOIX, Jean-Michel. Rigueur de Paul Valéry. *La Quinzaine Littéraire n. 810*. Du 16 au 30 juin 2001, p. 5.

MEHL, Serge. "Notions sur les géométries non euclidiennes". http://chronomath.irem.univ-mrs.fr/chronomath/Riemann.html

MILLER, Jacques-Alain. "Théorie du langage". *Ornicar 1*. Paris, Le Graphe, 1975, p. 16-34.

MOLIÈRE. *Dom Juan. Oeuvres Complètes*. Paris, Garnier, 1962, t.1.

NOVALIS, Friedrich von Hardenberg. *Henri d'Ofterdingen. 1799-1801*. Trad. Marcel Camus. Aubier 1942, Flammarion, 1992.

PETITOT, Jean. *Modèles dynamiques en sciences cognitives* (rede internet).

_____. "Structuralisme et phénoménologie:la théorie des catastrophes et la part maudite de la raison". *Logos et Théorie des catastrophes (A partir de l'oeuvre de René Thom)*. Genebra, Patiño, 1988, p. 345.

_____. *Physique du sens*. Paris, CNRS, 1992.

PLATÃO. *Le Banquet*. Trad. Janick Auberger et Georges Leroux. Paris, Hachette Livre, 1998.

PRIGOGINE, Ilya. *Les lois du Chaos*. *Paris*. Flammarion, 1994.

RANCIÈRE, Jacques. *L'inconscient esthétique*. Paris,Galilée, 2000.

RICOEUR, Paul. *Soi-même comme un autre*. Paris, Seuil, 1990.

ROUDINESCO, Elizabeth. *Pourquoi la psychanalyse?* Paris, Fayard, 1999.

_____. *L'analyse, l'archive*. Paris, BNF, 2001

SIBONY, Daniel. *Le peuple "psy"*.Paris, Balland, 1992.

STENGERS, Isabelle. *La volonté de faire science (A propos de la psychanalyse)*. Paris, Synthélabo, 1992. (Les empêcheurs de penser en rond).

THOM, René. *Stabilité structurelle et morphogénèse*. Paris, Interédition, 1977.

_____. *Paraboles et Catastrophes*. Flammarion, 1980.

_____. "La science moderne comprend-elle ce qu'elle fait?" *Le Monde,* 10 nov. 1989.

VOSSKAMP, Wilhelm. "La Bildung dans la tradition de la pensée utopique". Michel Espagne e Michael Werner (ed.). *Philologique I*. Paris, Ed.de la Maison des Sciences de l'Homme, 1990, p. 52.

WAJCMAN, Gérard. *Collection*. Caen, Nous, 1999, p. 65.

Índice de Autores

Apulée 211

Balzac 9, 12, 35, 36, 45,115, 124, 193, 202, 211
Bardèche 206
Barthes 23, 212
Baudelaire 168, 212
Bellemin-Noël 5, 206, 210
Benjamin 18, 212
Bertho 206, 207, 208, 210
Blaquier 4, 51, 99, 158, 212
Bourdieu 35, 74, 75, 177, 212
Boutot 84, 212
Brun 0, 18, 19, 41, 136, 198, 199, 206

Camus-Walter 59, 212
Carpeaux 168, 212
Cattaui 207
Chabot 70, 207
Chardin 169
Charles 157, 181, 212
Chevrier 207
Compagnon 16, 207
Coudert 39, 91, 97, 99, 207
Czoniczer 207

Daguerre 45
Daunais 9
Debray-Genette 207
Delacroix 45
Deleuze 192, 207
Derrida 212
Descombes 207, 212
Du Camp 45
Dupeux 124, 212

Espagne 35, 115, 212, 215

Ferrer 17, 18, 210
Flaubert 2, 5, 7, 18, 45, 70, 75, 152, 184, 189, 208, 209, 211,212, 213
Foucault 59, 90
Fraisse 207
Freud 2, 6, 9, 12, 14, 59, 66, 67, 82, 89, 97, 115,132,149,164, 212, 213
Friedler 212

Galindez 189, 213
Gaspard 134, 212
Genette 13, 16, 207, 208
Goethe 35, 36, 115, 212

Gould 31, 213
Grésillon 41, 208, 211

Herschberg Pierrot 208
Hubert 208
Huygue 168, 169, 173, 213

Jung 51

Keller 208
Kristeva 55, 208

Lacan 2, 4, 6, 13, 14, 15, 31, 47, 51, 67, 82, 91, 98, 99, 115, 130, 132, 133, 134, 138, 149, 158, 193, 212, 213, 214
Lautréamont 45
Leclerc 208
Legendre 74, 75, 77, 79, 177, 214
Lejeune 208, 214
Lemoine-Luccioni 117, 140, 214
Leriche 40, 41, 208
Lévi-Strauss 125
Lhermitte 87, 214
Lyotard 6, 214

Manet 169, 170
Maulpoix 42, 214
Mehl 58, 214
Mesmer 88
Miller 214
Milly 205, 208, 209
Mingelgrün 63, 209
Molière 90, 99, 214
Muller 0, 40, 209

Nicole 23, 55, 209
Novalis 12, 115, 214

Perroneau 169
Petitot 25, 84, 214
Poulet 209
Prigogine 215

Quémar 209

Raimond 209
Rancière 4, 8, 9, 10, 11, 12, 13, 16, 17, 19, 24, 167, 174, 193, 195, 199, 202, 215
Richard 209
Ricoeur 27, 32, 33, 34, 36, 42, 68, 69, 98, 195, 197, 209, 215
Riemann 57, 58, 214
Rivière 210
Roudinesco 87, 154, 215
Rousset 210

Sainte-Beuve 16, 19, 22, 41, 199, 205, 206
Spinoza 134
Sprenger 210
Stengers 88, 89, 215
Susuki 210

Tadié 22, 25, 37, 49, 54, 205, 210
Thom 7, 27, 28, 30, 31, 32, 33, 34, 36, 47, 84, 197, 214, 215

Valéry 42, 87, 148, 211, 214

Wajcman 115, 215
Warning 16, 19, 209, 210
Werner 35, 116, 212, 215

Índice dos Conceitos

———◆———

acaso 24, 29, 48, 60, 66, 85, 110, 152, 182, 184, 185
arte 6, 8, 9, 13, 24, 35, 36, 67, 74, 103, 104, 105, 119, 120, 135, 140, 145, 147, 148, 153, 154, 155, 156, 159, 167, 170, 173, 178, 179, 180, 182, 190, 192, 193, 196, 197, 201
artista 1, 6, 8, 12, 69, 74, 96, 145, 148, 156, 161, 165, 166, 168, 170, 173, 188, 189

belo 3, 22, 72, 146, 171

capacho 1, 175, 191, 194, 195, 197, 199, 200, 201, 202
crítica genética 7, 210

desejo 4, 6, 8, 18, 30, 32, 37, 53, 64, 68, 72, 73, 74, 78, 83, 86, 90, 91, 93, 96, 97, 98, 99, 100, 102, 103, 104, 105, 106, 108, 122, 130, 131, 132, 133, 134, 137, 138, 139, 140, 141, 143, 146, 149, 164, 174, 178, 181, 185, 196, 198

dor 3, 43

escritura 5, 6, 11, 18, 19, 24, 36, 41, 42, 76, 103, 152, 163, 164, 168, 192, 195
espelho 46, 49, 50, 56, 57, 67, 94, 149
estilo 13, 42, 67, 136, 171

gênese 7, 17, 163, 165, 199
gozo 82, 83, 131, 134, 168, 189

ignorância 74, 77
ilusão 44, 59, 75, 82, 83, 131, 132, 138, 139, 167, 186
imaginário 6, 10, 27, 28, 34, 35, 47, 82, 97, 107, 116, 117, 122, 130, 139, 140, 141, 192, 195, 199, 200, 201, 202
inconsciente estético 4, 8, 10, 11, 12, 17, 24, 195, 198, 199, 202

inconsciente genético 4, 7, 8, 10, 11, 12, 17, 164, 193, 198, 199, 202, 203
interpretação 2, 8, 14, 31, 148, 194
Isso 14, 39, 55, 208

lapso 104
lei 17, 69, 154, 170
literatura 2, 17, 36, 46, 49, 82, 168, 176, 197, 202

manuscrito 2, 5, 7, 8, 11, 12, 13, 17, 18, 19, 25, 27, 41, 45, 90, 95, 164
memória involuntária 24, 27, 41
metáfora 27, 41, 45, 49, 56, 97, 99, 108, 137, 166, 185
metonímia 12, 61, 100, 103, 118, 140
mito 13, 14, 15, 16, 36, 58, 78, 96, 98, 103, 195, 197
morte 6, 44, 45, 47, 48, 49, 74, 85, 86, 91, 93, 94, 110, 149, 196, 201
música 11, 144

nome 3, 16, 21, 22, 23, 24, 25, 26, 27, 29, 31, 32, 33, 35, 37, 42, 55, 94, 118, 121, 122, 131, 136, 147, 177, 179, 183, 184, 185, 186, 187, 188, 191, 192, 194, 195, 197, 199, 202

paixão 36, 37, 39, 114
pião 1, 21, 25, 110, 195, 197, 199, 201
pintura 76, 171, 201

prazer 31, 72, 100, 105, 124, 130, 131, 132, 133, 139, 141, 145, 153, 155, 172, 181, 188, 189, 198
processo de criação 24, 42, 68, 108
psicanálise 4, 9, 11, 31, 39, 53, 56, 59, 83, 87, 97, 132, 149, 154, 159, 168, 192, 197, 202, 213, 214
pulsão 103, 107, 134, 152, 198
émar 209

rasura 42, 195
Real 6, 7, 10, 47, 82, 159, 175
repetição 170
RSI 11, 213

scriptor 23, 41, 42, 195, 201
Simbólico 6, 10, 25, 99, 174, 193
sonho 10, 14, 30, 33, 49, 61, 116, 117, 118, 121, 122, 150, 188
sublimação 31, 35, 115, 192, 197

temps 25, 37, 49, 54
transferência 4, 88, 89, 98, 117, 149, 158, 213

verdade 8, 26, 33, 46, 47, 57, 84, 91, 98, 116, 118, 130, 139, 144, 146, 168, 172, 176, 180, 182, 187, 192, 197
voz 27, 30, 38, 39, 45, 99, 104, 127

Título	*A Educação Sentimental em Proust:*
	Leitura de O Caminho de Guermantes
Autor	Philippe Willemart
Capa	Plinio Martins e Tomas Martins
Ilustração	Hélio Vinci
Projeto Gráfico e Revisão	Ateliê Editorial
Editoração Eletrônica	Mônica Santos
Revisão de Provas	Ateliê Editorial
Formato	12,5 x 20,5 cm
Mancha	93 x 15,9 mm
Tipologia	Berkeley Book 10/13
Papel	Cartão Supremo 250 g/m² (capa)
	Polén Soft 85 g/m² (miolo)
Número de Páginas	222
Tiragem	1.000
Laserfilm	Ateliê Editorial
Fotolito	Binhos
Impressão e Acabamento	Lis Gráfica